凯尔森纯粹法理论中的『规范』与『意志』

牟利成 著

创于1897

商务印书馆
The Commercial Press

图书在版编目（CIP）数据

凯尔森纯粹法理论中的"规范"与"意志" / 牟利成著 . -- 北京 : 商务印书馆 , 2024. -- ISBN 978-7 -100-24412-1

Ⅰ. D90

中国国家版本馆 CIP 数据核字第 2024TF3875 号

凯尔森纯粹法理论中的"规范"与"意志"

牟利成　著

商　务　印　书　馆　出　版
（北京王府井大街 36 号　邮政编码 100710）
商　务　印　书　馆　发　行
南京鸿图印务有限公司印刷
ISBN 978 - 7 - 100 - 24412 - 1

2024 年 11 月第 1 版　　开本 880×1240 1/32
2024 年 11 月第 1 次印刷　印张 10

定价：50.00 元

目　录

导　言

德国在过去的 200 多年间，产生了诸多影响世界的法哲学家：康德与黑格尔、萨维尼与耶林、凯尔森与拉德布鲁赫、哈贝马斯与卢曼，可谓德语法哲学天空里特别闪耀的八颗行星。① 在 20 世纪法学领域，凯尔森和他的纯粹法理论无疑是最有争议同时也是最有影响力的存在。美国法学家庞德认为凯尔森是"当代法学界当之无愧的领军人物"②；英国法哲学家哈特在 20 世纪 60 年代称凯尔森是"我们这个时代分析法理学最令人鼓舞的学者"③。1984 年，芬兰哲学家与逻辑学家莱特将凯尔森与德国思想家韦伯相提并论。④ 中国法理学者沈宗灵认为："目前，分析实证主义法学主要以两派为代表：一是凯尔森的纯粹法学，一是哈特的新分析法学。"⑤ 但与此同时，许多英美学者认为凯尔森所创立的纯粹法理论"毫无用处""只开花不结果"。他

---

① 参见〔德〕赫尔曼·康特洛维茨：《为法学而斗争：法的定义》，雷磊译，中国法制出版社 2011 年版。

② Roscoe Pound, "Law and the Science of Law in Recent Theories", *Yale Law Journal*, Vol. 34, No. 43 (November 1933), p. 532.

③ H. L. A. Hart, "Kelsen Visited", *UCLA Law Review*, Vol. 10, No. 4 (November 1963), p. 728.

④ 柯林斯认为："除马克思和弗洛伊德外，其他任何社会科学家的影响力都无法与韦伯相比……作为德国社会学术界伟大时期的最具号召力的人物，在他死后 70 多年，韦伯依然是世界学术史上的一座巅峰。"（〔美〕兰德尔·柯林斯、迈克尔·马科夫斯基：《发现社会之旅》，李霞译，中华书局 2006 年版，第 184 页。）由此可见，莱特的这一评价，可能是凯尔森所得到的最高赞誉了。

⑤ 沈宗灵：《现代西方法理学》，北京大学出版社 1992 年版，第 154 页。

们给出的理由是该理论"来自逻辑而非生活"。在德语世界中，从右派学者施米特到左派学者赫勒，几乎都异乎寻常地将他的理论斥为"失败"。①

一、凯尔森纯粹法理论研究的"中国困境"

中国学术界对凯尔森及其理论可谓既熟悉又陌生——我们熟悉凯尔森，但对纯粹法理论的内容及其脉络的解读，却因为该理论的知识跨度广和书写晦涩而停留于表面。凯尔森的纯粹法理论尽管同样是在论述一些古老的话题——法律是什么，法律如何能成为科学的研究对象并被认知，以及法律能为自由做什么？但其认识论和方法论却迥异于先前和后起的法学理论家；其知识域涉及法学、社会学、伦理学、哲学、政治学和神学，而在中国研究凯尔森的主要是法学学者。由于受到学科知识域视野的限制，尽管中国法学领域研究凯尔森的作品不少，但能对其认识论、方法论和纯粹法理论背后关注的问题予以清晰认识并展开理论脉络评述和梳理的作品却不多。如：我们都知道凯尔森纯粹法理论受康德先验哲学的启发，但康德是如何在凯尔森的法学理论中被作为整个理论的方法论基石使用的？凯尔森宣称纯粹法理论是实证主义的分析法学，那么康德先验理论是如何与实证主义一道构筑起一种摆脱了经验的实证分析的？这种分析在哪些方面获得了成功？又在哪些方面导致了凯尔森理论无法克服的内在张力？法律是关乎正义的事业，"正义"在凯尔森纯粹法理论中真的被排斥在外，没有立足之地吗？凯尔森认为社会不同于自然，他批判了把自然科学中

---

① 参见 Hans Kelsen, *Introduction to the Problems of Legal Theory* (trans. by B. L. Paulson & S. L. Paulson), Oxford: Clarendon Press, 1992, pp. 1-2。

的因果关系引入人类社会的做法，认为在人类社会中，人而非自然才真正构成社会科学的主题，而人类的独特之处在于具有发布规范和遵守规范的能力。由此，人与人之间的关系不应通过关涉"事实"的因果规律，而应通过关涉"规范"的归责方式来获得解释。① 凯尔森一方面反对霍布斯和奥斯丁传统，但同时又宣称与这一传统的亲缘；② 另一方面又反复强调法律规范不是主权者的意志而是人创制的产物，强调人发布和遵守规范的能力。③ 这种看似自我背反的理论论述应如何被解读？在凯尔森的纯粹法理论中，人的自由意志与法律是什么关系？它们是通过什么样的逻辑和结构发生关联的？这一系列关于纯粹法理论的问题都亟待澄清。

另外，我们在研究凯尔森纯粹法理论时，更多地关注"纯粹"。从凯尔森的文本可以看到，"纯粹"只是一种方法，一种让法律成为科学的方法，或者说其中关涉的只是方法论。但如果把纯粹法理论仅仅看作是一种方法论选择和运用，显然不符合一种理论所应有的意涵，因为一个理论的核心是其理论问题。当纯粹法理论作为一种法学理论被认识、理解和把握时，由于某种误解或因为理论本身的"晦涩"，它的理论问题和方法论一直纠缠在一起，甚至在大多数情况下它的方法论一直被当作其理论问题，即纯粹法理论的理论问题在以往的研究中一直没有"构成问题"。一方面，这造成了其理论问题的"失落"；另一方面，这种"失落"让该理论变得更难以理解，即通常

---

①　参见 Hans Kelsen, *Society and Nature: A Sociological Inquiry*, Chicago：The University of Chicago Press, 1943。

②　参见 Lars Vinx, "Austin, Kelsen, and the Model of Sovereignty", *Canadian Journal of Law and Jurisprudence*, Vol. 24, No. 2 (July 2011), pp. 473-492。

③　参见 Hans Kelsen, *General Theory of Law and State* (trans. by Anders Wedberg), Cambridge, MA：Harvard University Press, 1945。

人们所说的晦涩难懂。由于学科的限制，凯尔森与其他学科思想家如马克斯·韦伯之间的思想渊源和问题传承一直没有得到人们的关注；[①] 他与齐美尔、涂尔干之间的对话也鲜被提及；其作为一位新康德主义者对康德启蒙思想的传承没有被深入挖掘过；[②] 他与哈贝马斯、哈特等人的"对话"仍缺乏系统深入的研究。[③] 实际上，凯尔森不仅在方法论和论证方法上借鉴韦伯，其纯粹法理论问题的核心也是在现代性语境下对韦伯核心问题的持续推进，即法律作为一种极度理性化的形式，在现代性语境下是否有不发展成关押人之"铁的牢笼"[④] 的

---

① 有的学者关注了凯尔森纯粹法理论对社会科学的重大影响，甚至在这方面把他与马克斯·韦伯相提并论，认为他们两个"深深影响了……社会科学"（Georg Henrik von Wright, "Is and Ought", in Eugenio Bulygin et al. [eds.], *Man, Law and Modern Forms of Life*, Dordrecht, Holland: D. Reidel, 1985, p. 263），但对于他们二人之间在理论问题上的相似性或凯尔森对韦伯理论问题的现代继承却没有提及。而有的学者直接指出凯尔森继承了韦伯的问题，但对于凯尔森对韦伯问题继承的面向和逻辑却又语焉不详，没有给出任何细节性的论述。参见 Wayne Morrison, *Jurisprudence: From the Greeks to Post-Modernity*, Oxford: Taylor & Francis Group, 1997, p. 324。

② 凯尔森作为一位新康德主义者，其与康德的关系的确受到了西方学者的关注，其中斯坦利·鲍尔森（Stanley L. Paulson）教授对二者的关系展开过深入且卓有成效的研究，但他的关注点主要还是集中在凯尔森对康德先验方法论的继承方面。参见 Stanley L. Paulson, "The Neo-Kantian Dimension of Kelsen's Pure Theory of Law", *Oxford Journal of Legal Studies*, Vol. 12, No. 3 (Autumn 1992), pp. 311-332。

③ 哈贝马斯作为社会学大师，其在理论问题上也师承韦伯。他的理论从关于现代"合法性"，到"事实与规范"和"沟通理论"，在方法论和内容上都广泛涉及法理学和法哲学。他的沟通理论作为解决现代多元主义困境的一种有效进路被广泛认同。凯尔森同受韦伯和齐美尔等社会学家影响的学者一样，也是一位多元主义立场的证护者，加之与哈贝马斯几乎同处一个时代，不可能对哈贝马斯一无所知。事实上，主体在现代社会和现代性中的迷失问题，不仅是哈贝马斯，也是凯尔森的核心论题。甚至凯尔森也主张以一种沟通和跨学科的对话从理论上对此问题予以应对（Wayne Morrison, *Jurisprudence: From the Greeks to Post-Modernity*, p. 348）。现今关于凯尔森与哈贝马斯"对话"的研究文献很少；哈特曾亲自去美国找凯尔森进行过一场面对面的"论战"，并在"论战"之后写文章对整个过程进行了理论回顾、梳理与反思（H. L. A. Hart, "Kelsen Visited", pp. 709-728）。可惜的是凯尔森对哈特的各种疑问没有给予回应，哈特关于"对话"的问题也没有被深入而持续地研究。

④ Wayne Morrison, *Jurisprudence: From the Greeks to Post-Modernity*, pp. 340-345.

可能性？如果有这种可能性，那么法律如何被构建才能摆脱"铁的牢笼"的宿命，甚至能成为证护人类自由的手段？这构成了凯尔森纯粹法理论关注的核心问题。① 由此，我们可以在现代性语境和西方启蒙传统中把凯尔森的理论命题归结为：人类的意志如何得到法律的证护，法律如何保障而不是扼杀人的自由。

韦伯认为，在形式理性越来越发达，而法律又是人类形式理性之化身的现代社会，人类在走向法理型社会的同时也在不断为自己构建囚禁自身之"铁的牢笼"。作为一种理性的"宿命"，人类仿佛只能以牺牲人的意义世界和意志自由等实质理性内容为代价，让表征理性的法律形式得以扩张。② 凯尔森不想让法律停留于对人而言成为"铁的牢笼"的宿命，他认为人类的意志自由之所以牺牲于形式理性，根本症结在于法律本身依照理性被构建，由此它在享有理性所有优势的同时，也"先天地"无法克服理性所具有的缺陷。在凯尔森看来，相信法律体系或法律秩序作为某种理性的存在，与依照上帝的命令、自然法则等来构建法律体系或法律秩序一样，都是让法律无法获得独立性的一种法构建思路，所以必须以"纯粹"的方式把以前法律所依恃的"错误"要素和理念"过滤"掉。③ 但把理性、传统实证法学和法社会学所依恃的核心要素和理念都"纯粹"掉以后，我们不禁要问：

---

① 凯尔森必须面对韦伯语境中现代理性化法律所形成的囚禁人之"铁的牢笼"，及"牢笼"对人囚禁的现代性所涉及的对人之理解。启蒙以来的人文主义传统一直把人的自由作为人最为重要的属性，这一点被康德发扬光大。他甚至用自由来表征人自身（参见 Immanuel Kant, "What Is Enlightenment?", http：//www. columbia. edu/acis/ets/CCREAD/etscc/kant. html）。凯尔森在关于人的定义上很显然继承了康德。人的自由是通过"意志"表征的，由此，如何让法律与意志不相互敌对而是相互成就，就成为凯尔森的理论命题。

② 参见 Max Rheinstein(ed.), *Max Weber On Law in Economy and Society* (trans. by Edward Shils and Max Rheinstein), New York：Simon and Schuster, 1967, p. 176。

③ 参见 Hans Kelsen, *Society and Nature: A Sociological Inquiry*。

法律中还有什么足以担负起法科学和法秩序的重任？在这种法科学和法秩序中自由和人类的意志将被如何放置以及放置在何处？凯尔森通过纯粹法理论构筑的法律体系和法秩序能成为人类自由的真正栖居地吗？对于这些核心的理论问题，我们的追问和挖掘还没有开始。

由以上问题不难看出，中国对凯尔森及其纯粹法理论的研究尚处于起步阶段，目前比较明显的是两条进路：一条是从逻辑规范层面，把凯尔森的规范逻辑问题看成其理论问题；① 另外一条是把凯尔森纯粹法认识论和方法论的康德传统作为其核心理论问题。② 有些粗浅的研究把凯尔森的法规范等同于法规则。这些定位预设性地把关注和研究的重点放到了凯尔森纯粹法学中"可见"的方面，或者说可以被实证观察的方面，即他通过纯粹法理论构建的法律体系和法律结构所呈现出的描述性方面。但实际上凯尔森纯粹法理论的描述性陈述只是承载其法理问题的形式"躯壳"，只关注"躯壳"的这种"关注偏离"使得学界少有深入论述纯粹法理论的认识论和方法论③以及其所内含之理论问题的研究，或者说仍然没有真正能把凯尔森纯粹法理论中蕴含的理论问题开发出来的作品。国内对凯尔森纯粹法理论关注和研究

---

① 参见张翠梅："逻辑能否应用于规范——凯尔森晚期规范逻辑理论的反思"，《法商研究》2017 年第 5 期，第 54—62 页；陈锐："规范逻辑是否可能——对凯尔森纯粹法哲学基础的反思"，《法制与社会发展》2014 年第 2 期，第 131—145 页。

② 参见何雪锋："人的理性为法律立'法'——凯尔森的法律认识论及其现实意义"，《华东政法大学学报》2017 年第 4 期，第 73—81 页；张龑："凯尔森法学思想中的新康德主义探源"，《环球法律评论》2012 年第 2 期，第 5—21 页。

③ 在中国关于法律"方法论"的研究不少，以陈金钊先生为代表出了大量的成果，但在法律学界，很多人把方法论理解为"关于方法的理论"，甚至把"方法论"的英文"methodology" 替换为 "methods of theory"。对前者而言，它是在认识论下面的一个知识构建层次，而后者则意味着一种理解知识的手段。凯尔森的方法论必须从前者的意义上来理解，才能对其构建知识的逻辑予以把握；而如果按照后者来理解凯尔森的方法论，那就只能关注它是如何以实证的或分析的方法来看待自己已经构筑起来的法律这样的问题了。

重点的偏离，让本来就艰涩的纯粹法理论更加难懂。实际上，凯尔森纯粹法理论的认识论和方法论，蕴含着凯尔森使用的他所处时代的哲学、社会学、伦理学等诸多学科的知识。在时代问题的基础上，凯尔森把作为其时代成果的认识论和方法论运用到纯粹法理论中，并以之作为构筑纯粹法理论的基础和手段，搭建其纯粹法理论的形式逻辑框架，这是理解凯尔森及其理论的重点。但这只是第一步，其理论中对于法律与人之关系的关注才是纯粹法理论问题的核心。如果不能对凯尔森所面对的时代和理论问题、其所使用的认识论和方法论渊源与脉络有整体性和系统性的清晰认识，那么凯尔森理论的真正意涵就很难被正确地揭示。

二、凯尔森纯粹法理论的理论问题

理论所关注的问题，即我们通常所说的"理论问题"，构成了理论构建的动力来源和目的，能指引理论被创制、修正或抛弃，它决定着理论的走向和意义。理论的问题、目的和意义最终都将指向并关乎社会、秩序、人及其意义，所以社会科学的理论问题最终往往都要指向人、人的行动、人行动的意义以及人的合作生存状态——秩序。从当前纯粹法理论的研究来看，如何把凯尔森纯粹法理论中这种"证护"的逻辑揭示出来，对该理论研究而言仍是个"未竟的事业"。如果能对这样的事业有所推进，无疑将有助于对纯粹法理论之理论问题和展开逻辑的真正理解和准确把握。纯粹法理论不仅承载着凯尔森的学术志业，同时也蕴含着他在思考征程中的理想、希望和迷茫。围绕凯尔森纯粹法理论的认识论、方法论和理论问题，展示他理论中所蕴含的理想、希望、期许和迷茫，从中不仅能清晰地看到一种理论和一个学人思想展开的逻辑，更能看到人类的智者为了推进人类前行的坚持和努力。这种揭示，对任何一位法理学和法哲学研究者而言，无疑都是一次充满冒险和令人振奋的旅程。

凯尔森纯粹法理论是针对现代性所造成的对人自由意志的损害而通过法理论构造展开的一次"拯救行动"。他试图在自然科学、自然法、实证主义和理性的统御下让法律重新成为人意志的产物，而不是外在于人的"异化物"。实际上这次"拯救行动"是新康德主义法学家的一个核心"任务"：狄尔泰、柯亨、文德尔班、施塔姆勒、齐美尔、李凯尔特、韦伯、拉德布鲁赫、凯尔森等都在这一"拯救行动"的名单中。凯尔森属于最晚近的一位新康德主义者，这让他有条件吸收前人的成果，从而让自身的理论呈现出"综合"和"集大成"的特点。

随着工业革命取得骄人的成果，自然科学被广泛应用于人们的生活并对其进行了巨大的改观和重塑。在此情况下，人们开始尝试把自然科学的方法与中世纪经院哲学遗留下来的"思辨性"学术传统进行对比并对后者展开反思，这种比较和反思的后果是：自然科学的认识论和方法论被引入人类社会，并且被尊奉为社会科学用以研究社会的认识论和方法论。人们普遍相信这样做可以帮助人们找到存在于社会科学中的规律，从而像控制和规划自然那样，人类最终也可以在所发现之社会规律的指引下控制和规划社会。

在这种语境下，康德继承启蒙传统，重新提出了"知识对于人如何可能"的问题。他通过对现代理性的批判和道德形而上学的重构，试图重新确立人之自由和意志的中心位置。与此同时，他的后继者——新康德主义者们——意识到：以法律为代表的形式理性越来越成为囚禁人的"牢笼"，是首先需要按照康德思路予以改造的社会科学。新康德主义者之一，被称为"欧洲文明之子"的马克斯·韦伯认为，在形式理性越来越发达，而法律又是人类形式理性之化身的现代社会，我们所能面对的只能是以牺牲人的意义世界和意志自由等实质理性内容为代价，让表征理性的法律形式得以扩张。同样作为新康德主义者，但有机会窥得康德主义和新康德主义全貌的凯尔森却试图改变法律对人而言是"铁的牢笼"的宿命。他继承康德传统，认为人类的意志自由之所以牺牲于形式理性，根本症结在于法律依照现代自然科学的理性和方法被构建，由此法律在享有理性和现代自然科学所有优势的同时，也"先天地"无法克服它们所具有的缺陷。而依照理性构建法律体系，与依照上帝的命令、自然法等构建法律体系一样，都是让法律无法获得其独立性的一种理论进路。由此凯尔森认为为了让人的意志回归，必须借用康德和新康德传统，以"纯粹"的方式对以前法律所依恃的认识论和方法论进行改造，构建一种全新的纯粹法理论。他继承康德和韦伯的认识论、方法论和问题意识，通过引入"规范"这种新的法律呈现形式而试图让现代法律重新承担起证护人之"意志"自由的使命。

凯尔森继承了康德传统中对自然科学理性的怀疑观，并在此思路下重新考虑构建一种崭新的法学理论的可能性。但他和其他实证主义法学家不同的地方在于：他认为"法律或者某一种人类实践互动状态的固定形态"不是一种事实，而是一种承载着人类行动意志的规范。法律规范所建立起来的秩序也不是一种实然的法律秩序，而是一种"应然"的被设定的秩序。既然规范是设定的，那就不需要验证，也不能进行验证。凯尔森这样做是为了保证其所设定的规范里蕴含着人类的意志意义；保证这些指导人之行动的规范既是设定的，又是由人类的意志行为创造的。

凯尔森在认识论、方法论以及对人自由意志的强调上都师从康德，同时他又是第一个成功使用康德先验哲学把法学转化为科学的人。尽管纯粹法理论在具体推进中充分展现了凯尔森个人社会科学的想象力和原创力，但从理论的深层看，在认识论和方法论上，他仍然和那些新康德主义先驱分享了同样的思路，即把康德的先验理论作为一种科学理论应用到自然科学之外的领域。在此意义上可以确定地说，凯尔森的康德同样也是新康德主义者们的康德。凯尔森努力呈现给我们的实证法效力的"逻辑-先验"论证，必须始终要接受康德批判哲学中认识论标准的检验。

凯尔森在构筑自己纯粹法理论的时候，深刻理解并把握住了康德哲学的核心。他试图把康德构建起来的普遍形而上哲学在法学中予以应用——像康德改写整个哲学进程那样，重新改写人类对法律的认知，把法律构建成一个反映人之"应当"的意志产品。内在于纯粹法学之"规范"和"意志"的品格决定了它必然反对奥斯丁实证主义和法社会学传统中把法律建立在外部命令和强制基础上的做法，也必然反对边沁把法律建立在对人意志具有腐蚀作用的功利主义上的做法。由此，我们可以说，康德重构现代科学的认识论和方法论，以及康德重新证成和确立人之自由意志首要性的结论，分别构成了凯尔森纯粹法学的方法论和理论问题的基础，并且前者是围绕后者展开的。如果不结合凯尔森关于自由意志的问题理解其对法律科学性构建所展开的纯粹法理论构建工作，将造成其理论方法与理论问题的割裂；同样，如果在讨论"规范"时不关注其"自由意志"的理论问题，一方面会造成对"规范"理解的片面甚至错误，另一方面会形成对凯尔森理论问题的忽视和误解。

有两点构成了纯粹法理论"纯粹"的特色：其一，纯粹法理论背后的理论命题核心是意志和人的行动自由，凯尔森在构建纯粹法理论的过程中一直处在一个"自由主义者"和唯意志论者的立场上；其二，对凯尔森的纯粹法理论而言，其"规范"是理论构建所必需的预设——一个理性的非理性预设，被作为关于实在法的基础性概念，其中隐含着人的意志这样的非理性因素。在秩序型塑中让法律成为自由的证护者，是纯粹法理论追求"纯粹"的目的。

在法理论的形式构建进路上，凯尔森沿循了自奥斯丁以来的分析法学的路径，把法律当成是一种强制性的结构，一种以等级方式组织起来并排除了道德、自然法则、政治意识形态和心理学考量的规范体系。这些规范规定了原来主权者以及主权者的代理人依靠法律规范执行制裁的条件。凯尔森的纯粹法学与分析实证主义法学的区别在于，其理论体系不是仅仅为了让法学独立成为一门社会科学而需要把人的意志驱逐出去——如同分析实证主义法学所做的那样；而是要为人的自由意志搭建一个可以容身，不再受诸如权力意志、上帝意志、道德意志、政治意志等侵袭的堡垒。人及其自由意志不仅在这一法律堡垒中存身，同时人及其自由意志也是这一堡垒的建造者和主人。

凯尔森的纯粹法理论把实证法看作是归责范畴得以发挥功能的主体性空间。法科学的"事实"被界定成一系列归责的范畴，法律科学中的"规范"都需要基础规范的认定，那么基础规范如何认定作为事实的法规范呢？凯尔森给出了两个认定标准：一是"法律必须经由特定的方法通过有资格的行为制定"；二是"法律必须（通过基础规范）在法体系中获得定位"。① 基础规范被用以认定规范事实，也就是认定那些指向他人具体行为之意志行为的意义，这些意志行为的意义

---

① Hans Kelsen, *Pure Theory of Law* (trans. by Max Knight), Clark, New Jersey: The Lawbook Exchange Ltd., 2005, p. 198.

同时也呈现为一种被预设之"应当"判断的形式并且被认定为具有效力。行为的规范性引入源于某种意志的创造。这样行为事实就与"应当"发生了关联。创制了"应当"联结的特定规范的效力,将呈现为附着某意志行为的更高一级规范的法律后果。一个法律规范的首选结构由此建立起来。每一个规范都可以追溯到其授权机构,这正如在自然科学中每一个经验性事实作为一个结果都可以追溯到一个原因一样。

按照凯尔森纯粹法理论,法律适用的过程也是创制法律的过程。对一个立法者来说,其根据上级规范的授权按照一定的程序开展立法活动。与此相应,一个法官根据一项法律规范的规定,在一个总体的法规范体系框架内按照一定的程序适用法律,该法官实际上通过法律的适用创制了一个单独的规范,因为他在适用规范时必须对规范进行解释性适用。基于规范的性质,每一次解释都是法官个人意志的一次表达。当这种表达被用以对应行为的意义,并对该行为的意义进行评判时,一个新的对应于行为意义的规范也就被创制出来了。正如凯尔森自己所说:法官通过适用规范来创制规范是意志的一个功能。由此,一个法律体系经由立法者、法官和政府官员之立法、法解释和法执行而呈现为一个动态的运行体系,在此运行过程中,其动力总是源于人之根据"规范"授权的"意志"传递。

三、凯尔森纯粹法理论研究中的视角选择

(一)新康德主义传统的人文主义视角

人们可以按照自己的意志,在自己宽广的主观意义域内策略性地选择服从与否,选择被支配与否,选择合作、逃避抑或反抗。自由问

题成为西方思想理论的核心问题，它不仅是康德，而且是 18 世纪启蒙运动以来关于人的核心问题。新康德主义的代表人物之一摩西·门德尔松（Moses Mendelssohn，1729—1786）①曾说："如果一个国家必须坦白，对它来说，人的本质命运与其公民的本质命运不相符合；在这个国家，对人来说必不可少的启蒙不可能在它的所有阶层中得到传播而不冒险摧毁政体，那么这个国家就很不幸了……在这里，必然性就可以规定法律（或者更确切地说，锤炼枷锁），将它们应用于人类，以便强迫他们服从，把他们置于这种束缚之下！"② 这里所说的显然是一种人被政治和法律扼杀的假定景况，这种景况是康德和后来的康德主义者以及新康德主义者都试图极力避免的。

由此，在理论中讨论和政治与法律相关的"自由"之话题成为启蒙运动以来每位新康德主义者进行理论构建时的应有之义。柯亨、文德尔班、李凯尔特、齐美尔、韦伯、施塔姆勒、拉德布鲁赫乃至凯尔森都是这一人文启蒙思潮的践行者。③ 新康德主义者在理论构建中的人文视角在两个方面呈现出来。第一，他们总是把社会看作人类交往的场所，看作人在其中发展自身并赢得尊严之地。如施塔姆勒就认为：人的社会生活受到外部规则的约束，这些规则（法律被看作一种规则）是保证社会生活成为可能的条件；如果社会生活呈现为人与人之间的关系，那么社会性制约规则就在不停地定义着这些关系；规则

---

① 门德尔松是柏林启蒙运动中最重要的一位人物。

② 〔美〕詹姆斯·施密特编：《启蒙运动与现代性：18 世纪与 20 世纪的对话》，徐向东、卢华萍译，上海人民出版社 2005 年版，第 58 页。

③ 参见刘建伟：《新康德主义法学》，法律出版社 2007 年版。该书并没有把韦伯、李凯尔特、齐美尔甚至凯尔森纳入其中，这可能与书的目的仅限于对新康德主义法学的大体介绍有关，它没有深入涉及新康德主义法学家共同关注的时代理论问题，更没能看到其社会性基础的共同关注。

本身在社会中具有相对的独立性，不受其所制约的生活和关系的影响。① 第二，社会中的制度和机构设置都是为了发展和保护人的自由而不是限制和扼杀它。法律是服务于这一目的的。如凯尔森继承韦伯传统，试图把人类从现代法律和科层形式理性所设定之"铁的牢笼"中拯救出来。②

　　在共同的人文主义视角下，新康德主义法学家之间也有关于法律概念以及法律对人之自由维护路径的争论。如韦伯就认为施塔姆勒试图在人类社会生活中寻找或建立客观规则以促成正义的努力是徒劳无益的。人类社会不同于自然界，人类行动也不同于物体的运行。人类社会的因果规律无法借由观察人类行动的外部特征来获得，而必须通过对行动之主观意义的理解和阐明来发现。也因此，韦伯对施塔姆勒这种过度强调法律作为外部"客观存在"的做法进行了批评。③

　　同样作为新康德主义者的韦伯和施塔姆勒也展开过激烈的争论，争论的焦点在对人这一主体予以维护和保留的方式上。但他们对法律应该是关乎人的自由之人文呈现这一点都是赞同的；他们一起继承了康德传统的人文主义和对自由的关注这一点是无可置疑的。施塔姆勒关注人之意志在法律中的实现，他曾说："法律不是意志的产物，而就是意志本身。"④ 他以康德传统的人文主义发展了正义法理论，认为一个意志应当不隶属于任何他人的专横权力；任何人承担义务必须保

　　① 参见 Max Weber, *Critique of Stammler* (trans. by Guy Oakes), New York：The Free Press, 1977, p. 82。

　　② 参见 Wayne Morrison, *Jurisprudence: From the Greeks to Post-Modernity*, pp. 324 - 325。

　　③ 参见 Max Weber, *Critique of Stammler*。

　　④ J. E. Schiller, "Stammler and Kelsen：Theories of Legal Science", *Acta Juridica*, 1977, p. 356.

持人格之尊严；任何人不应当被专横排斥于法律共同体之外；授予权力的前提条件是被授权人能够保持人类的人格尊严。①

随着实证主义的发展，一种决定论和还原论的方法论被从自然科学中引入，其结果是削弱了人类理解自身条件的能力。凯尔森试图努力保护人存在的特殊地位，由此他主张对自然与社会进行严格界分。我们无法从社会逃离，即社会经历对每一个体而言是不可避免的，因为每个人都要与其他人发生密切关联。在与他人的纠葛中我们希望超越，寻找一种自我意识的完满；人类希望通过寻找真实来定位自己，但最后总是无法对整体有所把握，因为我们所面对的总是局部的神秘、相对和未知。人类为了摆脱这种"不完满"的压力和苦痛选择了"道德绝对主义"②，即把我们自身交付给一个外在于人的绝对正确"实体"，让它来衡量人的对错，给人指引方向甚至决定人的命运。现

---

① 参见〔德〕施塔姆勒：《正义法的理论》，夏彦才译，商务印书馆 2012 年版。

② 在凯尔森看来，道德绝对主义是一种自我放弃。他通过人类学的考察，认为原始人在面对神秘的超自然力量时，往往无奈地选择各种神秘的自然力与自身虚妄想象相结合的绝对外在标准或道德作为自身行为的准则，这种准则的执行往往掌握在部落族长手里，但因为当时人与这种力量的一体性，掌握权力的人也从内心服膺于这种准则，所以即使他们拥有执行权也不会走向专制，而是以一种家长的形象默默守护着部落（参见 Hans Kelsen, *Society and Nature: A Sociological Inquiry*）。到了现代，随着整全性的失落，自由主义下的民主治理成为一种时代潮流，但这时候，随着个体自由而出现的个体原子化，让"道德绝对主义"在政治意识形态的裹挟下成为一种反对民主和导致专制的力量。针对这种情况，凯尔森选择一种"道德相对主义"或"哲学相对主义"的立场来对抗"道德绝对主义"，以之作为现代多元主义和民主社会的哲学基础。在"哲学相对主义"之下，知识的获取遵循现代的经验原则，现实的存在只在人的知识和认知范围内发生，真实对于认知主体来说总是相对的，这就为每一个人提供了选择和判断的自由（参见 Hans Kelsen, *What Is Justice?: Justice, Law and Politics in the Mirror of Science*, Berkeley: University of California Press, 1957）。由此，在凯尔森看来，哲学相对主义是继承启蒙以来的自由传统，维护现代民主治理最可取的哲学和知识认知立场。很多研究凯尔森的学者把他看成是一个相对主义者，但实际上凯尔森的相对主义立场不是他固有和一贯的立场，而是为了实现某种目的的手段，他的目的是要为现代多元社会以及生活在多元社会中的人之自由找到一个稳固的居所。

代自然科学的对象自然就是这种思维的另一个版本，它让人把自身的命运交付给以自然科学加以合法化的外在规律。

在凯尔森看来，社会不同于自然，人而非自然才是现代社会科学应该关注的主题。因此，我们不能以自然科学的方式来对待和处理人。人类的一个特殊之处就在于他们能自己颁布和制定规范并以之调节自己的生活。规范要素让人具有了超越自然的能力。法律是人类关系之规范结构构建的特定技艺，是高级人类社会的基本设置。法律——合法性——提供了一种让人类创制社会关系网络结构的机制。① 因此，凯尔森认为："只有把社会看成是经由规范或法律维持的社会生活世界时，社会的构成对象才会与自然迥然有别。"② 由此，在凯尔森那里，规范就成为构建其人文理想——人自身构建之法秩序——的基础概念。

（二）法律科学重构的视角

对法律而言，很多人把实证主义看作是一种方法论，但实际上，当它渗透入法律之后，已经成了一种法律科学理论。③ 法律实证主义一般可以通过三个特征来予以界定：法律必须是人类的产物；我们对法律的分析应该遵从在自然科学中取得了巨大成功的方法论，特别应当遵守价值中立，法理学的追问也就是对"现实主义"真理的追问；

---

① 在凯尔森看来，法理学习以及对先前作家之"市民科学"的学习提供了一条达致人类社会所特有的法律技艺的途径。由此，"法理学""法律科学""法理论""法律规范体系"或"法秩序"等概念在凯尔森那里是有明确界分的。本书中所使用的"纯粹法理论"试图涵盖凯尔森的所有面向，是对凯尔森理论内涵的广义选择。

② Hans Kelsen, "God and the State", in Hans Kelsen, *Essays in Legal and Moral Philosophy* (ed. by Ota Weinberger, trans. by Peter Heath), Dordrecht, Holland: D. Reidel, 1973, p. 64.

③ 参见 J. E. Schiller, "Stammler and Kelsen: Theories of Legal Science"。

法律概念不需要任何道德性的实质陈述。

自孔德以降，社会学在社会科学学科中首次提出了"实证"的概念，并主张用实证方法经验地研究社会。它把人、人的行动和法律都作为一种社会事实来看待和研究。具体而言，这门学科试图把自然科学的因果律引入社会科学并加以运用，把人的行为和社会现象在分类基础上转化为可以用经验方式处理的变量，通过寻找变量之间的因果关联，揭示人的行为和社会事实之间存在的必然联系。在这样的方法论指导下，能很自然地给出一个用以构建社会科学理论基础的预设：人的行为和社会事实是可以被人理性地把握的，它们的联系是有规律的。

法社会学、传统奥斯丁实证主义法学、历史法学甚至政治学、经济学等学科按照自然科学的思路把"社会事实"作为自己的处理对象，而作为"社会事实"之人的行动、行动的意义、自由、民主、法律乃至道德、政治、市场、经济等都可以被转化为能进行客观化处理的对象。在对这些对象进行处理的过程中，学科本身也必然要向这些对象开放，因而尽管社会科学都主张价值中立，但政治上的意识形态、经济上的市场意识、法学上的自由和民主追求等作为某种"意识形态"或"理性偏见"都会不自觉间渗透进社会科学各学科，使其处理的内容显得异常庞杂。

传统法社会学和奥斯丁以降的实证分析法学都把法律和规则作为自己的核心研究内容之一，但在研究法律的时候它们把道德、政治、经济、宗教、传统和习俗等因素都吸纳进来，考察法律和这些因素的关系以及这些因素对法律生成、发展和衰亡的影响。这样做的一个后果是，法律最终成为受这些因素影响的不自足之物。涂尔干、埃利希、康托洛维奇和萨维尼等都是以这种方法来研究法律的。这样实在法就被加入了诸多社会变量之中，它影响其他变量，同时也在特定的条件下成为其他变量的结果。传统实证法学的方法和其对内容的选择让实在法(传统的实证法)失去了独立性,这是作为主张对实在法进行实证分析的分析实证主义法学家所不能容忍的。凯尔森属于这样的法学家中的一员。他试图通过"纯粹"重构法律科学。

凯尔森试图通过把"规范"确立为法学新的研究对象,来取代自然科学的"事实";用"归责"取代自然科学的因果逻辑,重新让法律科学成为关于人的科学。他曾说:"社会问题成为科学知识的一个对象根植于人类社会关系的正义秩序如何构建这一问题。不论是独立还是作为神学的一部分,社会科学总是内含着伦理学、政治学和法学的因素,它在每一方面都表明自己是一门规范性的科学,是关于价值的教义学。仅仅从 19 世纪开始,人们开始使用因果律来研究社会理论问题。自此,人类不再进行正义的询问,而是在人类的真实行为中进行因果必要性的探寻。这种探寻不关心人类行为应当如何,而是聚焦于人类行为如何真实发生以及如何让这种发生符合因果律。社会理论从规范性向因果质询的整体转向,意味着知识对象的根本性改变。由此,自然科学赋予了社会科学某种自我毁灭的方法,而这种方法伴随着 19 世纪到 20 世纪自然科学的成功而被奉为圭臬。社会关系科学从伦理科学向因果科学的科学转型,最终向人们表明:它们只关注价值无涉之事实行为的真实性。从根本上说,这是社会理论在一个它已经完全不可能掌握的对象面前的一种退缩,一种千年科学不得不做出这样的选择:它承认自己原来所关注的根本性问题都是一些无法获致答案的问题,并最终应该被放弃。"①

---

　　① Hans Kelsen, *General Theory of Law and State*, New York: Russell & Russell, 1961, p. 391.

　　由此，在凯尔森那里，法律实证主义应该呈现为人类自身深思熟虑和力量的特定形式，并通过这种形式保证人类本性的实现。而与这种观点相对的则是人类的权利取决于法律秩序、法律制定的规则、习俗和法理学，甚至历史上建立起来的制度。这些在凯尔森看来是一种历史意识形态的变形。这些传统的法律观念实际上为人类编制了一张历史意识形态的网，法律要成为一门人的科学，就首先要通过其严格的科学性打碎这一传统的思维链条。对于这一使命，凯尔森以一种清晰但同时让人费解的语言进行了表达："纯粹（法）理论所要做的就是呈现法律自身，而不是要描述它应当是什么，即它是一个法律实证主义理论。纯粹（法）理论以把握实证法的本质作为自身的本职，它通过分析实证法的结构来理解它。在此过程中，纯粹法拒绝任何能为社会秩序提供评判标准的政治兴趣……因此，纯粹（法）理论与那种或多或少，有意识或无意识的意识形态形成鲜明的对照。"① 应当注意的是，在此，凯尔森是完全从技术层面，把法律作为一种社会技术来描述和界定的。纯粹法符合这种实证法的界定，但并不意味着纯粹法完全等同于实证法。②

　　作为一名新康德主义者，如同康德不想让人在面对自然知识时只是作为旁观者而存在一样，凯尔森不想让关于人自身的科学——法理

---

①　Hans Kelsen, "God and the State", pp. 246-247.

②　凯尔森"纯粹法理论是一种实证法理论"这一断言（参见 Hans Kelsen, "The Pure Theory of Law and Analytical Jurisprudence", *Harvard Law Review*, Vol. 55, No. 1 [November 1941], p. 44)的确为持实证主义观念审视纯粹法的学者造成了很多理解上的困难。实际上，凯尔森把纯粹法理论当成实证法理论的一种类型，但困难之处在于，这是一种新的类型，是传统实证主义以及实证法都不熟悉的类型。在此意义上，它需要被实证法理论传统所接纳，但从哈特和凯尔森的对话中我们可以清楚地看到，占主流的霍布斯-奥斯丁传统的实证主义对凯尔森这种实证主义类型仿佛并不能接受。凯尔森纯粹法理论能否真的成为实证法理论类型中的一位新成员，这有赖于后来者对法理论认知的推进，也有赖于对凯尔森纯粹法理论的进一步研究和更深入理解。

学——作为社会科学最重要的分支之一，外在于人类行为和伦理，甚至成为一种对人而言压制性的存在。但19世纪到20世纪的社会科学，其伦理和规范的构建思路完全被自然科学的因果逻辑思路取代，于是通过"纯粹"让规范重新回归，让人的意义或意志重新在法理论中成为中心，就成为凯尔森的使命。① 即凯尔森的法律科学重建同时面临两个任务：一是让法律科学获得独立，同时又不能依赖于"是"，所以他要重构一种"规范"的逻辑；二是这种逻辑不具有目的独立性，它必须与关乎人和人之目的的正义有关，必须与多元和民主的时代相关。凯尔森在构建法律科学中的这一双重视角，对理解凯尔森纯粹法理论至关重要。

四、凯尔森纯粹法理论研究中的方法选择

（一）关注凯尔森纯粹法理论内涵的维度

凯尔森纯粹法理论②中蕴含着四个理论维度的关注：第一个维度是法理学的关注——它涉及法律是什么，正义是什么，人们如何在法律下生活和互动等方向性问题；第二个维度是法学科学化的问题——它关注的是法律如何摆脱形而上学、意识形态和神学等的牵制而成为

---

①　参见 Wayne Morrison, *Jurisprudence: From the Greeks to Post-Modernity*, pp. 324–325。

②　目前凯尔森纯粹法理论研究一个亟待解决的问题就是对"纯粹法理论"的明确界定。笔者认为"纯粹法理论"可以进行广义和狭义两种界定：广义界定是把凯尔森整个法理论构建及具有一贯性的理论成果统称为他的"纯粹法理论"，其中包括了他对"法律是什么""正义是什么""法律能为人做什么"这样一些问题的法理思考；狭义的界定大多关注纯粹法理论构建的技术性过程和成果。大部分学者关注了后者，由此"纯粹"的技术进路成为被考察和批评的对象。纯粹法理论作为一个完成的理论整体，包含了理念和技术两个层面，也包含了多重理论维度和目标，它们在实施过程中被单独进行，而最后又总是要统一于纯粹法理论自身的总体目的。对内涵与凯尔森纯粹法理论内部这种多维度分割统合方法的把握，对于理解理论的整全性至为关键。

科学的问题；第三个维度是认识论与方法论的创新性引入——具体而言就是凯尔森改写了法理论中关注"是"的传统，进行了"是"与"应当"的二分，同时通过引入康德的认识论和先验方法论试图化解二者之间的张力；第四个维度是凯尔森纯粹法的核心理论问题，也是隐藏最深和最难被发现和把握的一个问题——他要通过其理论创新来回答，如何在多元的现代社会通过法律证护人的意志和自由。①

　　凯尔森纯粹法理论内部多维度和知识来源"庞杂"的特点，加之关于凯尔森研究文献的浩繁，注定了要根据一定的线索对相关文献进行分类梳理。而最主要的线索就是凯尔森纯粹法理论的理论问题关注，即凯尔森如何通过"规范"拯救"意志"。首先，根据凯尔森纯粹法理论内部维度的区分，对相关研究文献进行梳理和解读，考察目前研究对凯尔森纯粹法理论内部维度的揭示情况及其后果。其次，针对凯尔森知识来源的庞杂性，紧紧围绕本书要论述的理论问题，从凯尔森纯粹法理论的康德认识论和方法论来源、新康德主义法思想和方法来源、启蒙的人文主义来源以及霍布斯-奥斯丁法传统批判等几个主要的方面进行文献分类解读。最后，通过分类让凯尔森纯粹法理论庞杂的知识来源变得清晰而有条理，以使它们能更好地支撑本书要论述的理论问题。

（二）关注凯尔森的"对话者"

　　凯尔森曾深入地阅读柏拉图、亚里士多德和阿奎那的古典自然法学作品；② 他与霍布斯-奥斯丁传统的分析实证主义法学家展开过广泛

---

① 参见 Wayne Morrison, *Jurisprudence: From the Greeks to Post-Modernity*, pp. 340-345。

② 参见 Aristotle, *The Politics of Aristotle III* (trans. by Ernest Barker), Oxford: Clarendon, 1946, 1287a; Plato, *Plato's Statesman* (trans. by J. B. Skemp), New Haven, CT: Yale University Press, 1952, 297c。

接触和对话;① 他与新康德主义阵营内的诸多学者，如韦伯、柯亨、施塔姆勒、拉德布鲁赫进行过深入的相互借鉴和"知识共享";② 他与主张"社会唯实论"的社会学家涂尔干进行过激烈的争论，对提倡纯粹社会学的齐美尔称赞有加；他深入人类学进行"知识考古"，探讨"社会规范"的历史渊源;③ 他从"维也纳小组"那里借鉴现代实证逻辑的形式主义；等等。可以毫不夸张地说，凯尔森的纯粹法理论得益并产生于这种学说史的梳理、比较和"对话"。

　　凯尔森是最晚近的一位新康德主义者，也是一位新康德主义法学的"集大成者"。他的纯粹法理论是对康德启蒙遗产以及历史法学、法社会学、自然法学、政治法学和实证分析法学等不同流派进行审视、批判、借鉴和吸收的成果。凯尔森几乎熟悉所有流派的思想，对它们都进行过评述，甚至对它们的学说史都进行过考察。纯粹法理论所使用的"纯粹"方法，实际上就是在对不同学派的法学学说史进行评述的基础上展开的边论证边清除和过滤的工作。研究凯尔森纯粹法理论应紧紧围绕其理论问题，以"规范"和"意志"为线索，通过对法学学说史的梳理、比较和评析，寻找纯粹法理论与其他法理论传统的交叉、分离和重合点，从而更好地呈现纯粹法理论在思想和方法上的渊源。

（三）关注凯尔森纯粹法理论的内在形式结构

　　凯尔森宣称纯粹法理论是一种实在法理论，可以被归入分析实证

---

　　① 参见 Lars Vinx，"Austin，Kelsen，and the Model of Sovereignty"，pp. 473-490。

　　② 参见 J. E. Schiller，"Stammler and Kelsen：Theories of Legal Science"，pp. 347-378；Frank Haldemann，"Gustav Radbruch vs. Hans Kelsen：A Debate on Nazi Law"，*Ratio Juris*，Vol. 18，No. 2（June 2005），pp. 162-178。

　　③ 参见 Hans Kelsen，*Society and Nature：A Sociological Inquiry*。

主义法理论的阵营。任何分析实证主义法理论都是由可见的要素构建而成的，这些要素以及它们之间的关联都是可见并能被用于分析的。凯尔森纯粹法理论尽管并不完全与分析实证主义法学相同，但它也通过"基础规范""规范""效力""义务""应当"等概念要素及其关联建立起了一个可以被分析的静态结构。要揭示和理解该理论，无疑要对构建这一静态结构的各要素及其关联进行分析，这实际上是一种结构分析。凯尔森纯粹法理论不仅仅停留在静态法理论结构的构建上，它还通过"规则""效力等级""效力传递""归责""立法""法律解释"等概念要素及其关联建立起了一个动态的法律运行结构。为了更清晰地理解纯粹法理论的现实运作动力和机制，必须对这些动态要素及其关联展开分析，这是在动态运行基础上对法律进行的结构分析。总之，要通过呈现纯粹法理论内部的要素意涵及其关系结构明晰纯粹法理论与"意志"的关系，揭示凯尔森"拯救意志"的主题，结构分析方法是一种最佳研究方法。

第一章 身处"对话"中的凯尔森纯粹法理论：从实证主义到新康德主义

现代法律实证主义是一个概括性和描述性的理论类型，属于这一脉络的学者有奥斯丁（John Austin）、凯尔森（Hans Kelsen）、罗斯（Alf Ross）、哈特（H. L. A. Hart）、拉兹（Joseph Raz）、麦考密克（Neil Mac-Cormick）以及温伯格（Ota Weinberger）。① 根据麦考密克的观点，法律实证主义是元伦理的非认知主义，即宣称对法律而言道德没有认知意义。② 但因为它关注了其他所有法理论都可能遇到的需求，由此构成一种"元理论"。③ 而凯尔森用一个公式化的概念描述了该理论的一个特点，他把它看成是"一个强制秩序的特定社会技术"④。但无论如何，实证主义法学家都会承认法律是一个规范系统。由此，弄清楚规范的内在属性——规范性——对于理解实证法学本身也变得非常紧要。而规范所关注的是对人而言具有意义的"应当"。对法律实证主义而言，如何构建一种能呈现人之意志行为意义的规范系统，是这一

---

① 参见 Neil MacCormick & Ota Weinberger, *An Institutional Theory of Law*, Dordrecht, Holland：D. Reidel, 1986。

② 参见 Neil MacCormick, *Legal Reasoning and Legal Theory*, 2nd edition, New York：Oxford University Press, 1994, p. 5。

③ 参见 Joseph Raz, *The Authority of Law*, New York：Oxford University Press, 1979, p. 39。

④ Hans Kelsen, *General Theory of Law and State* (trans. by Anders Wedberg), Cambridge, MA：Harvard University Press, 1945, p. 19.

学派学者坚持不懈的追求。在此追求中霍布斯—奥斯丁—哈特呈现为一个传统和进路，而凯尔森的纯粹法理论开创了另外一条进路。

　　凯尔森反复强调"纯粹法理论是一种实证法理论"①，他甚至认为纯粹法和分析实证主义在目标、概念等大多方面都是一致的。② 但很多学者认为，把凯尔森的纯粹法纳入实证法是很牵强的。它们在概念体系、方法论、知识来源等方面存在巨大差异，呈现为两种截然不同的法理论形态。③ 也有一些学者预设他们处于一样的规范传统，对他们法理论中的核心概念"规范"进行了详细的论证和对比。④ 也许是出于对凯尔森纯粹法理论与实证分析法理论之间存在巨大差异，但这种差异却被凯尔森宣称为某种一致性的好奇，奥斯丁分析实证主义法理论的继承者哈特专门赶到美国，带着已经准备好的疑惑和问题与凯尔森进行了一场"对话"。对话的结果是：凯尔森完全赞同哈特的说法，但哈特对凯尔森的说法都不赞同。从哈特对这次访谈的回忆和评论文章可以看到，那几乎是一场无法对话的对话。哈特带去的问题都没有得到答案，他自己也无法把纯粹法纳入自身所处之分析实证主

---

　　① Hans Kelsen, "The Pure Theory of Law and Analytical Jurisprudence", pp. 44-70.

　　② 参见 Hans Kelsen, *General Theory of Law and State*。

　　③ 纯粹法理论是对霍布斯和奥斯丁传统的一次突破和革命，参见 Helen Silving, "Analytical Limits of the Pure Theory of Law", *Iowa Law Review*, Vol. 28, No. 1 (November 1942)。它的基础概念及其知识来源也与奥斯丁传统的分析实证主义法学的基础概念和知识来源迥然不同，参见 Stanley L. Paulson, "The Neo-Kantian Dimension of Kelsen's Pure Theory of Law"；Geert Edel, "The Hypothesis of the Basic Norm: Hans Kelsen and Hermann Cohen", in Stanley L. Paulson & Bonnie Litschewski Paulson (eds.), *Normativity and Norms: Critical Perspectives on Kelsenian Themes*, New York: Oxford University Press, 1998, pp. 209-210; Sylvie Delacroix, *Legal Norms and Normativity*, Oxford: Hart Publishing, 2006。

　　④ 参见 Vilhelm Aubert, "The Concept of 'Law'", *Kentucky Law Journal*, Vol. 52, No. 2 (1963), p. 52; Sylvie Delacroix, "Hart's and Kelsen's Concepts of Normativity Contrasted", *Ratio Juris*, Vol. 17, No. 4 (2004); Torben Spaak, "Kelsen and Hart on the Normativity of Law", *Scandinavian Studies in Law*, Vol. 48 (February 2005), p. 48。

义法理论的传统。① 实际上，凯尔森的纯粹法理论是一种迥异于奥斯丁分析实证主义法理论的法学理论，纯粹法理论的逻辑和问题也不同于奥斯丁-哈特传统的法理论逻辑与问题。② 并且很显然，后者的知识来源与前者迥异，如果说前者立基于霍布斯以降的主权权威传统，那么纯粹法理论则扎根于康德以降的新康德主义人文传统。由此，要理解凯尔森的纯粹法理论，梳理法律的分析实证主义传统以及凯尔森与之展开的"对话"，成为一项必须开展的前提性工作。

---

① 参见 H. L. A. Hart, "Kelsen Visited"。

② 参见 Lars Vinx, "Austin, Kelsen, and the Model of Sovereign"。凯尔森一直强调自己与分析实证主义法理论之间的亲缘，甚至把自己看成是这一传统中的一员。这背后的隐情可能源于纯粹法理论的"特立独行"和"标新立异"。作为一名新康德主义者，凯尔森的知识论和方法论传统基本是在康德和新康德主义的知识脉络中：在问题意识和观念上他吸收借鉴了新康德主义海德堡学派的韦伯、齐美尔和李凯尔特等人的观点；同时他又受到"维也纳小组"实证逻辑主义的影响。凯尔森知识来源的庞杂性在其纯粹法理论中充分折射出来，哈罗德·拉斯基（Harold Laski）称凯尔森有"深邃的哲学头脑……广泛的涉猎"（Mark DeWolfe Howe[ed.], Holmes-Laski Letters, Cambridge, MA: Harvard University Press, 1953, p. 1376）。渊博的学识是凯尔森能够创制崭新的纯粹法理论之最大助力，但同时也会给他带来麻烦——他所创制的法理论如果以完全崭新的面貌呈现于世，可能会被束之高阁，他自己也可能会因此而被学术圈冷落（也许会和他差不多同时代也是犹太人的齐美尔、列奥·施特劳斯一样，在生前，他们那具有开创性的作品一直被冷落，他们的天才直到他们去世才被发掘）。因此，让自己的纯粹法理论"挂靠"一个主流法理论流派对凯尔森而言不失为一种理性的策略选择。对此他自己仿佛有清醒的认识，1945年在《法与国家的一般理论》的序言中他曾感慨地说："在社会尤其在法科学领域，现在仍然无力阻挡让理论不掺杂'当权者'（该处引号为笔者译加）的意愿，即无力阻挡理论以政治意识形态的面目出现……（在这种时候）如果作者'冒险'（该处引号为笔者译加）发表他的法与国家的一般理论，那么他一定得持有这样的信念……年轻一代将能被争取到为法学独立而斗争的理性中去……这样的科学成果才不会失落。"（Hans Kelsen, General Theory of Law and State.）如果诚如在此处所"猜想"的，凯尔森为了回避"当权者"或"当权理论"的打压，为自己的理论赢得一个被世人所知的机会，那么纯粹法理论与奥斯丁-哈特传统之分析实证主义法理论的泾渭分明，以及哈特在和凯尔森对话中的困惑茫然也就能理解了。当然，凯尔森这样做也具有很大的危险性，即他通过过分强调与分析实证主义法理论的亲缘，"刻意隐瞒"自己康德和新康德主义进路的知识传统，给后来他理论的阅读者造成了很大的方向性误导。除了凯尔森纯粹法理论中知识体系的庞杂深奥，这种"误导"是让他的理论晦涩难懂的最主要原因。因此，在批判审视奥斯丁传统的基础上回归康德和新康德主义，对理解纯粹法理论并把握其理论问题至关重要。

一、法律的分析实证主义传统：
权威、规则（规范）与自由

（一）"利维坦"语境中实在法与自由的张力

在《利维坦》中，霍布斯给出了关于法律的三个命题：第一，是权威而不是真理创制了法律；第二，法律的遵从者必须采用实在法并将其奉为真实的自然法解释；第三，最高法律的制定者就是主权者——它是一个终极法律权威但同时又处在法律之外。① 在霍布斯那里，自然状态下处于恐惧笼罩中的人们需要权威发布命令，人们对权威的服从不是出于对权威的评估而仅仅因为它是命令。哈特把这种情况描述为"内容独立"。② 霍布斯为了提供一个保证政治秩序的稳定性的框架，要求法律必须呈现为某种框架性形式，并且在形式和内容之间要有高度的政治相关性。法律的内容必须能经受现实的检验，其中不能含有相互矛盾的道德-价值性对象。但沿着霍布斯的这一思路，一旦法律的制度建构完成，个体自由与制度或权威命令之间的张力就会立即浮现出来。为了克服这种张力，保持理论的内在融贯性，霍布斯不得不宣称自我防卫是终极的善，以此来证护自己个体自由主义的理论基础。

霍布斯理论张力的根本在于其承认人是一个理性对象，他们天生所具有的目的和工具理性在自然状态下会导致一种无序，面对这种无序，在传统权威失去效力的情况下，一种新的权威必须被制造出来。

---

① 参见 Thomas Hobbes, *Leviathan* (ed. by C. B. Macpherson), London: Penguin Books, 1968。

② 参见 H. L. A. Hart, *Essays on Bentham: Jurisprudence and Political Philosophy*, New York: Oxford University Press, 1982, p. 254。

利维坦就是为了克服享有个体自由和理性的个体所导致的无序而被制造出来的崭新权威。霍布斯意识到，为了给实证法提供某种正当的本质，需要制造一个神话以作为传统权威失落之后供人们信奉和遵守的新权威——它的主角就是那个海怪"利维坦"。"利维坦"是一个新神话的主角，也是人类在自由理性基础上制造出来的一台机器。① 至此，每个个体为了摆脱无序和恐惧，必须按照国家机器作为至高无上的权威所发布的命令行动，这种命令以实在法的形式呈现。但因为国家机器本身的中立性，其所发布的命令也就不可能蕴含实质性内容，最终导致权威的合法性走向合法律性或形式合法性。至此，那个神话意图表达的某种规范实质的目的也就烟消云散了。但无论如何，霍布斯才是实证法的创建者，在他那里，是权威而不是真理构成一个有效法律的标记。②

霍布斯的"利维坦"权威一旦被制造出来就立即威胁到了个体自由的合理性，即霍布斯从制造出"利维坦"的那一刻起就种下了摧毁它的种子。凯尔森清晰认识到了霍布斯理论中的张力及其毁灭性，所以他谨慎地把自己纯粹法理论任务设定为不借助霍布斯传统的权威，而是通过法律证护个体作为自由理性的独立性，他试图通过法体系的重构，让被康德推到了新高度的西方现代启蒙思想得以延续。

（二）凯尔森对奥斯丁的义务与"应当"的反驳与推进

乔约特保罗·乔杜里（Joyotpaul Chaudhuri）认为法理学的所有学派都要面对并试图解决的难题就是规范问题，即"在无数可能的'应

---

① 参见 David Dyzenhaus, "Now the Machine Runs Itself: Carl Schmitt on Hobbes and Kelsen", *Cardozo Law Review*, Vol. 16, No. 1 (August 1994), p. 9。

② Ibid.

当'中，哪一种'应当'构建的规范体系能被特定社会接受为自己的义务"①。奥斯丁沿循霍布斯传统，把"利维坦"转化成了法律王国的"主权者"。主权者通过自身的意志制定法律，而所有在其统治下的臣民都有服从的义务。臣民的服从与义务承担在奥斯丁看来是习惯性的，其终极成因是主权者运用自身强力实施的惩罚。② 奥斯丁以主权理论为基础，把法律与命令、义务和制裁结合起来，以后者呈现的特性指称前者。他甚至进一步确认："所谓法律就是向一人或多人发布的命令。"③

奥斯丁对义务的定义是："如果我不遵照你所指示的意愿，你就会对我施加某种恶，因此我就必须受你命令的约束，或者说我就有遵从你命令的义务。"④ 由此，他把法律看作是一种指向主体的命令，而主体之所以受到制裁是因为他违背了遵守命令的义务。其中涉及了"命令""义务"与"制裁"这三个概念的关系问题。凯尔森在对这种关系的分析中发现了奥斯丁法理论中的矛盾和张力。"义务"和"命令"在奥斯丁法理论中很显然是两个不同的概念，"命令"是强势者向弱势者发布的，而"义务"则是被命令主体的一种自我接受和认知。如果说一个人因为违背了命令而被制裁，那很显然命令就是导致制裁的原因，然而命令往往是由强势者发出的，如果法律主要靠这种强权者的命令驱动，那么法律很显然无法实现独立；但如果制裁源于对义务的违背，那就等于说一个人因为违背了自身的认知而受到制

---

① Joyotpaul Chaudhuri, "F. S. C. Northrop and the Epistemology of Science: Elements of an Objective Jurisprudence", *South Dakota Law Review*, Vol. 12 (Winter 1967), p. 92.

② 参见 John Austin, *The Province of Jurisprudence Determined* (ed. by Wilfrid E. Rumble), Cambridge: Cambridge University Press, 1995。

③ Ibid., p. 29.

④ Ibid., p. 22.

裁，即他在实施一种自我制裁。凯尔森以合同为例反驳了这种观点：合同双方根据自己的意志签订了合同，按照奥斯丁的观点，合同双方都对合同负有法律责任，在这种情况下如果有一方毁约，那么他就应该因违反了责任而受到制裁。但这无异于说一个人在实施自我制裁，即以毁约之后的意志制裁签订合同时的意志。①

关于"命令"这一概念，奥斯丁是这样定义的："如果你向我表达或告知了一个做或不做某种行为的意愿，在我不遵从你意愿的情况下你会对我施加某种恶，那么这一意愿表达或告知就被称为一个命令。"② 值得注意的是奥斯丁此处的"命令"与其在定义"义务"概念时所使用的"命令"有很大的区别，前者是名词性的意志陈述或表达，而后者是动词性的意志发布。这一细微的差别是非常关键的。当命令作为一种意愿被以某种形式表达或陈述出来时，它就可以呈现为一种客观的形式，其中承载的意愿意志就有了继续留存的可能性；但如果其只是作为一个动作的命令，则当动作完成之后，意志意愿也就随之消失了。奥斯丁对"命令"的不同使用也许有所警觉，但可能因为受到"主权者"发布命令观念的影响，他没有在自己的分析实证主义法理论中对这一至关重要的区别展开系统论述。凯尔森敏锐地捕捉到了这一点。他所做的理论工作恰恰是通过"规范"概念来弥补奥斯丁法理论中的这一"漏洞"。他把义务看作是制裁的一个后果。对凯尔森而言，一个人有法律义务从事某一行为的原因在于法律规定了如果不照做应当被实施制裁；但对奥斯丁来说，一个人有义务去做一件事的原因在于如果我不这样做很可能会受到主权者的伤害。在此处，

---

①　参见 Hans Kelsen, *General Theory of Law and State*。
②　John Austin, *The Province of Jurisprudence Determined*, p. 21.

主权者在实施伤害的时候是否正当没有被论及。而凯尔森却由此通过"授权"和"基础规范"等概念完成了法律体系"合法性"和效力的理论构建。

在凯尔森看来，奥斯丁法理论中的义务与制裁不匹配并不是关键，他所看重的是被法律授权之强力的合法使用问题。凯尔森宣称，在每一个法律体系中都应该有一条关于使用武力的清晰规定，这一规定所隐含的意思是：未经授权，我们每个人都无权使用武力。凯尔森在"规范"概念的构建中充满了和平和父爱情怀。这在他对"规范"特性的一段描述中可以清晰地看到："法律的权威高于所有被命令和发布命令的人。（法律的）约束力不是来源于人类的命令，而是源于某种独立的非人格'命令'，这种观念可以表述为'爸爸，我爱你'。"① 至此，奥斯丁法理论的"主权者"和"命令"概念被一个"规范"的概念所替代。

（三）由权威到规范：哈特法规范的重构与凯尔森的反驳与推进

1. 规范性的内涵

托尔本·斯巴克（Torben Spaak）认为法律规范性②涉及法律应当的本质和法律规范性力量的问题，即人们以某种方式行为或从事某种

---

① Hans Kelsen, *General Theory of Law and State*, p. 36.

② 不论是霍布斯-奥斯丁传统还是凯尔森的纯粹法理论传统，它们都意识到人类社会不仅仅是一个"事实"的世界，还是一个由人及其行为的意志意义构成的世界。这就涉及人与人之间的关系，而人通过权威以及"对错""善恶""公平与不公"等观念来调整相互的关系。法学家以"规范性"来表征法律处理对象的"道德"和"义务"属性。这是一个为人类行为提供标准内涵的概念。规范性概念来自哲学，总体上哲学家在谈到"规范的"这一词语时，其背后是"对""错"或"义务"，且往往伴随着关于理论和实践问题之"好"和"坏"的评价。参见 Jonathan Dancy (ed.), *Normativity*, Malden, MA: Blackwell, 2000, p. 1。

行为之法律理由的本质。他认为这是法律实证主义者应该面对的最严肃的一个问题。① 但也有学者对此持反对意见，曾专门对凯尔森的规范性概念进行过研究的詹姆斯·哈里斯(James Harris)认为，规范性这一概念是苍白无力的，并且他明确拒斥法律天生是规范性的这一假定，认为："凯尔森苍白无力的规范性只是一个不自然的人工造物。他的遗产几乎阻断了以其他方式思考法律规范性的可能性……在这里提出的一个解决办法就是，放弃任何在合法性和'应当'之间建立固有联系的努力，(我们应当)同时意识到，如哈特和其他法学家所表明的，规范性可以通过其他许多重要的方式作用于法律。"② 很明显，詹姆斯·哈里斯也承认法律的规范性，但他并不同意凯尔森而是赞同哈特对法律规范性的阐释。

对于法律而言，规范性构成一种为人们的行动提供理由的宣称，这种宣称在主张法律治理和创造法治生活环境的情况下，其强度往往超越道德宣称。它也是一种通过法官帮助人们做出的决断或判断。③ 它不是一种事实描述，其主要功能是进行"规范性"判断和评估。从这个意义上说，凯尔森坚持"是"与"应当"的二分和不可通约性，坚持以"规范性"维持实证法理论的规范特征，无疑符合法律实证主义的基本要求。由此，他对纯粹法理论是实证法理论的果断宣称④也就变得可以理解了。在实证法概念体系中，"实证"和"规范"

① 参见 Torben Spaak, "Kelsen and Hart on the Normativity of Law", p. 398。

② W. James Harris, "Kelsen's Pallid Normativity", *Ratio Juris*, Vol. 9, No. 1 (March 1996), p. 115.

③ 参见 Robert Alexy, "Law and Correctness", in M. D. A. Freeman(ed.), *Legal Theory at the End of the Millennium*, Oxford: Oxford University Press, 1998, p. 205; Philip Soper, *The Ethics of Deference*, Cambridge: Cambridge University Press, 2002, p. 7.

④ 参见 Hans Kelsen, *General Theory of Law and State*。

并不是如社会学中那样是两个相互抵牾的概念范畴，相反，它们一起构成了现代实证法学的底色。表征着"经验"和"可观察"的"实证"如何在法理论中通过"规范性"与"规范"共生互嵌，是凯尔森纯粹法理论要证成的一个重要命题。

罗纳德·德沃金（Ronald Dworkin）、朗·富勒（Lon L. Fuller）、亚历山大·佩岑尼克（Aleksander Peczenik）把法律权利和义务看作是某种特定的道德权利和义务，并沿着这一理论思路来对法律的规范性展开分析。① 斯拉韦尔·达拉克拉伊克斯（Sylvie Delacroix）特别对哈特和凯尔森之规范性的概念进行了对比。她认为法律的规范性同时让凯尔森和哈特的实证法理论摆脱了社会事实和道德影响，构成了他们法学理论共同的核心概念。② 克里斯蒂娜·科尔斯戈德（Christine M. Korsgaard）认为从四种理论视角可以看到规范性的四个来源：第一种是从意志主义看，规范性来源于立法的意志；第二种是从道德现实主义看，认为如果一个道德宣称是真实的，即如果有某种本质性的规范性实体或"事实"被正确描述，那么这一道德宣称就是规范性的；第三种是基于"反思性肯认"的方法，把道德根植于人类的本性并把道德特性看作人类性情的一部分；第四种视角强调自治，认为人类自我意识的反思能力赋予人类一种超越自身的权威，这种权威授予了规范性一种道德宣称的意涵。③ 但在完成了对规范性来源的讨论之后，法律如何成为规范性的马上成为一个问题。如果规范性是法律的一个属性，那么什么让其成为可能？这些问题意味着法律具有规范性内涵

---

① 参见 Torben Spaak, "Kelsen and Hart on the Normativity of Law", p. 400。

② 参见 Sylvie Delacroix, "Hart's and Kelsen's Concepts of Normativity Contrasted", p. 501。

③ 参见 Christine M. Korsgaard, *The Sources of Normativity*, Cambridge：Cambridge University Press, 1996, pp. 19-20。

这一断言需要给出说明。实证分析法理论作为一种主流理论，必须直面奥斯丁"主权者"所带来的理论困境，对法律的规范性给出合理的说明和证成。哈特和凯尔森所要从事的工作在这一点上是相同的，但他们的证成路径有着巨大的差异。

2. 规范何以被遵从

根据施米特的观点，凯尔森的法律实证主义实际上是要完成启蒙的一个事业：让人的互动服从于非人性的规则秩序（即法律规则）而不是人的秩序。其潜台词是人不应该服从于任何其他人或组织的意志。如果主权者作为一个耸立于个体之外的人性实体的存在，那么个体必定要臣服于主权者的意志。解决的办法就是通过把主权者拉入法律秩序而让其消解于法律秩序中。最终权威的秩序命令既被授予法律也被授予负责解释法律的法官。凯尔森通过人们对法秩序的认同和遵守"让机器自行运转起来"。① 施米特意识到了凯尔森对具有形式理性特征之法律构建的努力，意识到了他在法理论构建的技术任务上所做的工作。② 但是他没有意识到，这种形式理性法律的核心问题仍然是权威和合法性问题。对凯尔森和哈特而言，当用规范替换了主权者之

---

① 参见 David Dyzenhaus，"Now the Machine Runs Itself：Carl Schmitt on Hobbes and Kelsen"，pp. 1-20。

② 通过对凯尔森研究的综述可以看到，西方学者对凯尔森的理解和解读绝大部分都集中于其纯粹法理论构造的技术性层面。凯尔森纯粹法理论体系以"规范"为立基，在技术上希望通过"规范"的"先天综合"属性，既消解法律对"事实"的经验依赖，也让其摆脱对主观性的神学、道德、意识形态的依附而获得独立。这是法学这门学科科学化的任务。但作为一门承担着重要社会任务的社会科学，法律科学的目的不只是让自己独立——这就好比一个人的目的不仅是长大独立一样，它还要承负自身的时代使命。法律科学如何与时代使命契合并在对使命的担负中呈现自身，是它在独立之后，在自身理论构建过程中所要关注的核心命题。不知出于什么原因，目前绝大多数法学家对凯尔森纯粹法理论的研究仅仅停留在技术层面，即只关注纯粹法理论构建的技术层面。这样做一方面让凯尔森纯粹法理论在技术层面越来越清晰，但另一方面也让其真正的理论问题越来越被遮蔽，这是凯尔森纯粹法理论被多维度解读甚至误读的根本原因所在。

后，规范如何证成自身的合法性进而被人们遵从才是"机器"自行运转起来的关键。

哈特承认法律是一个规范系统，同时强调了规则所具有的那种义务约束的独立性，即规则所隐含的约束不是以个体同意为条件的，它伴随着规则而独立存在并外在于个人。从而法律规则摆脱了建立在同意基础上之霍布斯和洛克传统的契约论。哈特认为法律的规范性最终扎根在一个基础的承认规范之上，他把其称为"认知规则"。哈特把法律系统分为负责义务施加的初级规则和负责变更、裁决、承认的次级规则。① 义务施加的规则负责为人们的行动提供理由，任何规范体系都离不开它们。次级规则是用来辨识、创建、改变和废止初级规则的，并把初级规则予以应用以创建特定的制度。其中，改变规则授权给人以让他们改变法律地位；② 调整规则构建了法庭和其他法律适用机关并规范它们的行为；③ 承认规则用以对系统中法律规则的确认制定标准。④ 在哈特看来，这三种类型的次级规则被引入一套特定的初级规则是"由前法律世界进入法律世界的一个步骤"⑤。承认规则发挥着两方面重要的功能：第一，它甄别并给法律的来源命名——立法、先例、习俗等。第二，它是法律规范性的最终来源，通过对官员施加法律义务，使其适用且仅适用其中规定了有效性标准的规范。⑥

---

① H. L. A. Hart, *The Concept of Law*, New York: Oxford University Press, 1961, p. 91.

② Ibid., pp. 93-94.

③ Ibid., pp. 94-95.

④ Ibid., pp. 92-93.

⑤ Ibid., p. 91.

⑥ Ibid., pp. 97-107. 关于承认规范的相关话题，德沃金和拉兹在他们著作中也曾论及，具体参见 Ronald Dworkin, *Taking Rights Seriously*, 2nd edition, London: Gerald Duckworth & Co Ltd, 1978, pp. 48-51; Joseph Raz, *The Concept of Legal System*, 2nd edition, New York: Oxford University Press, 1980, p. 199。

承认规则可以是一个习俗或是一个社会规则,换句话说它是被特定人群——法律官员——的价值观所认同的规则。因此,鉴于其他规则在某种意义上都要满足承认规则的效力标准,所以效力准则自身"仅作为一种复杂的、规范整合性的规则被应用于法庭、官员以及私人的实践,它通过参照特定的标准辨识法律"①。承认规则的自身特性表明,"承认规则的大部分是不被表述出来的,其存在以对特定规则进行甄别的方式展现,也通过法庭和其他政府官员展现"②。

哈特认为社会规则除了和习惯一起呈现为外在规定性的规则,还有其内部面向。社会规则的规范性主要体现在其内部面向上,或主要体现为那些持内部观点的人所呈现的对规则的赞同特性方面。他把内部观点描述为"作为一种共同的标准,对特定行为模式进行批判性反思的态度"③,即它在通过对偏离行为的批判以及承认这种批判的正当性中展现自身。法律官员必须把承认规则视为"正确司法判决的共同标准,且仅仅是每一个法官在具体判决中应遵循的标准"④。因此,承认规则也可以被描述为一个约定俗成的规则。⑤

哈特的承认规则在几个方面与凯尔森的基础规范迥然有别。⑥ 其中最重要的一个差别是承认规则是社会性规则,是一个存在于法律学者和其他人心中的观念。并且哈特清楚地说他自己把法律的规范性根植于社会事实;凯尔森的基础规范全力避免哈特的这种进路,因为在

---

① H. L. A. Hart, *The Concept of Law*, p. 107;另外可以参见 Joseph Raz, *The Concept of Legal System*, p. 198。

② H. L. A. Hart, *The Concept of Law*, p. 91.

③ Ibid., p. 56.

④ Ibid., p. 97.

⑤ Ibid., p. 225. (With a postscript edited by Penelope A. Bulloch & Joseph Raz)

⑥ 哈特自身在其代表性著作中对这种区别做过评论,具体参见 Ibid., pp. 245-246。

凯尔森看来，这违背了"是"与"应当"的二分。由此，凯尔森能接受承认规则作为一个有效性的标准，但不同意把它作为法律规范性的来源。①

3. 哈特对权威与规范（规则）重构的努力及其局限

哈特之所以拒斥奥斯丁的法理论，主要源于他认为奥斯丁的理论无法区分被赋予义务和自我主动承担义务。但如果哈特这样做的目的并不在于阐明权威和权力的区别，那么其法理论在法律规范性构建方面的力量无疑将被削弱。对此斯坦利·鲍尔森（Stanley Paulson）教授认为，哈特和奥斯丁的争论焦点在于权力（权威）的本质：奥斯丁认为它是习惯性服从，而哈特则认为它是社会规则。"哈特和经验简化传统就事实（权力或权威——笔者注）的本质展开争论。奥斯丁给出其习惯性服从的事实，让他的整个解释离开了法律治理的框架；哈特给出的社会事实，即被这种或那种法律系统所接受之法律有效性的特定终极标准，却是在法律框架之内。"② 凯尔森在哈特基础上更进一步，在他看来，哈特承认规则所依靠的"社会事实"在把法律规范性引出了政治框架的同时让其进入了社会框架，也是一种"不纯粹"。

哈特反对把法律权利和义务等同于道德权利和义务。他认为这样会抹杀"被给予义务（强迫）做某事"和"有义务做某事"的区别，也因此他拒绝继续沿循奥斯丁的法义务的强制理论。③ 为了更清晰地解释这两者之间的区别，哈特给出了一个持枪抢劫的叙事：一个人持枪要求被枪指着的人把钱交出来，这时这个被迫把钱交出来的人实际

---

① 具体可以参见哈特对晚年凯尔森美国访谈的记录：H. L. A. Hart, "Kelsen Visited"。

② Stanley Paulson, "Continental Normativism and Its British Counterpart: How Different Are They?", *Ratio Juris*, Vol. 6 (1993), pp. 240-242.

③ 参见 H. L. A. Hart, *The Concept of Law*, pp. 79-88。

上被强加了一种把钱拿出来的义务，而不是自身具有把钱拿出来的义务。哈特说道："法律显而易见而且一定不是这种持枪(抢劫)的情形，法律秩序自然也不能被简单地界定为强制。"① 哈特在批判奥斯丁的基础上引入了规则，他认为奥斯丁忽视了对规则(规范)概念的分析。我们对法律义务的概念分析中需要引入规则的观念，即某人有义务从事某行为实际上假设了特定行为标准之规则背景，并在此基础上把一个规则适用于一个人及其行为。② 哈特把这种被强加了责任的规则界定为"独立于个体约束之认同的约束"③。

人们之所以遵守规则行动，是因为它是一种不因人的意志和同意而存在的外在约束。这种规则约束的合法性内在于对规则遵守的责任背景中。但一个人为何要认同这种责任并把其作为自己行为的约束？这种责任的来源又是什么？对于这两个关键的问题，我们通过哈特自己的举例也许会有更直观的理解。他说：当一个法官宣布说某人有义务缴纳税款，这可能意味着该法官在以一种被"技术性界定的方式"言说，即意味着他在一个必须维持自己法官责任的法制度内言说。法官这样做只是想引起当事人对法律要求之责任的注意。尽管法官对当事人承担缴税义务这一点可能持一种道德上认同的态度，但他的道德认同却并不是他法律陈述意义的构成部分。④ 即尽管法官进行了关于当事人有缴税义务的陈述，但是法官本身是中立的，他没有使用道德判断，而只是在法律体制内把一种道德义务陈述出来，让当事人认识到自己的这种道德义务。哈特自己进一步补充说："这在很多人看来

① H. L. A. Hart, "Positivism and the Separation of Law and Morals", *Harvard Law Review*, Vol. 71, No. 4 (November 1958), p. 603.

② 参见 H. L. A. Hart, *The Concept of Law*, p. 83。

③ Ibid., p. 168.

④ Ibid., p. 266.

可能自相矛盾，甚至是一种混淆……但我想说的是，当事人法律责任的司法陈述与当事人行动的理由没有直接关系。"[1]

　　上面是哈特分析实证主义法理论的核心概念"法律规则"的核心意涵。但其中所要表达的理论意图的确是含糊不清的。一个法官向没有缴税的当事人宣布他有缴税的义务，[2] 他的这种宣布不带有个人价值倾向，而只是对规则所内含义务或责任的一个宣示，这一点站在法官价值中立的立场比较容易理解。法官"中立地"把内在于法律规则的义务或责任（价值）传达给当事人，从而让当事人承认这是他应该承担的义务或责任，其理由是法律规定的义务或责任，也就是他应当承担的义务或责任。法律规则是一种客观独立的形式规定，而义务和责任具有道德实质的内容，哈特试图努力在法律规则的形式和实质内容之间寻找一种内在联结的可能性。他仿佛在法律规则的形式独立与行为主体的内在义务和责任之间通过法官的司法陈述建立起了联结。但法律规则的客观性与其本身所蕴含义务和责任的主观性（或意识形态、道德性）如何相容？个体行为的客观性与他对自身义务和责任要求认知的主观性如何相容？哈特围绕"法律规则"展开的法理学没有给出揭示。他的"法律规则"概念在摆脱了奥斯丁"主权"和"权威"的同时，在逻辑上却陷入了事实与道德不分的另一个二元陷阱。尽管"法律规则"具有了规范的意涵，但远不如凯尔森对"规范"概念的使用和构建彻底，其在处理规范的效力来源上遇到了瓶颈，最后只能在社会学的"共识"和"最低限度的自

---

　　①   H. L. A. Hart, *The Concept of Law*, p. 267.
　　②   哈特在论述规则内涵的责任和义务时，对"责任"和"义务"这两个概念并没有进行区分，他有时候说人们应该根据"法律义务"（legal obligation）行动，参见 Ibid., p. 83；但有时又说为行动者提供行动理由的是"法律责任"（legal duty），参见 H. L. A. Hart, *Essays on Bentham: Jurisprudence and Political Philosophy*, p. 267。

然法"之间徘徊。

二、纯粹法理论的新康德主义人文传统

(一)纯粹法理论对传统"权威"的消解

理查德·蒂尔(Richard Tur)认为，在凯尔森的实证法背后"既没有形而上学的绝对真理也没有自然的绝对正义，作为一个揭开面纱的人，如果他不闭上他的眼睛，那么一定会与戈尔贡的权力之首相遇"①。如果我们追求实证法的最终动力，仿佛一定无法摆脱实证法与权力的密切关系。在现实中，法律的执行和规范的制定仿佛都离不开权力或权威的影子。但如果深入凯尔森纯粹法的深处，就会发现他的全部理论工作都是围绕"祛权力"或"祛权威"而展开的。权力和权威不仅是一种外在于人并对人具有压制性的力量，而且它本身作为一种社会现实，必须立基于经验或社会事实才能被理解。而这两点都是凯尔森要通过纯粹法理论的构建试图"纯粹"掉的方面。因为对一位持相对主义多元论观念的理论家和一个民主与自由的崇尚者而言，权力和权威总是与个体自由和多元性处在对立的位置上。凯尔森通过法律与国家的一元论消除了传统法学内的政治意识形态，也就是消除了法的政治性，而政治性是通过权威和主权概念运行的。即凯尔森通过法律与秩序的一元论消除了传统法学中的权威和主权概念，而代之以效力。

凯尔森在纯粹方法论原则下，把法律科学家的作用界定为对法秩序和法律之效力结构进行分析。但在论及正义时，他却坚持认为法律

---

① Richard Tur, "The Kelsenian Enterprise", in Richard Tur & William Twining (eds.), *Essays on Kelsen*, Oxford: Clarendon Press, 1986, p. 177.

科学家和法律实证主义者对正义一无所知，正义的命题不可能存在于法秩序和法的效力结构中，而只能存在于人们的交谈中。凯尔森通过其纯粹理论把法律和秩序等同，进而把秩序和法律构建为一个理性和谐的统一体，通过使用这种方法论技艺，凯尔森要完成的是对解构主义怀疑论下虚无主义的超越。在他看来，世界的真实统一性很轻易就能被否定，因此我们需要通过某种自我意识的构建来超越这一虚空。以国家为例，他认为："那种把国家看作是独立于法律秩序之社会实体而不是法律实体的宣称，仅能通过表明个体属于一个统一体——这一统一体不是经由法秩序而是经由与法律无关的诸要素组成——的国家这一点来证实。然而这种'一包含于多'的要素根本找不到。"① 因此凯尔森认为对国家也必须通过法律的纯粹予以纯粹，"国家的纯粹法

① 在此可以清楚地看到凯尔森所持的"唯名论"和自由主义立场，即不认为在个体之外还有一个独立的社会或国家实体的存在。所谓"国家"和"社会"不过是一个虚构的指称，是人们为了认识的方便而为一个认识对象起的"名字"。凯尔森认为，那种认为"国家"真实存在的宣称是不能被接受的，因为除了法律根本找不到一个构成国家的要素，而如果以人为基本要素，那么"国家"就成了一个人的集合，"国家"的性质也就等同于人的性质。如果把人看成是权力与服从的体系，那么国家显然也应该是这样一个体系，但按照这样的思路，法律就会成为权力运作的附庸，进而"国家"最后会演化为一个人或少数人统治多数人的存在。从历史上看，这种围绕权力产生的集权或专制正是法律缺失的表现。站在多元主义和现代民主的立场上，凯尔森主张在废弃自然法的"绝对正义"之后通过独特法律技术的构建实现一种宽容而多元的"相对正义"秩序（参见 Hans Kelsen, *What Is Justice?: Justice, Law and Politics in the Mirror of Science*）。基于此，对霍布斯-奥斯丁传统的国家观进行解构，成为其纯粹法理论的重要部分。这种解构的一个重要结果就是个体的人从作为实体或"集合"的国家中被重新"释放"出来，进而为多元和相对主义的立场，为通过新的法理论建构来证护人的自由提供了条件。与反对"国家"概念一样，凯尔森曾激烈批评过社会学的创始人之一——法国社会学家涂尔干。涂尔干的社会理论建立在对社会作为一个独立于个体之"实体"的"唯实论"确信上。凯尔森认为把"社会"当作一个实体的做法既拒绝了康德对人之心灵和感知的区分，同时也以简化论的方式把关于人的复杂存在化约为毫无意义的公式，或只是把上帝的意志转化成了"集体意识"。参见 E. Drukhiem, *The Division of Labor in Society*（trans. by W. D. Halls）, London: Macmillan, 1984。

理论祛除了国家与法律的区分,是一种关于国家的无国家理论"①。通过这种"纯粹",法律秩序与国家被构建成了一个东西,从而霍布斯-奥斯丁传统中作为法律基础的权威就被消解了。

(二)纯粹法理论中的人文主义观照

对凯尔森的纯粹法理论,很多批评者在赞叹它的严谨性——这种特有的欧陆传统的概念和逻辑严谨性成为后来法学理论构建的一个标杆——的同时,认为其概念和逻辑的"纯粹性"构成了一种对形式主义的放任。他们认为这种仅以形式结构描述和构建法律的方式偏离甚至忽视了诸多法律学者对法律目的及内容的关注。有的学者认为纯粹法理论所标示的"纯粹性"本身窄化了法理论对人们所生活之社会世界的理论解释作用。② 人们指责凯尔森的理论在面对社会权力时弱化了法理学和法理论的想象力,把法学家或律师变成了任何占统治地位之政治意识形态的谦恭仆人。③ 施米特认为凯尔森的自由主义法理论最后在祛除了主权和国家之后把个体人格引入了法律,但与此同时,进入法律的诸多个体性意志却无法阻挡法律以多数意志之名服务于个别人或集团。④ 他进而认为凯尔森的自由主义来自霍布斯,并试图通过批判内在于霍布斯自由主义的不能被克服的缺陷,指出凯尔森的纯粹法理论试图通过实证法来维护自由主义的不可能性,及该理论注定失败的命运。他认为既然自由主义把自身作为判断的终极标准,那么

---

① Hans Kelsen, "God and the State", p. 81.

② 参见 Ernst Bloch, *Natural Law and Human Dignity* (trans. by Dennis J. Schmidt), Cambridge, MA: MIT Press, 1985, pp. 146–149。

③ 参见 Carl Schmitt, *Political Theology: Four Chapters on the Concept of Sovereignty* (trans. by George Schwab), Cambridge, MA: MIT Press, 1985, p. 45。

④ Ibid.

它注定无法寻求一种更高的自我牺牲。霍布斯为个体保留了出于自卫而反抗主权者的权利，但他的理论完全建立在个体理性和个体自由主义的基础之上，而这一点恰恰注定了权威最终将被颠覆的命运。①

至于德沃金，他也和施米特一样，意识到了现代形式法律对实质内容的排斥。德沃金认为应当从两个层面来修复自由主义的问题：首先用一个内在于法律的道德实质作为法理论的基础；其次他反驳了自认为和凯尔森理论类似的功利主义理论，试图以一个完全立基于平等原则上的实质性个体权利理论来实现对功利主义的替换。② 但把凯尔森的理论与功利主义理论看作类似理论显然是对纯粹法理论的误解。并且吊诡的是，激发凯尔森进行理论创造的，恰恰是批评者认定的他对人及其生命和生活意义的关注。正是在此意义上，凯尔森把针对他理论的形式主义的责难看作是所有批评中最愚蠢的。③ 要理解凯尔森纯粹法理论必须对两点予以高度关注：第一，纯粹法理论是与政治、社会、神学和自然法的对抗；第二，"纯粹"背后的人文主义方法论和启蒙传统的理性主义、自由主义预设。韦恩·莫里森（Wayne Morrison）认为："要准确把握纯粹法理论所蕴含的意义，最好的办法是把它置于现代性的大潮之下予以考察……凯尔森要用自己的书写（纯粹法理论——笔者注），通过反对在现代科学想象下产生的简化主义（主要是实证主义——笔者注）以及逐渐渗透进社会各个角落的科层权力，来维护蕴含在人之概念中的人道主义。为了拯救人道主义的自由王

① 参见 Carl Schmitt, *The Crisis of Parliamentary Democracy* (trans. by Ellen Kennedy), Cambridge, MA: MIT Press, 1988, pp. 81–105。

② 参见 Ronald Dworkin, *Taking Rights Seriously*, Cambridge, MA: Harvard University Press, 1978。

③ 参见 Wayne Morrison, *Jurisprudence: From the Greeks to Post-Modernity*, p. 349。

国，凯尔森转向了康德、韦伯和尼采。"① 凯尔森使用康德的认识论来
对抗表征着现代科学主义模型的实证主义及其普遍适用;② 用韦伯的
"祛魅"理念剥除科层国家中暗含的历史宿命，还归它作为现代基本
框架的本原;用尼采非理性的力量对抗科层理性和国家历史主义给人
设下的"铁笼"。

　　凯尔森曾非常用心地强调:法律体系的规范不是自然镜像的折射，
不是自然界施加给我们的东西，也不是某位法学家通过分析法秩序的客
观结构，如同使用与人无关的机器创制产品那样所生产出的人为结构。
相反，他认为:"当我们说一个规范'存在'，并不是说它是一个如同事
实那样内嵌于真实的存在，一个关于规范的陈述只表明它有效力，表明
它是经人类行为而创制，一个规范是关于人类行为的特殊意义。"③

　　作为一名新康德主义者，如同康德不想让人在面对自然知识时只
是作为旁观者一样，凯尔森不想让关于人自身的科学，同时也是社会
科学最重要的分支之一的法律科学外在于人类行为和伦理，甚至发展
成一种对人压制性的存在。面对 19 世纪末到 20 世纪中期社会科学伦

---

① Wayne Morrison, *Jurisprudence: From the Greeks to Post-Modernity*, p. 324. （文中
译文为笔者根据英文译出，在尊重原文的基础上，为了达意的需要，部分地方采用了意译。)

② "实证主义"的一个最大特点就是"价值中立"，它只承认能被观察到的现实为
真实，由此把所有社会科学的对象定义为"物"或"事实"。但凯尔森认为，所谓的
"社会科学"在持续千年的传统中从来没有把伦理、政治和神学从关于社会关系的研究中
排除出去。但同时，现代社会科学必须面对社会变迁和现代性的现实，如何利用现代方
法对抗自然科学的因果律成为凯尔森在方法上的一个重要使命。由此在方法论上借助实
证逻辑主义，在认识论上依靠康德的先验结构，凯尔森试图在法理学领域展开一场别开
生面的"狙击战"。后来的事实也表明，在自然科学因果潮流的裹挟下，凯尔森没能争取
到太多"战友"，一些学者甚至认为这样的"战争"没有必要也没有意义。凯尔森改写
了法理论，却没能建立一种关于法律的新认知。出现这种情况的一个重要原因在于理论
界仍没完成对凯尔森纯粹法理论的深度"祛魅"。由此，学界对凯尔森纯粹法理论的重新
认识工作和凯尔森所从事的理论创建工作一样艰巨。

③ Hans Kelsen, *What Is Justice?: Justice, Law and Politics in the Mirror of Science*,
pp. 179–180.

理和规范的构建思路完全被自然科学因果律思路所取代的现实，凯尔森试图通过纯粹法理论的"纯粹"让启蒙以来的人文和伦理规范重新回归，让人的意义和意志重新成为法理论的中心，这构成了凯尔森纯粹法理论的理论使命。[①]

（三）"规范"中的新康德人文主义

对凯尔森纯粹法理论而言，其方法来源于康德的先验哲学，或者说是康德先验哲学在法律领域的具体落实。但该理论在方法的具体展开和推进上又与康德的先验哲学论证有所不同，原因是二者所要面对的对象不同。康德试图用先验哲学重构自然科学，或者说用人的主观意志选择来弱化外部客体对象的"经验性"，最终追求在二者之间达成平衡，使得知识不再作为一种外在的甚至宰制性的东西"异化"于人。他的先天综合方法让原来被二分之主客观知识的融合成为可能，同时也让真正的知识成为可能。他创造性提出的先验结构成为先天综合方法的具体呈现——客观的材料和主观的感受在先验结构这一结构空间中相遇，它们相互碰撞，不断被一种预设的结构甄别、整理，最后以一种新"综合体"的形式呈现。这一"综合体"不仅融入了外部客观的经验性材料，而且能被主体把握和感知。经由先验结构的"中介"性链接，知识本身的确因此成为可能，但作为对象的"综合体"中的经验性内容，却不再能被经验地感知和把握，并且"先验结构"的预设性本身并无"科学依据"，这构成了后人对康德主义批评的核心。当凯尔森以"基础规范"的预设来构建法律知识的结构时，他所面对的批评和指责与康德所遭遇的类似。

[①]　参见 Thomas Roberts, "Legal Positivism and Scottish Common Sense Philosophy", *Canadian Journal of Law and Jurisprudence*, Vol. 18, No. 2（July 2005），pp. 292-295。

把主体感知和客观经验材料融合的先验哲学，最后以客观经验性材料内容的客观感知性缺失为代价成就了主体的主观感知性。康德通过客观的主观性让知识成为可能。在实证主义立场看来，先验哲学的这种处理方式具有明显的形而上学印痕。但正是这种先验的视角，让承载"应当"的"规范"摆脱了社会事实、事件和现象的羁绊，成为法律独特的对象。"规范"对凯尔森纯粹法理论而言，其解决的不仅仅是法学的对象问题，而且承载着法学自身独特的认识论和方法论视角，蕴含着法学对现代自由、平等、宽容等价值观的关注，它同时也使得法律经过纯粹法理论改造之后成为一个可以容纳下实质内容的理性形式存在。凯尔森要做的，仿佛就是要把人们从韦伯理论所描述之"铁的牢笼"的现代理性后果中拯救出来。凯尔森"纯粹理论的核心特征就是其规范的双重性，一方面它是'意志的意义'①，同时也是一个'解释的框架'"②。规范的内涵也明确宣示了纯粹法理论的核心，那就是通过规范"把对行为和通过法律赋予该行为意义的行为进行了界分"③。由此，通过把"法律规范"塑造成人类行为意义的解释框架，④ 把法律这种形式理性的"铁的牢笼"重新赋予人自由意志的生命意涵，凯尔森纯粹法理论为韦伯"铁的牢笼"之现代理性后果给出了一条积极的解决进路。

---

① Hans Kelsen, *Pure Theory of Law*, p. 6. 在此处凯尔森强调任何意志行为都具有主观意义，而意志行为的稳定呈现形式就是规范，由此，规范被与人的意志行为相等同，或者说它是人之意志行为的形式性呈现。凯尔森的这一做法迥异于法社会学理论的构建，他通过"规范"把人的主观意志纳入法律秩序中来，并使其成为法秩序的核心。由此法律和法秩序本身再也不是外在于人的东西。这种设计本身所折射的正是康德理想科学化的实际操作。

② Thomas Roberts, "Legal Positivism and Scottish Common Sense Philosophy", p. 292.

③ B. Jackson, *Making Sense in Jurisprudence*, Liverpool: Deborah Charles, 1996, p. 101.

④ 参见 Hans Kelsen, *Pure Theory of Law*, p. 4。

三、凯尔森纯粹法理论与新康德主义法律科学构建

康德用先验来指称对知识的认知，认为知识相对于对客体的认知而言，更关注我们如何能认知客体。即康德的先验问题关乎的是知识和认知如何可能的问题。① 凯尔森把这种提问方式引入了法律科学的构建中，他仿照康德的句式进行了同样的提问："实证法作为认知的客体，作为可以认知的法律科学如何可能?"② 鲍尔森教授认为凯尔森通过这种康德式提问试图建立认知法律科学的基本功能。法律科学聚焦于意志行动(act of will)这样的客观事实，以"客观"解释的方法来认知它们，即从成文法材料中抽离材料进行重新组合、分类和构建。③ 这些被认知的"客观性"解释材料以预设的方式被型塑或重新构建为法律规范。④ 由此，法律规范就成为法律科学认知的准确对象。这实际上是一种崭新的法理论和法科学构建进路，是一种独特的以"规范"呈现法律的"第三条道路"。基于"规范"之主观的客观呈现形式，凯尔森把自己划归到了法律实证主义阵营中，并且一直宣称自己的纯粹法理论是一种实证法理论。

在凯尔森那里，法理学是关于认知的科学，其所涉及的是关于法律的认知，即我们如何认识法律，或法律如何能被我们认知。基于此，纯粹理论所承担的两个任务清晰地浮现出来：一是让法律科学成为可能，为法律的认知和法律秩序的构建创造条件。其方法是通过逻辑实践创制一种科学性的结构。这种逻辑不能如自然科学那样采用因

---

① 参见 Immanuel Kant, *Critique of Pure Reason* (trans. by Norman Kemp Smith), London: Macmillan, 1929。

② Hans Kelsen, *General Theory of Law and State*, p. 437.

③ 参见 Stanley Paulson, "The Neo-Kantian Dimension of Kelsen's Pure Theory of Law", pp. 323-324。

④ 参见 Hans Kelsen, *Introduction to the Problems of Legal Theory*, p. 11。

果律，因为凯尔森作为一位新康德主义者，他的一个基本预设是关乎人的科学不能如自然科学那样通过外在的物及其因果逻辑构建。二是法律科学要面对人类复杂的社会生活，它要通过法律对人们的互动给出说明、定义和解释，要能够对人类的行为及其生命意义给出某种可遵循的"模式"。凯尔森沿着启蒙和康德传统，试图把这些"模式"生成机制内含在"规范"和"意志"所呈现的规范法范式之中。

在方法论层面，凯尔森坚信关于人、人之行为和互动的研究考察不同于自然科学对"事实"的观察和试验。法律是人类"发明"或创制的一种对人类行为进行"裁决"的方式。对于立法者——法律的"发明"和创制者而言，法律以什么样的方式，按照什么程序，由谁负责裁决，如何保证裁决的"正义"等问题都要通过法律给出答案。因此，作为一项关乎人的事业，立法的过程必然也是各种人类原则和价值进入法律的过程，这些人类原则和价值让作为法律的对象蕴含了不同于自然科学之"事实"对象的意义。法律科学构建的过程实际是一个让法律摆脱随意和变动而成为人类行为稳定"裁决"标准的过程，也是一个彰显"对错""正义""公平""平等""宽容"等价值观的过程。但伴随着这种构建，如果作为法律"裁决"合法性依据的原则和理念基础不牢固，则可能会对人的行为和意义"模式"带来极大的不确定甚至威胁。正如基尔希曼（Kirchmann）所意识到的："立法者的一句话可能让整个图书馆的藏书成为废纸。"① 新康德主义者如韦伯、李凯尔特、施塔姆勒、拉德布鲁赫和凯尔森等所致力的法律科学构建工作，其核心使命就是为法律找到一个稳固的基础。施塔姆勒的

① K. Larenz, *Methodenlehre der Rechtswissenschaft*, Heidelberg：Springer, 1960, p. 5；J. E. Schiller, "Stammler and Kelsen：Theories of Legal Science", p. 347.

"思维的纯粹形式"和凯尔森的"基础规范"，是康德的先验认识论被引入法学，为法律科学寻找稳固人类原则和价值规范的典范。

施塔姆勒把科学界定为"思想上对我们自身世界基础性的统一安排"，或"根据一个无条件统一性的基础计划对意识对象的安排和指引"。① 作为新康德主义马堡学派的代表人物，他意识到构建法律科学以及为这种科学找到稳固人类规范和意志基础的重要性。效仿康德的"纯粹理性"，施塔姆勒创制了"集体意志"作为法律统一性的预设。但这种"集体意志"的可见、稳定和牢固性都是存疑的。韦伯立足于人的行为对施塔姆勒的法科学"基础"进行了批评。② 凯尔森借鉴了施塔姆勒认为法律科学需要一个整全性和统一性预设的观念，在"集体意志"基础上预设了一个"基础规范"。③ 但同时他也意识到了该预设可能造成法律科学基础的不稳定，所以又仿效韦伯，④ 试图通过引入人行为的意义模型，进而立基于人的行为为法律科学寻找一种坚实的人文基础。

凯尔森的"康德式"提问清晰地表明了他要使用康德的先验方法构建法律科学的方法论立场。凯尔森按照新康德主义进路的提问是：法律如何能成为规范性——能用康德的"应当"（ought）而不是表征经验事实的"是"（is）——表述的科学？规范性的法律如何在区别于道德和自然法同时又不成为道德与实证法的混合物？为了完成提问中

① Rudolf Stammler, *Die Lehre von dem Richtigen Rechte*, Halle（Saale）：Buchhandlung des Waisenhauses, 1926, p. 11; J. E. Schiller, "Stammler and Kelsen: Theories of Legal Science", p. 348.

② 参见 Max Weber, *Critique of Stammler*。

③ 参见 J. E. Schiller, "Stammler and Kelsen: Theories of Legal Science"。

④ 参见 Max Weber, *Economy and Society: An Outline of Interpretive Sociology*（eds. by Guenther Roth & Claus Wittich）, Berkeley：University of California Press, 1978。

蕴含的理论任务，凯尔森立基于康德，对"规范"进行了"纯粹"。至此，他建立一种以"规范"为基础之法律科学的学术抱负逐渐浮现。作为一位新康德主义者，凯尔森纯粹法理论中奠基性方法论的"纯粹"也是新康德式的。康德的问题以新康德主义的方式被转化为：如何把康德关于知识的理论予以适用，即如何以之构建法律科学的基础？为了在自然的事实性那里拯救法律的规范性，在何种程度上法律科学的先验论证要不同于康德关于自然科学的先验论证？为了保证规范的实证性——让规范类似于自然界的客体那样可以被作为经验材料处理，即让处理主观规范的法律科学被当成经验性科学——法律科学中使用的先验论证要在何种程度上效仿康德针对自然科学使用的先验论证？①

在使用康德的先验方法对法律进行"科学化"的过程中，凯尔森试图超越其新康德主义的先驱们。在他看来，这些新康德主义的先驱在使用康德的先验哲学对文化、规范科学特别是法律展开的科学化工作都没有取得成功。②在某种意义上可以说，凯尔森通过其纯粹法理论，成为使用康德先验哲学把法学转化为科学的新康德主义第一人。尽管纯粹法理论在具体推进中充分展现了凯尔森个人社会科学的想象力和原创力，但从理论的深层看，在认识论和方法论上，他仍然和那些新康德主

---

①　对于凯尔森的问题转向，用他自己的话可能更能表述清楚，他曾说："正如柯亨把康德的'纯粹理性批判'看作是经验的理论一样，我试图把先验的方法应用到实证法理论中。如果有人把'实证的'法律理解为'经验的'法律……那纯粹法理论的确是经验论的——但这里的经验主义和康德先验哲学中的经验主义具有相同的意涵。正如康德的先验哲学极力反对形而上学一样，纯粹法理论把目标指向了自然法，因为不论在一般的社会现实领域还是在特定的实证法领域，自然法对应着形而上学。"Hans Kelsen, "The Pure Theory of Law, 'Labandism', and Neo-Kantianism: A Letter to Treves", in Stanley L. Paulson & Bonnie Litschewski Paulson (eds.), *Normativity and Norms: Critical Perspectives on Kelsenian Themes*, p. 169.

②　参见 Hans Kelsen, "The Pure Theory of Law, 'Labandism', and Neo-Kantianism: A Letter to Treves", pp. 169–170。

义先驱们分享了同样的思路——把康德的先验理论作为一种科学理论应用到自然科学之外的领域。在此意义上可以确定地说，凯尔森的康德同样也是新康德主义者们的康德。凯尔森努力呈现给我们之实证法效力的"逻辑-先验"论证，必须始终要接受康德批判哲学中认识论标准的检验。① 因此，如果要对凯尔森纯粹法理论进行重构性解读，就不能简单地把其归于实证法学的范畴并以社会实证主义法学或分析实证主义法学的论证逻辑来看待它；更不能只赋予凯尔森一个新康德主义者的标签，对其直接从康德那里继承来的认识论和方法论不予关注，而应沿循康德先验哲学的路线认真对纯粹法理论的每一步论证和理论推进进行重新梳理和解读。更为重要但也普遍被忽视的是，凯尔森纯粹法理论不仅是康德先验哲学方法在法学学科中的应用，更是把康德要证护人的自由意志这一启蒙传统坚定地落实到了自己的纯粹法理论中。

四、纯粹法理论的"拱顶石"："规范"与"意志"

（一）面对多元与民主的"纯粹"

面对霍布斯和奥斯丁法理学将"权力"和"主权者"等主要概念引入后对法理学产生的影响及其后果，② 凯尔森试图通过"纯粹"

---

① 参见 Hans Kelsen, "On the Basic of Legal Validity"(trans. by Stanley L. Paulson), *American Journal of Jurisprudence*, Vol. 26, No. 1(1981), pp. 178–189。

② 这一后果在凯尔森看来是负面的。凯尔森作为一名新康德主义者，他从康德那里继承的是欧陆的启蒙传统，而这一传统的核心是人之"万物灵长"地位的确立，其精髓就是把"自由"这一独特的属性加持给人。对于把康德思想移植到法学并发扬光大的凯尔森而言，他不可能抛弃这一"精髓"而只是成为一个法律人或法学家。霍布斯和奥斯丁传统中对"权力"的强调和"主权者"权力无限制的描述，在反对中世纪神学的革命中走向了现代启蒙及其成果的反面，甚至为专制开了一扇门。这是凯尔森所不能容忍的。但要堵上这扇门就必须通过全新的概念体系构建法理学，同时这种法理学又不能抛弃启蒙命运所系的人及其自由。由此，作为"维也纳学术圈"的一员，现代逻辑学和语言学都成为他构建自己新的法理论的资源。

杜绝伦理-政治要素进入法律形式结构。因此他在技术上选择了表征纯粹的逻辑实证主义来构建法律,即只让法律形式呈现为一种逻辑形式。逻辑需要预设一种一贯性和统一性,并且在同一逻辑体系中不允许存在矛盾。但这样一种纯粹的逻辑形式于孔德以降创制的实证主义相背离。建立在实证主义基础上的实证主义法律要求除了法律自身,即立法者的意志需要被维护以外,法律作为工具性的存在必须服务于政治和社会秩序。对凯尔森的纯粹法理论构建而言,仿佛必须在形式逻辑和实证主义之间做出选择。但最终凯尔森没有进行非此即彼的选择,正如他没有像他的老师康德在主观和客观之间做出选择一样,他走了一条把形式逻辑与经验内容结合的道路,在法学界掀起了一场"哥白尼式革命"。在法学界一直存在关于"法律内部鸿沟"的争论。① 纯粹法学理论则试图通过强调逻辑的"完美体系"来否认这一"鸿沟"的存在。纯粹法理论坚持这样一种观点:任何不被法秩序以明确表示或默许方式承认的宣称,都应当通过法官的司法程序予以排除。但要做到这一点的前提是法理论的逻辑构建必须是完美的。在两个共存的规范发生矛盾的时候,一个规范性的实证原则——最终被凯尔森设定为"基础规范"——必须能对这一矛盾进行调停和化解。

---

① 关于"法律内部鸿沟"(gaps in the law)的问题从亚里士多德起就已经明确被提出,一方面,他不同意其老师柏拉图建立在一致性基础上的秩序预设,认为一致性将导致城邦的僵化和死亡,他主张城邦内部的多样可能性(具体参见 Aristotle, *The Politics of Aristotle III*, 1287a; Plato, *Plato's Statesman*, 297c)。另一方面,他认为被制定的法律一定是普遍性的,但在适用时却要面对成千上万不同的情形,这之间就产生了一个张力,或者说在同一法律规定和千差万别具体情形的适用之间必然会产生一个不能跨越的"鸿沟"。这一"鸿沟"历经现代主观与客观、事实与规范、"是"与"应当"的二元对立,以及多元主义与一致性要求的紧张而被进一步扩大了。这一涉及认识论和方法论张力的"鸿沟",从亚里士多德到现代,是所有法学家都不得不面对的。亚里士多德关于此"鸿沟"的描述,参见 Aristotle, *Nicomachean Ethics I*, in Jonathan Barnes (ed.), *The Complete Works of Aristotle*, Vol. II, Princeton, NJ: Princeton University Press, 1984, 1137b12-30。

　　由此，"基础规范"为纯粹法理论提供了一个非政治性基础。"基础规范"作为一个理论构建的理性预设被认为创制，但这种"预设"和创制不是建立在自然科学事实归纳基础上的"公理"，而只涉及对法律进行认知后形成的公理性预设。同时法律认知不可能发生在法律认知之外，而涉及认知就一定是伦理-政治性的。这一态度与纯粹法理学的内部哲学视角紧密相连，即认知的方法创制了认知对象。法律认知意味着作为法律之某物的认知，这里就预设了有一种先于法律认知之知识的存在。而那种知识不可能是实证性的。认知仅仅是一种形而上的法律态度的表达。通过承认对任何有实效秩序的认知，纯粹法理论好像失去了其实证立场而变为一种它最初所反对的自然实证主义。海伦·西尔温（Helen Silving）认为，当凯尔森说基础规范的有效性"就像一个自然法规范一样"时，这种转变就发生了。①　一旦纯粹法理论接受了实效原则，并用它来进行原则的再生产时，对宣称自身是实证法理论之纯粹法理论的批评也就接踵而至。

　　但我们应该看到，在法治国家，对法律的认知是民主观念的基本要素。这种观念让政府（法律）建立在被治理者认可和承认的基础上。个体承认相对于拒绝承认的专制观念。对合法性承认的接受是21世纪国家契约论的必然结果。凯尔森通过把对法律的"接受"放置在法律结构的首位，让每一个个体参与到了政府治理中。基于此，海伦·西尔温认为："关于基础规范的'认知'必须从这种政治性的视角出发，从一个构建民主的视角出发来对其进行审视和评价。如果从一个法律实证主义的视角来认知，则因为其中包含了太多历史和真实的法律呈现形式，会使得（纯粹法理论关于法律——笔者注）认知成为不可

---

　　①　参见 Helen Silving，"Analytical Limits of the Pure Theory of Law"，p. 9。

能……法律的认知总是与其内容的认知相抵触。"① 由此，法律认知仅仅在这种民主预设下才能成为可能。海伦·西尔温对凯尔森纯粹法理论中法律和民主并行持赞成态度，但他并不赞成如很多学者所持凯尔森的纯粹法理学的哲学基础是哲学相对主义这一观点。依据民主观念，对基础规范的承认好像是为了平衡纯粹法理论对"权利"概念的压制采取的措施。根据凯尔森的说法，义务是法律秩序成为一个体系的核心。约翰·奇普曼·格雷(John Chipman Gray)认为"义务"从根本上讲就是一个伦理性概念。"权利"和"义务"这两个概念构成了纯粹法理论的一对基本范畴。只要有人的地方就有人的联结，权利和义务概念就构成了法律的基本内容。法律理论是一个反映时代的文化要素，是一种民族气质或社会思潮的折射。② 凯尔森纯粹法理论中的"基础规范"到底如何与现代民主社会之"承认政治"相关联，构成了理解纯粹法理论问题的关键。

（二）对凯尔森纯粹法理论"基础规范"的争论

凯尔森通过"基础规范"概念与奥斯丁传统的主权概念对话，认为"主权"概念误导了人们对法律权威本质和来源的理解。③ 这种误解源于方法论上的混淆，即没有对"是"与"应当"进行区分，很多学者对凯尔森纯粹法理论中的基础规范提出了批评，认为其中蕴含着不能克服的张力。埃内斯托·加松·瓦尔德斯(Ernesto Garzón Valdés)认为基础规范的内在张力主要来自凯尔森关于基础规范内容的

---

① Helen Silving, "Analytical Limits of the Pure Theory of Law", p. 10.

② 参见 Ezra Ripley Thayer, Samuel Williston and Joseph H. Beale, "John Chipman Gray", *Harvard Law Review*, Vol. 28, No. 6 (April 1915), pp. 539-549。

③ 参见 Lars Vinx, "Austin, Kelsen, and the Model of Sovereignty"。

论述："如果基础规范仅仅表明'一个人应该如宪法所描述的那样行为'，那么它和神圣法的命令也就没有太大区别了……另一方面，如果基础规范的内容在规范的实证系统中被伴随着创造性行动的'事实所决定'，那么基础规范就很难再被理解为一个康德范畴了。"①

凯尔森自己关于基础规范的论述为后来者对其纯粹法理论的研究带来了巨大的困扰。他曾说："这样一个（被预设的）规范就是一个国家法律秩序的基础规范，然而这并不意味着基础规范没有被超越的可能性。一个人当然可以问为什么他一定要把第一部宪法作为一个具有约束力的规范。对这一问题的回答可能是，第一部宪法的制定者从上帝那里获得了授权。然而，具有这样一个所谓法实证主义特征的法秩序无须仰仗此宗教判断。"② 这段话中隐含着三个让人疑惑的方面：第一，对基础规范"超越"的具体含义是什么？是对基础规范效力来源的超越还是仅仅可以超越基础规范进行追问？第二，如果"第一部宪法"作为基础规范的呈现形式可以从上帝那里获得授权，那么这是否意味着纯粹法理论在源头上被自然法渗透了？第三，既然基础规范的源头可以被追问为来自上帝的授权，那么它如何无须仰仗这一"宗教判断"而获得实证法的自治特征？

"基础规范"作为一种终极规范是否具有规范性，抑或其只是一个预设，仅具有认知功能？对此问题的不同回答，可能导致对凯尔森整体理论理解的不同走向。托尔本·斯巴克认为："不论法律体系中的规则具有什么样的规范力，它肯定不是从承认规则（或基础规范）中

---

① Ernesto Garzón Valdés, "Two Models of Legal Validity: Hans Kelsen and Francisco Suarez", in S. L. Paulson & B. L. Paulson (eds.), *Normativity and Norms: Critical Perspectives on Kelsenian Themes*, Oxford: Clarendon, 1977, p. 270.

② Hans Kelsen, *General Theory of Law and State*, p. 116.

被引申出来的，因此，通过一个终极规范或规则的方法寻找法律规范性是一种误解。任何关于法律规范性的考虑必须基于整个法律体系的性质。"① 即，如果凯尔森和哈特试图在严格的分析实证主义法学意义上强调法律的规范性，那么该规范性所遭遇的一个问题是它无法宣称自己在为人们提供行动理由方面，能完全超越道德或人们所提供的其他社会性理由。既然如此，我们可能面临三种选择：第一是采用蕴含规范性的道德概念对其法律概念进行替换；第二是拒绝"法律天生是规范性的"这一命题；第三是拒绝或者承认在为人们提供行动理由方面规范性胜过包含道德在内的其他理由。

　　拉兹算是站在"修正主义"一边，试图在保留并重构纯粹法所提出之"基础规范"的基础上，让其继续留在分析实证主义的阵营内。他的办法就是把"基础规范"看作是法律规范性的一种功能解释。② 简单来说可以这样理解：拉兹认为"基础规范"的存在是因为其对整个法律规范体系的作用，这种作用就是对其他法律的规范性给出解释（理由）。为了更好地展现他对凯尔森"基础规范"中可能存在张力的解决路径，拉兹引入了"法律人"。所谓"法律人"就是一个能呈现其个体道德性的人，他接受自己所生活国度的所有法律，并把它们认定为具有道德上的有效性，进而该"法律人"也就为"基础规范"的道德性进行了背书。③ 拉兹建议法律学者应当从这样一个"法律人"的视角审视法律，"仿佛它是有效的，或者从一个假设的角度看是有效的……并不是真的认为它是真实有效的"④。在拉兹那里，

---

① Torben Spaak, "Kelsen and Hart on the Normativity of Law", p. 412.
② 参见 Joseph Raz, *The Authority of Law*, pp. 122-145。
③ Ibid., p. 140.
④ Ibid., p. 157.

经过处理的基础规范不再具有规范性,而成了一种专业人士的视角选择,或者成了一种"法律人"对法律的观感。这种做法尽管让法律成为人的对象,但同时也取消了它稳定的客观性,把法律的规范性置于主观不稳定的状态。拉兹承认基础规范的预设构成了法律有效性的条件,并重复了凯尔森自己的一个观点:基础规范可以但不一定被预设。

　　鲍尔森认为凯尔森并不关注我们是否对法律材料能形成认知,以及是否我们能知道特定的命题是真的。相反,他假设我们已经有了这样的知识,然后询问我们是如何具有这种知识的。在凯尔森的基础上我们可以通过进一步的追问澄清:如果一些事情被认定为真,那么什么样的预设有效?什么样的预设能发挥这样的功能,即在何种情况下如果没有该预设我们所知道的真实会变成虚假?[①] 作为预设的基础规范是使得法律规则的规范维度得以呈现的前提。如果没有通过基础规范的预设让主观的"应当"成为一种客观,那么法律规范对人之行为的所有诉求都将因为它是主观诉求而无效。[②] 基础规范与法律规范之间具有内在的相互成全关系,即如果不预设基础规范,那么法律规范就不可能存在。此处斯拉韦尔·达拉克拉伊克斯教授提出了疑问:既然基础规范是预设的,其目的就是为了让规范成为法律规范,那如果不进行这样的预设,人们也就不会有对"规范"这种颇具新颖性的解读。在此情况下人们是否仍然会在"权威"的逻辑下施行和运行法律,把规范看作是权力的产物?[③] 这种以问题方式提出的委婉批评很

---

　　① 参见 Stanley L. Paulson, "The Neo-Kantian Dimension of Kelsen's Pure Theory of Law", pp. 311-332。

　　② 参见 U. U. Bindreiter, "Presupposing the Basic Norm", *Ratio Juris*, Vol. 14, No. 2 (June 2001), pp. 143-175。

　　③ 参见 Sylvie Delacroix, "Hart's and Kelsen's Concepts of Normativity Contrasted", p. 514。

显然把凯尔森纯粹法理论关于规范的预设看成是一个"历史事件",并认为该"历史事件"具有主观的历史偶然性。

但实际上这种观点混淆了"历史事件"的偶然性与为了理论认知而运用灵光一现的想象力进行创造的区别。纯粹法理论的基础规范是为了创制一种关于法律的全新认知而进行的预设。与此密切关联的可能被追问的问题应当是:为何要进行这种预设性的创制?难道只是为了创制而创制?如果对霍布斯-奥斯丁传统的法律权威认知进行颠覆,进而重新确立一种法律规范的认知,这对我们而言有什么意义和区别?实际上斯拉韦尔·达拉克拉伊克斯教授的提问让一个关键的问题浮现出来,那就是:如果不能从整体上认知和把握纯粹法理论所要处理的理论问题,而只是把其当成是一种思维转化下的概念体系创新,那纯粹法理论的一系列概念甚至整个体系都可能变得"晦涩难懂"。

贝勒维尔德(Beyleveld)和布朗斯沃德(Brownsword)认为理解凯尔森基础规范的关键在于对其认识论的理解:第一,基础规范只发挥认识论而不是伦理或政治功能;第二,基础规范的设定并不表明一种对它赋予效力之规范系统的认同态度;第三,不论基础规范还是被它赋予效力的规范都没有实质内容,它们是道德规范,但仅仅是形式道德规范,而不是实质道德规范;第四,一个实证、有效的强制秩序从来不能被描述为法律无效,尽管它可能因为不符合基础规范而被描述为非法。① 这样的描述尽管看来中肯而全面,但却没有把握"基础规范"创制之更大的理论目的。

----

① 参见 D. Beyleveld & R. Brownsword, *Law as a Moral Judgement*, London: Sweet & Maxwell, 1986, p. 239。

（三）一种澄清："基础规范"与"意志"和民主

鲍尔森教授把凯尔森的研究工作分为四个阶段：第一阶段也就是开始阶段，可以称为理论准备的"构建主义"阶段；第二阶段凯尔森用了十年的时间试图为他的理论提供一种接近于新康德的基础，标志性成果是 1934 年出版的《法理论问题的导言》；第三阶段是 20 世纪 30 年代，凯尔森对经验主义概念的介绍占据了他作品的大部分，这一阶段他的"法律规范"思想开始成形；最后一个阶段是 20 世纪 60 年代以后，在这一阶段凯尔森放弃了在第二和第三阶段关于纯粹法理论的很多观点，转而以介绍法意志理论的要素作为其主要工作。①

很多学者认为，在把基础规范作为一种预设多年以后，凯尔森在 20 世纪 60 年代开始改变他的想法，认为应该像汉斯·费英格（Hans Vaihinger，1852—1933）的"仿佛哲学"（Philosophy of As-If）②那样把基础规范的概念当成一种虚构。在很长一段时间内，凯尔森把基础规范看作是思考行为意义的思维方式，但 20 世纪 60 年代以后他开始

---

① 参见 Stanley L. Paulson（ed.），*Jurisprudence in Germany and Austria in Selected Modern Themes*，Oxford：Clarendon Press，1993。

② 汉斯·费英格是 19 世纪的德国哲学家，主要哲学著作为 1911 年出版的《仿佛哲学》（*Die Philosophie des Als Ob*），英文版本参见 Hans Vaihinger，*The Philosophy of 'As If'：A System of the Theoretical, Practical and Religious Fictions of Mankind*（trans. by C. K. Ogden），2nd edition，New York：Harcourt，Brace Co.，1935。汉斯·费英格受到伊曼努尔·康德、叔本华和朗格（Friedrich Albert Lange）哲学的影响，提出"虚构"理论作为其"仿佛"（as if）哲学的基础，被认为在实用主义方向发展了康德主义。费英格于其著作《仿佛哲学》中提出一种哲学观点，认为人类为了在非理性、无序的世界中安宁地生存下去，有必要接受"虚构"与谎言。人类为了生存，必须对现实的各种现象创立各种"虚构"的解释，"仿佛"相信这种反映现实的方法是有理性根据的，而将有逻辑矛盾的部分忽视，置之不理。例如在物理学方面，人类必须"仿佛"认为有一个不依赖主观的物质世界；在伦理学方面，人类必须"仿佛"认为各种伦理规则在人类社会是可行的；在宗教方面，基督教徒必须"仿佛"深信上帝的存在。仿佛哲学显然接受了康德"知识是局限于现象而不可能达到自在之物"的观点。

强调"意志"（will）和"应当"（ought）之间的重要联结，"没有相应的意志行为，也就不会有规范"①。与此同时，他开始表明在预设基础规范的同时实际上也在历史上形成的第一部宪法之上预设了一个想象的权威，这一权威的意志行为通过基础规范来作为其意志的表达。② 紧接着凯尔森自己承认在预设了基础规范包含一个权威之后，基础规范本身会出现内在的自相矛盾，因为它预设了一个可能存在之权威的存在。③

　　凯尔森坚持认为认识基础规范最好的办法就是把它描述为汉斯·费英格意义上的一种真实的虚构，即在认识论意义上，当现实性材料不足以达致我们对一个事物的认知目的时，我们最好借助于一个虚构。托尔本·斯巴克教授认为凯尔森这种思想的目的是完成对法律系统规范性基础的构建，并且他认为只要借助于基础规范这一虚构的引入，就可以完成这一构建。④ 在此处，托尔本·斯巴克教授注意了凯尔森在技术层面的技术性意图，但对其完成这种技术工作之后的理论问题没有给予关注。

　　研究凯尔森的学者曾围绕凯尔森 20 世纪 60 年代之后对"意志行

---

① Hans Kelsen, "On the Pure Theory of Law", *Israel Law Review*, No. 1 (1996), pp. 6-7. 无独有偶，凯尔森的这一主张在费英格的著作中也可以看到，参见 Hans Kelsen, *The Philosophy of 'As If': A System of the Theoretical, Practical and Religious Fictions of Mankind*。凯尔森这次看似出人意料的观点转换及其参考来源清晰地表明了两点：第一，凯尔森如拉斯基在写给霍姆斯大法官的信中对他的评价，"有深邃的哲学头脑……广泛的涉猎"（Mark DeWolfe Howe [ed.], *Holmes-Laski Letters*, p. 1376）；第二，费英格是一个忠实的康德主义者，凯尔森关于纯粹法理论知识的出处几乎都可以在康德知识传统中找到出处。自始至终，凯尔森就是一名康德主义的追随者，摆脱了这一知识传统对凯尔森进行解读，是让其理论被认为晦涩难懂的主要原因。

② 参见 Hans Kelsen, "Die funktion der verfassung", *Verhandlungen des zweiten österreichischen Juristentages Wien 1964*, (Neues) Forum, 1964, p. 585。

③ Ibid.

④ 参见 Torben Spaak, "Kelsen and Hart on the Normativity of Law", p. 406。

为"强调的转向展开过争论，他们争论的焦点集中于凯尔森基础规范观念情势的转变对于"基础规范"这一概念以及纯粹法理论是否产生了重大影响。即他们所关心的是，这种对"意志"的强调是否能导致纯粹法理论内容和逻辑的根本性转变。在这一争论中学者分成了两个阵营：一方认为影响巨大，如伊恩·斯图尔特（Iain Stewart）教授认为，把基础规范理解为一种意志行为为宣称自身为法律实证主义的纯粹法理论敲响了丧钟，尤其要引起注意的是，如果基础规范的概念是一个虚构，那么整个法律体系的概念都成了虚构；① 托尔本·斯巴克教授赞同伊恩·斯图尔特教授，认为如果基础规范如凯尔森改动后所承认的那样是一个自相矛盾，那么这一概念本身也就没有了存在的意义，应该被去掉。并且他认为在"意志"与"应当"之间根本不可能有如凯尔森所认为的紧密联系。基础规范没有必要一定要被认定为一个规范，只把它看成是一个使得历史上第一部宪法具有法律效力的预设就可以了。② 另一方以理查德·蒂尔和罗伯特·沃尔特（Robert Walter）教授为代表，他们认为凯尔森对基础规范描述的改变对整个纯粹法理论甚至基础规范的概念本身都影响不大，也不会产生什么大的理论后果。③

在凯尔森的大部分作品中，基础规范都只扮演着认识论的角色，正如康德之思想的范畴，即它的作用是让科学家所分析的材料变得可

---

① 参见 Iain Stewart, "The Basic Norm as Fiction", *Juridical Review*, Vol. 25（1980），pp. 207-208；Iain Stewart, "Kelsen and the Exegetical Tradition", in Richard Tur & William Twining（eds.），*Essays on Kelsen*, pp. 131-135；Stanley L. Paulson, "Kelsen's Legal Theory: The Final Round", *Oxford Journal of Legal Studied*, Vol. 12, No. 2（Summer 1992），pp. 268-270；Ross Alf, *Directives and Norm*, pp. 29-33, 156-158。

② 参见 Torben Spaak, "Kelsen and Hart on the Normativity of Law", p. 406。

③ 参见 Richard Tur, "The Kelsenian Enterprise", pp. 167-175。

以被理解。"但是在 1963 年之后，凯尔森仿佛改变了他的立场，基础规范不再是一个思想的预设，而成了一个承载意志的虚构产物。"① 对此，凯尔森自己的说明是："对一个规范的预设不是由一个真实的意志行为提出而仅仅是在法律思维中发生的预设。一个人可能会有效地提出反对理由说，一个规范只能是一个意志行为的意义而不能是一个思维行为的意义。实际上，在'应当'与'意志'之间有一个至关重要的关联。当面对这样的反对时，我们只能做出让步：连同在思维中被预设的基础规范一起，一个人同时应该设想一个想象的权威，他的（虚构的）意志行为赋予了基础规范自身的意义。"② 在这一段话中，凯尔森似乎已经意识到，如果他要与其关于规范是人类意志的创造这一观点保持一致，那么将基础规范描述为某种虚构意志的虚构行为就成为一种逻辑上的要求。如果整个法律体系的规范效力来自基础规范，那基础规范注定应是某个真实的存在或具有某种真实的内容。

克艾考克·李（Keekok Lee）提出批评认为，把基础规范看作是一种"虚构"破坏了法律科学性的宣称。凯尔森的做法使得他的"科学"迅速向现实靠拢。纯粹法理论所遵循的效力逻辑结构以及为法律体系所做的辩护——把法律体系看作是一个能通过科学建立的封闭等级体系——实际上是一种妥协。1963 年之后，凯尔森在其理论中添加了官员的行为和意志，此时的基础规范变成了一个虚构意志的虚构行为。至此推动体系的动力就成了具有经验现实要素之体现为法律官员行为的法律意志。这一点呈现了凯尔森向法律现实主义转向的迹象。③

伊恩·斯图尔特认为，基础规范中所出现的矛盾自我解构了基础

① Wayne Morrison, *Jurisprudence: From the Greeks to Post-Modernity*, p. 343.
② Iain Stewart, "Kelsen and the Exegetical Tradition", pp. 116–117.
③ 参见 Keekok Lee, *The Legal-Rational State*, Aldershot: Avebruy, 1990。

规范本身，因此我们没有必要认真对待凯尔森的纯粹法理论。实际上斯图尔特误解了基础规范预设的作用，他认为凯尔森被迫在法律秩序背后引入了一个"绝对主体的假设"。斯图尔特的这一批评无视了凯尔森对所有形而上学传统的尖锐批评。[①] 对于凯尔森而言，他必须让其纯粹法理论做到在没有任何先验担保的情况下被接受。由此，凯尔森呈现出了一种让法秩序内部自然呈现和谐的倾向。从纯粹法作为一种法律科学的角度考察，基础规范的预设说到底只是为了实证主义分析法理学展开的需要而进行的一种颇具技术性的方法论构建工作。凯尔森纯粹法理论的张力主要呈现为该理论所强调的封闭性和特殊性与其所嵌入的社会领域的开放性与普遍性要求的矛盾。

　　莫里森认为规范有形式规范与非形式规范的区分。他同时提出了一系列问题：凯尔森法秩序为何只关注形式性规范？为何要将非形式性规范排除在外？凯尔森的理论需要一种用以指导官员发挥作用的非形式性规范，社会学、心理学和法律规范在处理事实材料时候的边界是什么？[②] 这些问题可以在凯尔森纯粹法理论所蕴含的"规范"与"意志"关系中获得答案。

　　法律作为一种形式理性只要外在于人则迟早会成为对人的压制，这一点已经被韦伯所论证。由此，让作为形式性技术的法律成为人的意志，并在人参与其中的过程中促成现代民主才是凯尔森理论构建中关注的核心。凯尔森曾对法律作为社会技术的说法进行过论述，但他有时认为只有一种界定法律的技术，如在他对法律技术作为社会技术的定义中曾说："我们称'法律'为社会技术意为它通过特定方法引

---

　　① 参见 Hans Kelsen, *What is Justice?: Justice, Law and Politics in the Mirror of Science*, pp. 198-208; Hans Kelsen, *Essays in Legal and Moral Philosophy*。

　　② 参见 Wayne Morrison, *Jurisprudence: From the Greeks to Post-Modernity*, p. 345。

导个体意志对他人利益的强制干预：一旦发生干预，法律自身首先在
个体利益领域扮演类似干预的角色，并对所从事的干预负责。"① 而在
别的地方，凯尔森又把法律这种社会技术用来指称刑罚、民事赔偿以
及行政法律技术。② 源于凯尔森对法律作为社会技术界定的开放性，
很多评论者进一步推进了其内涵的多样可能性。如罗伯特·萨默斯
（Robert Summers）就认为应该在法律的社会技术内容中加入管理和
对私人事件进行安排的技术。它所意涵的"不是法律释放什么样的
社会功能，而是法律如何释放社会功能，它们是关于社会可能用到
之基本法律方法论的描述，而不是特定社会真实使用之必要方法的
描述"③。

至此，凯尔森关于法律研究中只把法律方法当成新康德主义意义
上之方法论的做法——一种不涉及现实和材料内容之方法论的"纯
粹"——就被改换成了面向真实的社会问题，处理社会中真实事件和
材料的方法。由此法律技术也就逐渐从"纯粹"的方法论预设被转换
成了一种经验性研究。这让纯粹法理论的基础——规范——本身也受
到威胁。而实际上，凯尔森通过基础规范和规范体系构建所真正关注
的现代民主和多元问题才是其纯粹法理论构建的主要目的。在此规范
体系构建中，凯尔森严格遵循了韦伯关于学术"价值中立"的原则。
但应该注意的是，韦伯所强调的"价值中立"只是限定在理论构建过
程中或研究进行过程中，他从来没有否认任何理论构建之前总是要有
一个理论预设和理论目的；而在理论构建完成之后，整个理论又必须

---

① Hans Kelsen, "Law as a Specific Social Technique", *University of Chicago Law Review*, Vol. 9, No. 1 (December 1941), p. 81.

② Ibid., pp. 89-93, 96-97.

③ Robert Summers, "The Technique Element in Law", *California Law Review*, Vol. 59, No. 3 (May 1971), p. 751.

能为所设定的理论目的服务。凯尔森把自己纯粹法理论的基础概念——"规范"——与"意志"建立关联,很显然源于自身理论问题和目的的考虑。他要通过纯粹法理论构架证护现代性下的自由、民主、多元和宽容等经由启蒙沉淀下来的现代性成果。

第二章　凯尔森纯粹法理论问题的渊源与构建

一、纯粹法理论面临的时代背景与理论问题

（一）社会与理论问题背景

"现代社会理论的诞生标志乃是一场具有世界历史意义的政治事件：1789 年法国大革命。"① 这场革命攻克了巴士底狱，把国王送上了断头台，"人权宣言"诞生，接着就是热月政变、帝国和复辟……这一短期内发生在法国堪称波澜壮阔的历史，在此后的思想运动中产生了观念上的对应。面对革命余波造成的社会动荡、人与人的疏离，友爱、秩序、和平、幸福、进步、宽容和民主等现代观念逐渐成为思想者思考的主题。在对这一现实问题的思考过程中，笛卡尔"我思故我在"的个体观、霍布斯的秩序、孟德斯鸠的"法的精神"、洛克的权利、卢梭的"公意"以及其后兴起的社会主义、康德对启蒙界定中呈现的理性、以理性人为假说的功利主义等学说理念逐渐成为欧陆思想家共同的智识资源和展开思考的基础。最主要的是，这种思考不再停留在哲学的层面。伴随着"社会"范畴的兴起以及对理性的信奉，人们坚信使用自然科学的办法可以解决社会现代社会推进中所出现的问题。于是自孔德和斯宾塞以后，一种采用自然科学方法的实证主义

---

① 〔德〕吉拉德·德朗蒂：《当代欧洲社会理论指南》，李康译，上海人民出版社 2009 年版，第 17 页。

思潮和社会科学实践逐渐在社会科学中兴起并迅速占据了主导地位。这种方法的一种预设就是社会能像自然那样通过人类的参与和改造而趋向美好与完善。

自法国 1894 年经历了德雷福斯事件①，到一战、二战，孔德和斯宾塞向人们宣告的社会进化预言并没有实现。相反，社会所呈现的却是因为工业化和现代化所导致的人与人关系的崩塌。高速发展的工业化带来了不断恶化的阶级与宗教冲突，这让当时的思想家意识到："一个社会如果其成员彼此之间没有一条牢固而持久的纽带维系在一起，那么它就像一堆松散的尘土，随时都可能被一阵最轻微的风吹散到地球的四角上去。"② 在实践和经验层面，秩序往往和冲突相对，追求均衡、和平、安稳甚至幸福，并且很容易和井然有序联系起来。但是在理论上，当我们把秩序作为一个理论命题提出来的时候，"秩序问题必须和关于均衡的经验问题以及关于变迁的意识形态问题坚决地区分开来。作为社会关系之基本性质的一种研究，秩序理论应集中讨论人类行动的任意性与结构性关系的问题，集中讨论个人行动是由于个人性因素还是由于集体性因素所导致的"③。法律和法律科学无论在实践还是在理论层面无疑都最适合于承担起构建"秩序"的使命。

20 世纪是一个西方法律思想经历急剧变迁的时代。"1900 年，存在着一种定义明确的主流模式，即我们今天通常所说的古典法律思

---

①　1894 年法国军队诬告法国总参谋部犹太血统军官德雷福思充当德国间谍。尽管缺乏证据，法庭仍判处德雷福思终身苦役。围绕这一案件的斗争导致了一场政治危机。在舆论的压力下，德雷福思于 1899 年被释放，1906 年恢复名誉。该事件对法国社会影响深远。参见〔美〕迈克尔·伯恩斯：《法国与德雷福斯事件》，郑约宜译，江苏教育出版社 2006 年版。

②　〔美〕杰弗里·C. 亚历山大：《社会学的理论逻辑（第二卷）》，夏光、戴盛中译，商务印书馆 2008 年版，第 107 页。

③　同上书，第 101 页。

想，以及两个挑战者：一个是……'社会性思潮'或是'社会取向的法律思想'，另一个是马克思主义的法律思想。"① 社会取向的法律思想家在实践中多关注人的社会关系，即社会性对法律构建的影响；而在法律科学上则关注法律的稳定性、合法性及其社会基础。随着人与人之间社会关系的动荡，社会性法律思潮渗透到了包括新康德主义法学在内的法学各领域。如新康德主义法学家施塔姆勒就认为：人的社会生活受到外部规则的约束，这些规则(法律被看作是一种规则)是保证社会生活成为可能的条件；如果社会生活反映为人与人之间的关系，那么社会性制约规则就在不停地定义着这些关系；规则本身在社会中具有相对的独立性，不受其所制约的生活和关系的影响。② 施塔姆勒这种关注社会规则外部强制性的观点，很显然迎合了一种实证主义的潮流，而更加类似于外部社会对个人意志施加强制性的社会实证主义。③ 凯尔森也曾宣称："法律是人类行为的秩序。"④ 它经由特定的法律方法被创制，"表征着社会组织的一种特定技术"⑤。这种技术在本质上是以一种通过制裁的系统使用而运作的强制方法；由法律秩序授权实施制裁的政府官员和代理人负责实施。这让"法律这一概念呈现出具有高度社会性的意义面向"⑥。

凯尔森在新康德主义阵营中，作为其中的一员展开自己的法理思考、法律科学和理论构建。康德和新康德主义者的法学思想曾深刻影

---

① 〔美〕查尔斯·卡米克等编：《马克斯·韦伯的〈经济与社会〉：评论指针》，王迪译，上海三联书店 2010 年版，第 310 页。

② 参见 Max Weber, *Critique of Stammler*, p. 82。

③ 参见 Emile Durkheim, *The Rules of Sociological Method* (trans. by W. D. Halls), New York: The Free Press, 1982。

④ Hans Kelsen, *General Theory of Law and State*, p. 3.

⑤ Ibid., p. 5.

⑥ Ibid., p. 19.

响德国法治进程。① 新康德主义有两个学派：一个是以柯亨为代表的马堡学派（Marburg-school）——以对精确科学的逻辑研究而著名；另一个是以文德尔班为代表的海德堡学派（Heidelberg-school）——文德尔班、韦伯、李凯尔特、齐美尔等诸多该学派的新康德主义哲学家强调一种人文主义或人道主义的"精神科学"或"文化科学"，以对历史和文化科学的研究以及先验价值论而著称。② 这两个传统中的学者尽管都信奉康德的认识论和方法论，但内部也有对话甚至争论。如深受海德堡学派影响的韦伯认为拉德布鲁赫试图在人类社会生活中寻找或建立客观规则的努力是徒劳无益的。人类社会不同于自然界，人类行动也不同于物体的运行。人类社会的因果规律无法借由观察人类行动的外部特征来获得，而必须通过对行动之主观意义的理解和阐明来发现。对于那些以"经验的法律秩序"呈现出来的知识，只是人类行动的一个限定，或者说在某种程度上它们是人类行动要突破的"障碍"。③ 由此，当一个行动者携带着自己的主观意义行动的时候，他总是在试图去理解、把握这些外部经验的基础并小心翼翼地去突破它

---

① 参见刘建伟：《新康德主义法学》，法律出版社2007年版。
② 同上。
③ 在此值得注意的是，凯尔森普遍被认为偏向马堡学派，理由是他的纯粹法理论关注"逻辑"。但实际上凯尔森是一个新康德主义的"综合者"或可称其为"集大成者"：他在构建纯粹法理论形式结构时的确依赖于新康德马堡学派的知识资源，但在其"理论问题"和"问题意识"方面，他完全继承了新康德主义海德堡学派的人文情怀。他对马克斯·韦伯人文主义理论构建的借鉴和吸收是非常全面的。（参见 Hans Kelsen, *Pure Theory of Law*, pp. 75-76。）这一点目前还没有引起法理论学界的足够重视。另外凯尔森自己也承认其深受齐美尔的影响，由此我们可以看到，通常被认为属于马堡学派和维也纳逻辑实证主义圈子的凯尔森实际上同时受到了新康德主义两个学派的影响——在思想内容上他承袭了海德堡学派的人文主义思想，在方法上他承继了马堡学派的逻辑实证主义。由此我们不难看到，要寻找凯尔森具有时代内容的"理论问题"必须沿循海德堡学派对他的影响而展开；如果只沿循马堡学派对凯尔森提供的纯粹法理论进行"归类"，最终收获到的可能只是"方法问题"。

们、违反它们或是去适应它们。① 那些经验性外在于主观意义的规则实际上构成了对人的限制,在实证主义者那里,社会规律的获得必然意味着集体性或共性的不断浮现,而带有个体性特色的消褪,是人类在找寻规律的旅程中必然要付出的代价。现代自然科学和实证主义思维引导下的社会科学,把人看成是待处理的材料之一。这一点几乎是所有新康德主义者都无法容忍的。

被称为"欧洲文明之子"的马克斯·韦伯对借用科学和实证主义之名损害人的意志和自由的理论表现出了反感。他显然更倾向于一种自由主义下个体性的法律构建进路,把法律和规则看作在人行动意义参与下的构建过程和结果。② 所以他把人类行动放到人与人之间的关系和互动中来考察,发现在长期的互动实践中,人们的社会行动会逐渐趋向某些具有"实践常规性"的规范,这些规范就是人们生活于其中的"习俗""习惯""日常性知识"和"法律"。这些社会规范之间的界限因为互动的展开而呈现一种流动的状态。它们在相互交织、相互作用中构建出社会秩序。在韦伯看来,那种试图通过法律或对人类某种互动状态的固化来"创制"秩序的看法是值得怀疑的。

凯尔森深受马堡学派和"维也纳小组"逻辑实证主义的影响,所以表面看来他采用了韦伯的方式来构建自己的纯粹法理论。与其他实

---

① 参见 Max Weber, *Critique of Stammler*, p. 132。
② 参见 Fritz Ringer, *Max Weber's Methodology: The Unification of the Cultural and Social Sciences*, London: Harvard University Press, 1997, pp. 36–44。凯尔森在自己的作品中反复强调"法律是人创制的",同时仿效韦伯,他在构建自己纯粹法理论之初,从"人类行为的意义"(meaning of human act)切入,并以之作为"ought"的基础(参见 Hans Kelsen, *Introduction to the Problem of Legal Theory*),这一点明显是新康德主义的海德堡学派传统,但此点一直被凯尔森研究者所忽视,导致了关于凯尔森理论问题研究中现代性和"人"的缺位。

证主义法学理论不同的地方在于：他并没有把韦伯怀疑的"法律或者某一种人类实践的互动状态的固定形态"看作是一种事实，而是一种承载着人类行动意志的规范。法律规范所建立起来的秩序也不是一种实然的法律秩序，而是一种被设定的"应然"秩序。既然规范是设定的，自然就不需要验证，也不能进行验证。凯尔森这样做是为了保证其纯粹法理论所设定的规范里要蕴含着人类的意志意义，保证这些指导人之行动的规范既是设定的，又是由人类的意志行为创造的。这种排除了道德意识的规范和规范性的界定，如果不能结合其认识论、方法论和理论构建的康德主义传统，那么在实证主义法学中会显得非常"奇怪"，这也是凯尔森纯粹法理论备受争议，并被认为晦涩难懂的主要原因。①

（二）法律科学及其方法论的争论

凯尔森在其最后修订版的《纯粹法理论》②的开篇仍然一贯地坚持："纯粹法理论是一种实证法学理论。"③ 这是一种理论展开之前的法律科学宣称。实证主义最早由"社会学"一词的开创者孔德提出，在孔德提出"实证"一词之前，培根、伽利略、开普勒等人已经通过

---

① 参见 Sylvie Delacroix, *Legal Norms and Normativity*, pp. 51 - 53; Helen Silving, "Analytical Limits of the Pure Theory of Law", pp. 1 - 13。

② 这实际是《纯粹法理论》的第二版。尽管凯尔森在荣誉退休之后完成了《国际法原理》(*Principles of International Law*, 1952)、《社会与自然》(*Society and Nature*, 1946)、《布尔什维主义的政治理论》(*Political Theory of Bolshevism*, 1949)、《共产主义的法律理论》(*Communist Theory of Law*, 1955)、《国际法之下的国际安全》(*Collective Security under International Law*, 1957)等重要的著作，但其中最重要的当首推《纯粹法理论》(第 2 版)。本书在他 78 岁高龄，并在哈特等后起之秀已经崭露头角的 20 世纪 60 年代完成，堪称凯尔森晚年时期的代表作。该书比第一版的篇幅扩大了一倍，对原来不少观点做出了富有勇气的修正，其章节也不再与第一版一一对应，完全可以视为一部关于纯粹法学理论的新作品。

③ Hans Kelsen, *Pure Theory of Law*, p. 1.

哲学和自然科学的发展论证了中世纪以来形而上学的主观荒谬性。自然科学知识和科技——主要是在因果律的指引下，通过观察和实验掌握自然界中不同变量的恒定不变的关系，即规律——被应用于人类社会并在改造自然中取得了惊人的成果，让社会科学家也开始兴奋不已。他们也像自然科学寻找自然规律那样，试图模仿其方法寻找出支配社会的规律。于是自然科学的因果方法在社会科学中被普遍使用。另外凭借被社会进化论和实证主义赋予的信心，社会科学家们野心勃勃地试图在自然社会观的指引下建立科学的社会学、法学和经济学等一系列现代社会科学。而社会学家孔德就是把自然科学研究模式引入社会科学的第一人，他冠以这种模式一个新的称呼——实证主义（positivism）。

实证主义思想主要认为：我们唯一可获得的知识是关于外部现象的知识；这些关于现象的知识不是孤立而是相互联系的；我们永远不能如柏拉图以降的自然法那样，获得对现象本质的理解，而只能以试验和观察的方法获知事实或现象之间的关联；如自然科学的确信，社会科学也应该持有如此确信——事物之间的关联是持续恒定的，在相同的外部环境下，关联的方式也是恒定而可知的；事物的因果关系是事物呈现出来的规律，由此，对规律的寻找也应当是关于事物因果关系的寻找；事物的本质和终极原因永远是处在人类知识之外的一种知识，在这些知识面前人类应该保持沉默。[①]

按照实证主义给出的思路，社会科学在创建自己的学科、限定自身的研究领域、创建各自理论的过程中基本都关注社会现象和

---

① 参见 John Stuart Mill, *Auguste Comte and Positivism*, London: Kegan Paul, Trench, Trubner & Co. Ltd., 1907, p. 6。

"社会事实"，并把它们确定为自己的研究对象，并且在处理这些对象时，把人类行为以及社会事件当成类似于自然科学中的"事实性"材料予以"处理"。社会科学研究者的工作就是在不同的事实材料之间寻求因果关联。这一点在研究人类社会生活关系之可能条件的学科——社会学——中体现得尤为明显。作为现代社会学奠基人之一的涂尔干甚至把社会学的研究对象明确界定为"社会事实"："一切社会行为方式，不论它是固定的还是不固定的，凡是能从外部给予个人以约束的，或者换一句话说，普遍存在于该社会各处并具有固有存在的，不管其在个人身上的表现如何，都叫社会事实。"① 对此凯尔森不以为然，他专门写文章和涂尔干针对社会科学研究对象问题进行了言辞激烈的辩论。但社会学创立的实证主义方法，成为其他社会科学——包括法学——的一个样板。如何从简单模仿自然科学的方法论和认识论思维窠臼，或者说如何从实证主义科学思维模式下走出来，以法学独有的知识论和方法论视角重新设定法学的对象和问题，成为凯尔森纯粹法理论的一个命题。这一命题涉及法学面对自然科学和社会学等社会科学时如何定位自身的质询。社会学也关注社会中制度和规范的建立，它认为如果没有能够发挥功能之制度和规范，社会秩序是无法实现的。于是区分社会学(法社会学)和法学就成为凯尔森的一个重要理论任务。而这一任务是在与一些主要的社会学家和社会学法学家的对话中完成的。涂尔干、马克斯·韦伯、埃利希、康特洛维茨，甚至美国的霍姆斯和卡多佐都曾是凯尔森的对

① Emile Durkheim, *The Rules of Sociological Method*, p. 36.

话对象。①

（三）社会现实与理论问题意识

凯尔森通过与社会学家和社会学法学家的对话，逐渐明晰了自己关于法律的主题，离开了社会学和法社会学的相关智识资源，凯尔森的纯粹法理论肯定会呈现出根本不同的样态。反过来，如果以法社会学的理论问题及其背景以及方法论的视角重新审视凯尔森的纯粹法理论，则对其理论所取得的对社会学和法社会学的超越成果肯定会认识得更加清楚。社会学和法社会学通过让自己的理论与关于社会中人与人关系构建的思考紧密相连，在相关知识域和方法论领域取得了被肯认的成果。以这些成果反观凯尔森的纯粹法理论，对于其中不足可能会做出一些客观的审视和批判。甚至可以说，在这种对话中，法社会学所采用的应对社会问题的方法也会在不自觉间影响到纯粹法理论的构建。②

第一次世界大战让现代人深刻体会到在战争中人生命之"不堪承

---

① 1910 年，身为韦伯弟子的康特洛维茨在于法兰克福举行的"德国第一次社会学家大会"上，发表了一篇题为《法律科学与社会学》的文章。第二年该文章正式发表。1912 年，针对该文章凯尔森立即发表了篇名为《法律社会学：批判的观察》的评论文字。1913 年，埃利希出版了他参与开创法律社会学的开山之作《法律社会学之奠基》，凯尔森紧跟着在 1915 年发表了《法律社会学之一个奠基问题》，并与埃利希展开了两次连续论战，前后五篇文章，都发表在由德国最主要的两位社会学家——韦伯与桑巴特——共同主编的社会学刊物《社会科学与社会政策文库》上。当韦伯在其名著《经济与社会》中提出对法律、国家的社会学式界定之后，凯尔森立即发表了评论性文章《〈理解社会学〉的国家概念》，与韦伯展开隔空"商榷"。这事发生在 1921 年，当时韦伯已经去世一年，其《经济与社会》第一版是在其去世后一年出版的。凯尔森和法社会学的对话在他的几部主要著作中都有涉及，具体可以参见 Hans Kelsen, *General Theory of Law and State*, pp. 162-178。

② 涂尔干把"社会事实"作为研究对象的方法对凯尔森触动很大，成为他激烈批评的对象，这种"对抗"让他更好地审视法律研究对象中人的因素；埃利希对社会习俗的关注对于他"规范"的来源也有帮助；同属于新康德主义阵营的韦伯和齐美尔，直接成为他纯粹法理论构建方法的来源。二者的对比和关系参见下文论述。

受之轻"。工业革命以来的美好愿景伴随着一战几千万人生命的陨落仿佛一夜间烟消云散。人们开始重新审视这个世界，审视个人的生命、自由、权力、权利，审视作为某种外在事实的国家和人们所处的社会。面对战后社会的重建，当时的社会学和法学学者都意识到："在一个社会中，如果没有一条牢固而持久的纽带把其成员维系在一起，那么它就会像一堆松散的尘土，随时都可能被一阵最轻微的风吹散到地球的四角上去。"① 围绕如何让人们在社会中实现团结，如何形成新的现代秩序这一现代性社会科学问题，社会学家和法学家都把目光转移到了道德、习俗、法律规范和社会规则等最能有效且有力联结人民的要素上。社会学和法学都关注这些共同的规范性社会事实，他们都希望这些社会规范事实能高效地发挥其功能，紧密地把人们连接在一起，并为人们创造一个自由而自足的生活空间。他们的分歧主要存在于这些要素按重要性进行排列的顺序、对它们的取舍态度以及处理这些要素所要采用的方法论和具体方法上。

从凯尔森面临的独特理论背景来看：当他写作的时候，正值奥匈帝国衰落，并且处在一战前的社会混乱期。19 世纪末，自由主义作为一种政治潮流逐渐开始式微，而独裁、社会主义、社会民主在社会干预的号召下获得了大众的普遍支持。一战之后的社会失序让人们对现有的社会秩序给出正当性证成产生了强烈需求。传统社会所赖以为基之个体的自信以及由此生发的自由主义变得摇摇欲坠。② 此时，自然法为社会秩序提供了一个绝对的理由，同时回应了社会的需求。用凯尔森的话说："自然法的规范，如同那些美德，被从基础规范中推演

---

① 〔美〕杰弗里・C. 亚历山大：《社会学的理论逻辑（第二卷）》，第 107 页。
② 这是凯尔森自己曾给出的说明。参见 Hans Kelsen, *General Theory of Law and State*, p. 445。

出来，通过其道德内容，仿佛来自神圣意志、自然或纯粹理性。"① 而神圣意志、自然或纯粹理性最后都被主权者所攫取，成为它们的化身。由此法律成了主权者的意志或命令，但所谓的主权者很多时候是那些掌握了国家权力或立法权力的人，这种法律观念为专制主义敞开了大门。正如阿戈斯蒂诺·卡里诺（Agostino Carrino）所看到的："纯粹法理论对主权意志进行了祛魅，揭露了它的赤裸性。"②

凯尔森纯粹法理论的四个面向以及它们的四位一体，充分折射了该理论的复杂性。对知识的不同理解必定会衍生出认识论的殊异，不同的认识论又会导致方法论的差别，在不同的方法论下不同的学科可能会选择不同的具体方法，但最终它们都将统一于人对世界更清晰的认识和把握以及人如何能活得更好这一目的。③ 从更抽象的层面看，如果把对世界的清晰理解、认识和把握看作是知识，那么知识本身就具有了本体论意义。认识论、方法论和方法也就相对地变成了知识的工具。当思想者使用这些工具的时候，大多不是为了去完善这些工具，而总是试图用它们完成某种核心理论问题的论证。由此，任何理

---

① Hans Kelsen, *Introduction to the Problems of Legal Theory*, p. 56.
② Sylvie Delacroix, *Legal Norms and Normativity*, p. 33.
③ 从文献可以判断，凯尔森谙熟古希腊，他对柏拉图的"爱"、柏拉图的"真理"和柏拉图的"正义"理论曾长期驻足。参见 Hans Kelsen, "Platonic Justice", *Ethics*, Vol. 48, No. 3（April 1938），pp. 367-400；Hans Kelsen, "Plato and the Doctrine of Natural Law", *Vanderbilt Law Review*, Vol. 14, No. 1（January 1960），pp. 23-64. 其中关于"柏拉图的爱"的研究可以参见英文译本 Hans Kelsen, "Platonic Love"（trans. by George B. Wilbur），*American Imago*, Vol. 3, No. 1/2（April 1942），pp. 3-100. 柏拉图一生致力于通过"善"和"正义"的理念为城邦构建统一性基础。在持多元主义立场的凯尔森看来，柏拉图的古典一元论构成对现代多元性的否定，同时也对民主和自由构成威胁。但凯尔森毕竟不是一个不可知论者，他试图在多元现代性下为人类关系的和谐找到一个稳定且具有一致性的参照体系，即在多元现代性下什么样的法律构建能让人活得更好。我们可以说，凯尔森没有遵从柏拉图的一元论，但他并不反对一元论背后的目的，甚至可以说他和柏拉图分享了同样的理论目的。

论总是要通过两点来宣示自己理论构建的基本资格——其核心理论问题和使用的工具(认识论和方法论)。诸多理论家可能使用不同的方法共同论证一个核心的理论问题(对社会或秩序等的关注),由此让共同的理论问题按照不同的逻辑路径展开并呈现为不同的理论视角和样态。最后它们可能殊途同归,也可能各不相同。但无论如何,它们对人类而言都达到了一个共同的目的——让人对社会、法律、市场、权力、秩序、自由、平等和宽容等诸多概念和问题的认识更具深刻性、多样性、全面性、整体性和清晰性。所以,要真正理解一个理论,首先要把握其关注的核心问题是什么以及该问题所依据的是什么样的智识资源;其次要看其使用的方法;再次要看在这种方法下,该理论按照什么样的逻辑展开。对凯尔森的纯粹法理论的剖析、理解和把握,无疑也适用于这一思路。

二、凯尔森纯粹法理论的思想渊源

(一) 对凯尔森纯粹法理论的"误解"

在对凯尔森纯粹法理论进行研究时,对其中所蕴含的维度不进行区分,是产生诸多认知误区的原因。如有的学者认为凯尔森"一头扎进了本体论领域之中……当凯尔森看到逻辑并不适用于实体论观念的规范时,他是对的,但这只是一个常识。而当他拒绝将逻辑在整体上适用于规范,但并没有发现规范的语义学观念时,他却犯下了致命的错误。这种混淆源于对规范所采纳的一种单向度的态度,即'现实主义对象观'"①。实际上凯尔森并没有犯所谓"致命的错误",而是我

———————

① 雷磊:"法律规范冲突的逻辑性质",《法律科学(西北政法大学学报)》2017年第1期,第9页。

们在理解凯尔森法理论时没有注意到他四个维度的区分，以及这多个维度相互的独立和统合关系。

对凯尔森理论"误解"的另外一个方面源于其与以奥斯丁、哈特、拉兹为代表之分析实证主义法学的关系。凯尔森对奥斯丁的法理论多有批评和对话，并且他宣称自己的纯粹法学和奥斯丁的分析实证主义法学在理论目的上有诸多相同之处，加之凯尔森自己也把纯粹法理论划归在分析实证主义法理论类别之下。① 由此可能给人一种这样的印象：纯粹法理论作为一种分析实证主义法理论是对奥斯丁法理论的继承和发展。但实际上，凯尔森所说的相似只是集中在二者都主张法律科学的独立性，都关注法律与权威、意志以及强制的关系。凯尔森纯粹法理论所借用的知识资源、所使用的方法论传统、基本的概念系统和论证逻辑都与奥斯丁的分析实证主义传统有根本性的区别，或者说凯尔森和奥斯丁分属于不同的理论传统且具有根本不同的"师承"。"误解"的源头可能还是来源于凯尔森自身，来自他对自己纯粹法理论"分析实证主义"的过分强调。

"误解"的另外一个原因可能源于凯尔森的"故意"。按照鲍尔森的说法，凯尔森在去美国之前就已经完成了自身纯粹法理论的整体构建工作，他与奥斯丁的"对话"是在到了美国之后才发生的。据此我们基本可以排除凯尔森参照奥斯丁分析实证主义法理论的传统，并且在该传统内开创自身理论的可能性。认真研读凯尔森纯粹法理论会发现立基于康德传统的法理论和奥斯丁立足于霍布斯传统的法理论几

---

① 参见 Hans Kelsen, *General Theory of Law and States*, pp. 30–37。

乎有"天壤之别"。① 因此，尽管凯尔森将纯粹法理论称为一种实证法学理论，其概念和概念体系却与源于奥斯丁直到哈特的实证分析法学概念体系有根本性的区别。

　　拉兹曾评价说："凯尔森具有惊人的兴趣范围和创作冲动。终其一生，他在宪法、国际法、道德哲学、政治理论以及法哲学方面都保持着一种活跃的兴趣。在所有这些领域，他都做出了颇有价值的贡献。"② 接触过凯尔森的学者也都首先被他的广泛涉猎和博学所吸引。③ 作为一名新康德主义者，其最典型的特点就是对康德思想、问题或方法的继承。康德一生念念不忘的就是启蒙的遗产——自由。凯尔森从康德那里继承了"自由"，但他不想让自由仅仅是具有形而上学性质之抽象自由，在他看来，这样的自由无疑等同于自然法中的正义和善。由此，通过法律追求自由无疑就等于通过法律追求良善和正

---

　　① 凯尔森与奥斯丁对话并刻意强调自己属于奥斯丁分析实证主义法理论传统中的一员，可能是"故意"为之。这种"故意"可能和其所处的学术环境有关。纯粹法理论是典型的德国知识传统，其特点是高度抽象、晦涩难懂——仅仅它的"规范"概念就让奥斯丁的继承者哈特和拉兹头痛不已——哈特即使与凯尔森进行了一场面对面的对话，但从他自己写的回忆文章可以看到，他好像根本没有弄明白凯尔森"规范"的知识传统。（参见 H. L. A. Hart, "Kelsen Visited", pp. 709-728。）拉兹则对凯尔森纯粹法理论的解释进行了多处"篡改"和"曲解"。（参见 Sylvie Delacroix, "Hart's and Kelsen's Concept of Normativity Contrasted", pp. 501-520。）哈特不惜跑到美国去亲自"访问"凯尔森。我们从访谈记录中可以清晰地看到，哈特根本无法理解凯尔森；与此相反，凯尔森对哈特的这种"无法理解"却很能理解。这只能说明一个问题：哈特没有弄清楚凯尔森截然不同的理论脉络和传统，试图按照自己所继承和推进的奥斯丁分析实证主义法理论传统与凯尔森"对话"，结果从他后来的记述文章中我们可以看到，"对话"所引起的困惑和他对纯粹法理论"分析实证主义"的疑惑，比没有对话之前还要多。凯尔森自身仿佛对自己的"伪装身份"很清楚，他非常明白自己的"故意"以及"故意"的目的，所以哈特对他理论的所有质疑都在他的意料之中，由此，他和哈特之间的"对话"就成了一场猫与老鼠的游戏。这通过哈特那令人印象深刻的戏剧性记述生动地被呈现出来。

　　② Richard Tur & William Twining (eds.), *Essays on Kelsen*, p. 79.

　　③ 拉斯基教授在写给霍姆斯大法官的信中曾提到他 1932 年在巴黎遇到凯尔森时的印象："我们这个时代德国首屈一指的法学家，是一个最能引起人兴趣的人，有深邃的哲学头脑……广泛的涉猎。" Mark DeWolfe Howe (ed.), *Holmes-Laski Letters*, p. 1376.

义，这又坠入了和自然法一样的窠臼。抽象的自由不具有客观性，无法成为法律直接证护的对象，如果纯粹法理论强行去证护，那么法律构建一开始就具有了意识形态的意涵，这不仅会导致法律的形而上学化，而且会导致其政治化，最终难免会成为色拉叙马霍斯-霍布斯传统中强者的工具。① 而这正是凯尔森试图通过其要创制的纯粹法理论努力避免的。

　　如何构建一个足以证护个体自由意志的法律体系？同时又让这一体系能够不受个体意志任意性的影响而独立存在？第一个问题构成了凯尔森的理论问题，而第二个问题则成为他理论构建的方法论和逻辑论证命题。凯尔森的第二个命题被广泛讨论，但更为重要的第一个命题却鲜被提及。② 原因在于纯粹法理论通过其纯粹最终呈现给我们的纯粹法律形态是一个由形式性"规范"搭建起的规范体系。按照通常实证主义法律和理性主义的思路，既然"规范"呈现为一种理性形式，那其必然不能容纳实质理性的内容。从韦伯以降，法律形式理性与实质理性的冲突似乎已经变得不可避免。由此，很多人仅仅把凯尔森以及他的纯粹法理论看成是"极端实证主义"的代表——把"规范"塑造成了某种类似于"事实"之实证研究对象，从而构建一种没

---

① 参见 Hans Kelsen, "Plato and the Doctrine of Natural Law", pp. 23-64; Tomas Hobbes, *Leviathan*。

② 国内一些学者也针对凯尔森纯粹法理论中规范体系的逻辑性问题展开过卓有成效的讨论(参见雷磊："法律规范冲突的逻辑性质"，《法律科学(西北政法大学学报)》2016年第6期，第3—18页；雷磊："走出'约根森困境'?——法律规范的逻辑推断难题及其可能出路"，《法制与社会发展》2016年第2期，第114—136页；陈锐："规范逻辑是否可能——对凯尔森纯粹法哲学基础的反思"，《法制与社会发展》2014年第2期，第131—145页)，但这样的讨论也在不自觉间把研究的目光引向了凯尔森纯粹法的一个单一面向——"维也纳小组"逻辑实证主义的方向，使得对其真正理论问题的发掘变得更加困难。

有内容的规范形式体系。①

　　莫里森对持以上类似观点的批评者提出了严厉的批评，他认为："批评者对纯粹法理论的严谨性感到惊讶，但发现其纯粹性是形式主义泛滥的一个例证……但实际上对凯尔森形式主义的指责是最愚蠢的。那我们如何才能走进凯尔森的纯粹法理论？要真正理解纯粹法学，有赖于了解凯尔森的政治和社会观念和他知识的多元主义体系，只有掌握了这两点，纯粹法学的意义才可能真正呈现，其在现代性洪流中的地位才能被真正揭示。"② 莫里森看到了大多数学者所没有看到的，即要理解凯尔森的纯粹法学不能首先纠结于其"纯粹"，而要先把其理论关怀或理论问题梳理出来。从整体来看，纯粹法理论实际是凯尔森运用多元知识体系解决特定理论关怀和问题的事业。意识不到这一点，凯尔森纯粹法理论之"艰涩难懂"的面纱就很难被揭开。

　　凯尔森的理论关怀和问题到底是什么呢？可以毫不讳言地说，凯尔森不仅是康德的学生，也是韦伯和齐美尔的学生。首先，齐美尔开创了形式（纯粹）社会学的先河，他试图在生活中概括出各种形式，使之摆脱生活的具体内容而具有普遍性和智识的启发性；而韦伯发现了现代官僚机构对人的压制，发现了法律形式理性对人自由的囚禁。自然法、传统实证主义、社会学、政治意识形态甚至伦理道德等在现代社会作为一种外在和异化于人的存在，对人之意志自由形成侵蚀和禁锢；凯尔森深受马克斯·韦伯的影响。③ 凯尔森在《法与国家的一般理

---

　　①　参见 Joyotpaul Chaudhuri，"F. S. C. Northrop and the Epistemology of Science：Elements of an Objective Jurisprudence"，pp. 86–110。

　　②　Wayne Morrison，*Jurisprudence: From the Greeks to Post-Modernity*，p. 324.

　　③　实际上，19 世纪末 20 世纪初是一个韦伯的时代，那个时代德国乃至欧陆的思想家几乎都曾和韦伯对话或者深受韦伯影响。

论》这部书中，特别提到了韦伯以社会学方式对法律的界定。韦伯对法律的界定，对权威的论述，到目前为止，仍然是相关研究和论述不能忽视和跨越的，对此凯尔森也深以为然。① "归根结底，凯尔森追随韦伯，认为官僚制对现代国家来说是至关重要的。"② 但官僚制毕竟只是一种空洞的结构形式，由此凯尔森有了一个法律构建的野心：沿着韦伯理论构建的进路，让一种空洞的结构变为一种法律的秩序——一种填充了人之意志的法秩序。这一点贯穿凯尔森以后整个法律构建过程，成为他最基本的理论关怀和一生的志业。③ 通过把凯尔森的理论与曾深深影响了他的马克斯·韦伯的理论进行对比，无疑对凯尔森让人觉得晦涩难懂的纯粹法理论之把握，会有一个清晰的标准和脉络可以依循。

表征实证主义法学的奥斯丁法理学——通过引入主权者；表征法社会学的涂尔干和埃利希法社会学理论——通过引入"习惯"和"习俗"，把人对外物的"处置权"拱手交给了外在于人和人之意志的力量。因此，当这两种法理论因为回应了对时代问题的解释需求而取得巨大成功的同时，却在继承启蒙遗产——证护人的自由——方面部分或全部地失败了。凯尔森试图通过纯粹法理论的创建，重拾启蒙遗产，在法学领域开创出一条新路，来挽救现代性所造成之自由失落的

---

① 参见 Hans Kelsen, *General Theory of Law and State*, p. 175。
② Wayne Morrison, *Jurisprudence: From the Greeks to Post-Modernity*, p. 320.
③ 鲍尔森教授把凯尔森的研究工作分为四个阶段，认为他在最后一个阶段，即 20 世纪 60 年代以后，放弃了在第二和第三阶段关于他纯粹法理论的很多观点，转而以介绍法意志理论的要素作为其主要工作(参见 Stanley L. Paulson & Bonnie Litschewski Paulson [eds.], *Normativity and Norms: Critical Perspective on Kelsenian Themes*, New York: Oxford University Press, 1998, pp. 15-19)。但如果能从总体上对凯尔森纯粹法理论的康德问题有所意识，我们会发现凯尔森不是在 20 世纪 60 年代之后才关注意志理论的要素，而是从最初就开始构建能容留意志的法律框架。

困境。按照康德的说法，人的自由通过自我意志来表征，一个人除了意志不再服从于任何东西，那这个人才真正享有自由。[①] 拯救启蒙以来被确立的人之独立和自由。为了能在诸多理论绝境中为人类的自由开辟出一块栖息地，凯尔森在重新审视齐美尔和韦伯方法论遗产的同时，把目光投向了康德的认识论。要彻底理解凯尔森，必须能做到对其知识来源多元性的把握——齐美尔赋予了凯尔森以"形式"（程序）及其构建方法；[②] 韦伯赋予了凯尔森"意义"（规范内容）及其构建方法；康德赋予了凯尔森自由意志的理念及其构建纯粹法理论的认识论视角。

（二）思想渊源与承袭

1. 新康德主义的人文与价值传统

实证主义方法把对世界的研究直接等同于对世界上可以看到的物和物之特性的概括，这与强调"精神"的德国学术传统是完全不吻合的。自康德和黑格尔之后的新康德主义者狄尔泰、文德尔班、李凯尔特、施塔姆勒、韦伯等都清醒地意识到外在的物质世界和人的内在世界的区别。狄尔泰认为，自然科学方法在"自然规律"这一铁律的引导下，把现实中可以观察到的事物与另一些事物联系起来，根据一种因果的逻辑对其做出解释和说明。但是在此过程中，人类生活的最重

[①] 参见 Immanuel Kant, *An Answer to the Question: "What Is Enlightenment?"*, London: Penguin Book Ltd., 2009; Immanuel Kant, *Groundwork of the Metaphysics of Morals*, 2nd revised edition, Cambridge: Cambridge University Press, 2019。

[②] 凯尔森对齐美尔表示出了很高的敬意，齐美尔是最早使用"纯粹社会学"的社会学家，凯尔森的"纯粹法"很可能来自齐美尔的启发（对此点需要更详尽的资料佐证）。齐美尔与凯尔森在"纯粹"上的关系论证是一个庞大的工程，笔者希望把其留给另外一个研究，在此不再展开。但有证据表明，齐美尔、李凯尔特和韦伯是非常亲密的朋友，韦伯的理论构建中有齐美尔的影子，并且韦伯理论的起点与凯尔森具有惊人的相似性。所以，在凯尔森理论构建的核心问题上，应该对韦伯和康德给予充分关注。

要的东西——生活的意义——被彻底排除。从历史和时间结构中看，人永远不会像物体那样站在那里被动地被观察、被"统计"。他们彼此之间在不停地展开交往，在这种交往中他们注意积累自身的生活经验，用经验性的感受唤起自己的思想和情感，用思想和情感引领自己的行动。而他的行动可能在交往中构成他人的一种经验，从而唤起他人思想情感的反应并导致相应的行动。这样，个人的生活形式便扩展成为一种共同生活的形式，人类生活的历史也就这样在不间断的相互作用中被向前推进和展开。①

李凯尔特认为人与人之间是一种特殊个体之间关系指向的，任何一种实在之所以有价值或者与特定的价值相关，正是在于它的独特性和它的一次性发生过程。研究人的科学由此是一种完全不同于自然科学的文化科学，它所关注的应该是历史性个体的文化意义。但是与狄尔泰进入人的心理去研究人的生活意义不同，李凯尔特主张，即使研究人的文化学科与自然科学的对象不同，但是在方法上它们都应该是客观的。② 李凯尔特已经开始触及社会科学研究对象的核心问题：如果想让具有主观性质之关乎人的文化和意义成为可以被客观研究的对象，同时又不让其坠入心理和玄思的唯心主义，则必须首先把人的行为意义和文化意涵客观化，即以一种客观的标准研究人的主观意义。

韦伯、李凯尔特和施塔姆勒都关注人的价值判断，他们都承认价值是生命的根源，"没有价值，我们便不复'生活'，这就是说，没有

---

① 参见 H. P. Rickman（ed.），*Meaning in History: W. Dilthey's Thoughts on History and Society*，London：George Allen & Unwin，1961，pp. 73-74。

② 参见 Fritz Ringer，*Max Weber's Methodology: The Unification of the Cultural and Social Sciences*，pp. 36-44。

价值，我们便不复意欲和行动，因为它给我们的意志和行动提供方向"①。人的生活世界中充满了价值，这些价值的存在是因为人的价值观的存在。因为人的生活中充斥着价值，且价值成为人生活的支撑，社会科学工作者在进行研究时，其处理的关键对象也就不同于作为自然科学对象的"现实事物"，而是一些价值关联——韦伯称为价值判断。这种价值关联的作用不是像自然科学中抽象出的概念那样可以帮助我们认识和把握现实事物，而是帮助我们对一些具有"历史性的个体"采取一种态度，进行一种评价。价值判断根源于主观，"是完全具体的、高度个别化地形成和构造起来的'情感'和'愿望'，或者是关于某种仍旧具体地形成的'应当'的意识"②。由于这种价值判断的介入，文化科学的对象被认定为某种"价值实在"。

价值关联成为文化意义的前提，而文化意义又是价值实在成为研究对象的前提。在文化科学中所要从事的工作就是进行"价值分析"，"使对象中之可能的精神内容成为人们的'情感''愿望'或'应当的观念'的表现形式。而已经过价值分析的文化对象或因此而形成的历史个体在秉具特定的价值观念的人们看来，就是这类形式的体现……价值分析因此实际上是处理有关对象的无数可能的理解之一种，它使要处理的对象被稳定化"③。基于这样一种认识，韦伯开始从行动者及其饱含意义之客观行动出发，进入了人类生活的主观意义世界。他用让人惊异的创造力和严密逻辑的雄辩力向世人阐释并让他们相信了一个辩证法：人类社会是一个充满了意义的历史空间，其中任

---

① H. Richert, *System der Philosophie* I, Tubingen, 1921, p. 113；〔德〕马克斯·韦伯：《社会科学方法论》，韩水法、莫茜译，中央编译出版社 2002 年版，"序言"。

② 〔德〕马克斯·韦伯：《社会科学方法论》，第 98 页。

③ 同上书，"序言"，第 10 页。

何客观都是主观的客观，任何主观都是客观的主观。

2. 凯尔森纯粹法理论与霍布斯-奥斯丁实证法传统

霍布斯创造了一个权力不受限制，可以任意使用武力的"利维坦"①；洛克提供了一个"特权"的概念，并把它定义为"为了公共的善，根据特权的行为，就是不顾法律规定甚至违背法律而展开的行为"②。按照洛克的观点，国家或其执行者可以不管实在法有没有关于某一事项的规定而合法地宣称这种权力。他从自然法的预设出发认为，既然国家本身就是一个为了追求和保护公共善而成立的组织，那么在必要的时候，国家就必须具有在没有法律授权甚至违反法律的情况下追求和保护善的力量。③ 由此可以看到，奥斯丁"主权者"的法理概念明显是来自霍布斯和洛克的政治学理论传统。沿着这一传统和路线，有的学者认为，即使有理由支持哈特主义者对奥斯丁法系统中主权者的拒斥，但仍然可以承认国家特权权力存在的合法性。④ 凯尔森实际上对霍布斯-奥斯丁关于"主权者"和"强制"的观念进行了新康德主义的甄别、借鉴和吸收。他坚持认为，只要有法律秩序存在的地方，武力的使用就是必需的，它是保证法律实效的条件，但武力一定要在法律授权制裁的范围内或在一个应予以制裁之过错的范围内被使用。

在展开纯粹法理论论证的过程中，凯尔森反复宣称自己的法理论

---

① Lars Vinx, "Austin, Kelsen, and the Model of Sovereignty", p. 484.

② John Locke, *Two Treatises of Government*, Cambridge：Cambridge University Press, 1988, p. 375.

③ Ibid., pp. 374-380.

④ 参见 Lars Vinx, "Austin, Kelsen, and the Model of Sovereignty", pp. 473-490。

是实证法理论并在很多关键的地方提及和引用奥斯丁。① 但根据拉尔斯·温克斯(Lars Vinx)教授的观点，凯尔森关于奥斯丁的论述在他到了美国之后才展开，而此时他纯粹法理论的构建工作已基本完成，并且如果对比奥斯丁和凯尔森法理论的内部证成逻辑，会发现它们属于两个完全不同的理论构建模式。由此我们可以得出结论：凯尔森在论及奥斯丁时主要是以参照和批评为主，并且纯粹法理论为后人开辟出了一条摆脱奥斯丁外在强制和主权者窠臼的全新法理论之路。② 对于奥斯丁而言，他认为法理论的目的在于"把实证法……从与它相关的各种相似物中界分出来"③。为了完成这一法学任务，奥斯丁认为需要创立一种区别于正义哲学并有自己独立概念体系、逻辑和对象的法理论。④ 对于奥斯丁在法理论构建上的这一法学方法论要求——通过概念的重新界定和分析使得法理论与正义哲学、神学形而上学、法社会学等领域和它们的方法论区别开来——凯尔森非常赞同，也正是在此意义上，凯尔森把自己的理论与奥斯丁的理论都称为分析实证主义法理论。但凯尔森同时也认为奥斯丁在展开自己法理论构建的过程中违背了自己方法论要求的初衷，最终让分析实证主义法理论的构建走向失败。而纯粹法理论是在分析实证主义方法论失败的情况下对法理论更纯粹的构建。⑤

　　凯尔森与奥斯丁的法理论在理论方向上具有某种一致性：让法律

　　① 凯尔森对奥斯丁的引用以批评为主，但其中也不乏肯定和"借用"之处。这些引用段落文本具体参见 Hans Kelsen, *General Theory of Law and States*, pp. 30-37, 62-64, 71-74, 77-83; 以及 Hans Kelsen, "The Pure Theory of Law and Analytical Jurisprudence", in Hans Kelsen, *What Is Justice?: Justice, Law and Politics in the Mirror of Science*, p. 266。

　　② Lars Vinx, "Austin, Kelsen, and the Model of Sovereignty", pp. 473-490.

　　③ John Austin, *The Province of Jurisprudence Determined*, p. 38.

　　④ Ibid., pp. 157-163.

　　⑤ 参见 Lars Vinx, "Austin, Kelsen, and the Model of Sovereignty", pp. 474-475.

摆脱政治、社会、神学等外在控制获得独立；通过法律的独立让秩序、人的权利和自由能真正实现。但凯尔森认为奥斯丁的法理论因为"命令""强制""权力""主权者"等核心概念的引入，在构建法理论时不自觉间让本来试图排除的社会和政治力量重新渗透了进来。由此，他认为奥斯丁的分析实证主义法理论是不彻底的，而用"规范性"和"规范"来代替"强制"和"命令"，是凯尔森所开创之新分析实证主义传统的使命。他认为："一个命令成为一种约束，不是因为发布命令的人真的具有权力优势，而是因为他'被赋予权力'或'被授权'发布该项约束。只有当一个人被预设具有约束力的规范秩序授予他发布命令的能力和权限，他才成为'被赋予权威'或成为'被授权'的。"① 在批评和瓦解了奥斯丁法理论中的命令基础之后，凯尔森面临一个按照自己的逻辑重新论证"命令"或法律驱动力量并以之作为法基础的任务。这一基础必须能让"命令"摆脱任何外在强制的可能——保证人作为主体的自由，进而，如何在自由意志和法律之间建立起关联，并确定为凯尔森纯粹法理论的理论命题。

尽管凯尔森被贴上了法律实证主义的标签，但"公平而言，（凯尔森）骨子里是一个新康德主义者"②。毫无疑问他深谙康德哲学。康德认为，人类意志自由的主观性在实践理性中能够呈现为法律的客观形式，并且最终能决定人类行为的基础必然是一种蕴含意志的法律。③ 霍布斯-奥斯丁传统的法理学立足于经验，而康德却认为"自由

① Hans Kelsen, *General Theory of Law and States*, pp. 31-32.
② R. K. Gooch, "Book Review: Hans Kelsen, General Theory of Law and State", *Virginia Law Review*, Vol. 32, No. 1 (1945), p. 214.
③ 参见 Immanuel Kant, *Critique of Practical Reason* (trans. by Werner S. Pluhar), Cambridge, MA: Hackett Publishing Company, Inc. , 2002, p. 78。

是一切经验主义者的绊脚石"①。凯尔森显然在经验与自由之间更趋向于证护后者。因此有学者认为，在凯尔森看来，"命令理论为法秩序的结构和功能提供了一个完全具有误导性的图景"②。但实际上新康德主义和霍布斯-奥斯丁传统的"权力"和"强制"传统，都被凯尔森在构建自身纯粹法理论过程中吸收，成为自身理论的重要渊源。而他对于二者张力的化解则构成了其独特的理论特色。

　　3. 意志理论

　　凯尔森清醒地意识到，伴随着人文主义、自由主义和市场经济的勃兴，19世纪晚期到20世纪上半期人们对法律形成了某种主流看法，即认为它具有高度内在结构的一致性。这种一致性基于三个显著特征：私法和公法之间详尽而细致的区分；"个人主义"和自由主义的立基；对法律解释的形式主义关注。而构成这些特征的基础是"意志理论"③。这种理论来源于这样一种观念，即政府应该帮助个人实现其意志，只有在必要时才需要进行抑制，以保证每个人能按照个人意志来实现一种自我的意志。

　　在现代西方理论传统中，最为人知的霍布斯、洛克、卢梭、康德，甚至在经济领域的亚当·斯密和其后的功利主义者，可以说都是"意志理论"的拥趸。可以毫不夸张地说，意志理论传统构成了西方

---

①　Immanuel Kant, *Critique of Practical Reason*, p. 27.
②　Lars Vinx, "Austin, Kelsen, and the Model of Sovereignty", p. 476.
③　关于"意志理论"在社会科学理论中的根基性作用，帕森斯有非常清醒的认识，具体参见 Talcott Parsons, *The Structure of Social Action: A Study in Social Theory with Special Reference to a Group of Recent European Writers*, New York: The Free Press, 1949, 第二部分 "The Emergence of Voluntaristic Theory of Action From the Positivistic Tradition", p. 129 及以下。另外也可以参见 Duncan Kennedy, "From the Will Theory to the Principle of Private Autonomy: Lon Fuller's Consideration and Form", *Columbia L. Rev.*, Vol. 100, No. 1 (January 2000), pp. 94-175。

启蒙以来近现代理论智识的根基。在法律上，"意志理论"认为"'先进'的西方民族国家的私法规则恰好可以被理解为一套理性的衍生物……（它）试图识别那些可能从有利于个人自我实现目标的舆论中产生出来的规则"①。这一理论的一个真实具体的历史体现就是"天赋人权"的理论及其实践历程。人们在"意志"理论的指引下把权利看作是人的一种自然属性，并从中衍生出对"权利"进行保护，对"权力"进行限制的理论观念。

"意志理论"与实证主义互为表里，实证主义为"意志理论"提供了方法和形式支持，"意志理论"中标准化的个人主义与某种具有实证主义特性的形式结构的逻辑方法紧密联系在一起；而"意志理论"为实证主义提供了真实的内容——具体表现就是鲜活的个人意志——和指导。它"指导着对司法规则概念的学术性重构、改组和修正，参与者都认为这是一个非政治性的理性化过程。② 意志理论在为整个工业化西方提供了话语框架的同时，也为法律规则的意义提供了某种抽象的、形而上的表述方式，并成为自由主义法律秩序的基本元素"③。但是理论的悖反是："意志理论"和实证主义的互构，二者对

① 〔美〕查尔斯·卡米克等编：《马克斯·韦伯的〈经济与社会〉：评论指针》，第311页。

② "意志理论"的实证主义特征让其实现了一种"非政治化"和科学化。具体在法律上的体现是，法律使用逻辑推理的方法让自己指向自身规范性内部，在自我内部制造出一种严密的一致性，以一种形式的理性佐证自己的科学性和"非政治"性。但以法社会学来看，这种法律的内部严谨和一致性一定要有一个目的指向。没有目的指向的工具完善本身毫无疑问会让法律失去方向而坠入无意义的深渊。而法律一旦承认自己的指向，那其"政治性"无疑会立即凸显出来，从而在科学性上受到质疑。实证主义法学和自然法学争论不休的根源也在于此。对此，以韦伯为代表的法社会学学者保持了清醒的认识，而小心地把这二者剥离开来处理好它们之间的关系恰恰成了以韦伯为代表的一批新康德主义者最为重要的理论命题。

③ 〔美〕查尔斯·卡米克等编：《马克斯·韦伯的〈经济与社会〉：评论指针》，第312页。

双方合法性的相互强化，在很大程度上削弱了"意志理论"据以立足的个人主义（自由）的根基。因为实证主义法学注定走向逻辑形式主义，从而让具有价值和道德判断的个人（自由）主义的根基在理性的形式化中被剥离和"祛魅"。① 最终法律的逻辑形式主义占据了主导，对个人自由的关注逐渐被对法律程序和形式的关注所吞噬。

　　自文艺复兴以来，法律宣称要保护的自由受到来自法律自身前所未有的威胁。基于这样一种情况，社会性学派的创立者耶林、埃利希、基尔克、格尼、萨莱伊、狄骥、兰伯特、约瑟兰、古诺、古尔维奇、庞德、卡多佐等从孔德、斯宾塞和涂尔干以降的社会学家那里吸取理论营养，把"社会"理解为一个有机体，这一有机体不是像"意志理论"中认为的那样，是由个人组成，而是由一种个人相互指向的"相互依存"交织而成。"意志理论"的个人主义，"忽略了相互依存性，而赞成那种允许很多反社会行为的特殊法律规则。现代工厂的风险（工业事故）和城市贫民窟（贫困化）的出现，以及之后的金融市场危机，很大程度上被认为是由于相关的个人主义法律不能应对现代条件下相互依存的相应需求"②。由此，社会学法学家通过提出"社会性"以及"社会性需求"试图缓解、解决由意志理论及其支持之自由

---

　　① 根据一种元叙事，最初，所有的领域，包括性别和艺术，都和宗教联系在一起。宗教思想要努力为自然神学——或者是为这个世界明显的道德非理性问题（好人受罚，坏人却得到奖赏）寻找一个合理的答案。寻找合理答案的尝试使我们沿循了一条"祛魅"的道路，因为它能够不依赖奇迹和上帝的存在来解释越来越多的社会现象。祛魅是一种存在主义或现象学的类型。它意味着这样一种信念的丧失——人们出生于一个物质性和社会性的世界，这里一切事物都是作为我们不得不"只能"去发现的道德意义体系（包括超自然力量）的一部分。"天赋人权""人生而平等""人生而自由"等作为"意志理论"的核心性观念，很显然具有强烈的道德和价值判断成分，其自然也成为以实证主义为代表的逻辑形式主义法学要"祛魅"的部分。

　　② 〔美〕查尔斯·卡米克等编：《马克斯·韦伯的〈经济与社会〉：评论指针》，第313页。

主义所造成的社会困境。

凯尔森纯粹法理论面临的主要理论问题也是关于意志自由的问题，但他试图在自由意志受到威胁的实证主义法律内部寻找可能解决困境的答案。他对在法律中引入社会性因素持坚决拒斥的态度，因为在他看来，奥斯丁的实证主义法理论之所以没有让法律摆脱"命令"和强制，就是因为他在其理论中引入了社会性因素，从而让法律向主权者——一个独立的权力实体——敞开，这实际也就等于让法律向社会习俗、道德、历史以及政治意识形态敞开。其后果不仅影响了法律自身的独立地位，而且危及了人意志自由这一启蒙以来被反复肯认的人类根本性价值。所以凯尔森纯粹法理论的一项重要任务就是重新完成对这些社会性因素的排除，重新让法律成为一个封闭的系统。与此同时，凯尔森纯粹法理论在一定程度上还要对抗法律实证主义——拒绝把法律看作是一个外在于个人，并用以规制个人的外在物化体系。它的一个基本思路是在让法律重新封闭的同时，使之成为人的意志意义构成。它让法律内在于人的意志意义，使得法律本身成为意志意义的产品。凯尔森试图在法社会学和遇到困境的实证主义法学中开辟第三条道路。这种理论创新尽管备受争议，但不能不说纯粹法理论切中了法律自身在面对意志理论时所遭遇之困境的要害——如何从法律中重新拯救出人的意志自由。

（三）凯尔森纯粹法理论中的民主与多元思想

关于凯尔森多元主义立场在学界也是有争议的，这种争议主要围绕"多元主义"是否作为一种意识形态而展开。克艾考克·李认为，凯尔森只是给我们提供了"一个作为秩序哲学的法实证主义概念而不是一个概念性的革新，在其给出的概念中，良善秩序的观念是缺失、细微而不重要的。如此，法律所做的只不过是提供了一个强制秩序"①。克艾考克·李教授进一步认为凯尔森没能建立起一种正义的理论，由此他的法律实证主义成了一种维护秩序的东西。但实际上，去除法律科学构建正义和"善"之秩序的义务正是凯尔森纯粹法理论的使命。也正因此，纯粹法理论做到了经济学家、社会学家、政治学家以及普通人对正义追寻的重新开放。李很显然只关注了凯尔森把法律当成特定社会技术的面向，或他对"纯粹"规范结构的构建努力，而没有注意到他所构建的这种社会技术的各种不同目的的可能性，这种多元可能性中蕴含着凯尔森的人文与多元主义立场。这一点在法律规范的性质讨论中体现得尤为突出。纯粹法理论的多元性在其理论构建过程中呈现为一种多维性——所使用方法多元和论证涉及知识领域的多样化。但最终这些被以多元方式使用的方法和知识域在纯粹法理论的问题或理论目的中获得统一。这种多元统一主要体现在三个方面。

首先，随着科学的发展，各独立的社会科学学科相继建立，这些学科从不同角度，依靠不同的理论视角审视这个世界，最终也向人们展示了一个多元的世界。经济学、政治学、法学、社会学、历史学、心理学和管理学等社会科学，没有哪一个学科能说自己创建的关于人和人类社会的理论可以作为标准来对人和人类社会做出唯一正确的解释。这种多元性的一个好处是作为独立意志的人有了更多自由的选择，在这种自由选择中他们可以更好地保有自己的自由意志。凯尔森坚持站在多元主义的立场上构筑自己的纯粹法学理论，与"要证护人的自由"这一共同的社会科学命题有关，凯尔森与不同领域学者的对话正是在这种现代性对理论的多元需求中展开的。

---

①　Keekok Lee, *The Legal-Rational State*, p. 188.

其次，尽管现代科学瓦解了古代和中世纪自然法学和宗教中被用来作为意识形态维护知识的统一性的观念①——这种观念曾引导人们追逐世界的本质，通过法律追求本质的"正义"和"善"。凯尔森认为这是一种大一统的虚幻，世界不可能存在这种观念所宣称的本质，法律也不可能只是为了绝对的"正义"和"善"而存在。与此同时，现代社会科学以自然科学的方法研究人和人类共同体，使"自然科学方法"这种排斥人的意志而独立研究外部世界事实的方法重新作为一种幻想注入人的观念中。这种方法希望通过发现社会的所有规律而最终像自然科学那样达致对人和人类共同体的彻底理解和掌握。② 作为多元主义者的凯尔森把其看作是一种自然法和神学观念的现代翻版。它排斥人作为一种自由意志存在的多元选择，从而最终会危及人的自由。这是凯尔森所不能接受的，也是他在纯粹法学理论中所要坚决拒斥的。

最后，基于以上考虑，在理论起点的选择上，凯尔森和韦伯一样选择了以证护人的意志作为归宿，以对人行为意义的描述作为基石的理论构建策略。但以什么样的形式来证护人类意志——这是启蒙遗产下自由民主社会赋予所有社会科学理论的"元问题"——成为凯尔森理论构建的关键所在。他实际上走了一条处于个人主义、实证主义和分析逻辑这三种方法之间的中间道路：靠先验论证的形式，捍卫人类的自由意志，以此对抗社会科学的造神运动并保证人类的自由。"对凯尔森而言，一个人珍视的一切价值、他的一切道德观念必然形成了

---

① 这种"统一性"的观念突出地体现在柏拉图的"理想型"，以及世界有一个"正义"和"善"的本质之自然法学说中，同时也体现在基督教中的"一切知识都来自上帝，上帝创造了世界的秩序和和谐"这样的观念中。

② 关于西方法律"祛魅"及理性化的论述可参见〔美〕查尔斯·卡米克等编：《马克斯·韦伯的〈经济与社会〉：评论指针》，第309页及以下。

以一个基本规范为基础的规范体系。"①

　　为了反对一元而证护多元，凯尔森在理论构建过程中采用了韦伯的"选择亲和性"主张。沿着韦伯理论构建之路，凯尔森把规范性与形式理性相结合创建了纯粹法理论。在这样做时，凯尔森自己坦言，自己的纯粹法理论不是一种关于法律的必然理论陈述，而是一种"选择亲和"的成果。由此，韦伯的理论呈现逻辑就变得尤为重要，通过比较研究我们如果能找到二者理论构建的相似性，那就可以得出结论：凯尔森面临着新康德主义或当时很多法学家共同面对的理论问题，只是他给出了自己的理论答卷。

三、规范性选择与凯尔森纯粹法理论的"第三条道路"

（一）以行动的意义作为理论构建的基石：韦伯的进路

1. 人行动的意义与"解释"

　　韦伯认为很多社会科学研究者把行动看作是外部客观世界的无意义的行动，但他坚持认为有意义的行动才构成社会科学关注的对象。② 一个行动只有当它是一个指向他人——关系性的——且具有主观意向性的行动时，它才能被我们理解和把握。作为一个观察者，一个人在理解社会行动时必须根据行动者的主观意向性意义——一定要知道行动者内心正在进行什么样的思考，是什么让他

----

　　① Joseph Raz, *The Authority of Law*, p. 138.
　　② 这一点让很多人认为韦伯是反实证主义的，因为他的"有意义的社会行动"正好与社会学实证主义的重要创始人埃米尔·涂尔干在《社会学方法的准则》中提出的"社会事实"有着相反的意涵。但是韦伯"有意义的社会行动"不是一种纯然主观的行动，他关注通过内部的主观意义所反映出来的外部证据来研究内部意义。其研究具有客观可观察性。由此关于韦伯是"实证主义的"还是"反实证主义"的争论一直没有停止过。

进行这样的思考——来进行理解。韦伯认为这种立基于对人行动理解的方法把文化和社会研究与法理学、逻辑学、伦理学和审美学等研究区分开来。

韦伯关于社会科学处理对象的论述自然会让我们感到不解,因为无意义的过程或事物几乎充斥着和行动有关的所有学科,它们呈现为人类行动的偶然性因素、意外后果、推进动力抑或阻碍。但韦伯提醒我们,无意义并不意味着"无生命"或"不具人性特征"。比如一台机器,不论它作为一种生产的方式或是生产的产品,我们都可以把它和人类的意义联系起来而获得理解。但理解本身也有两种类型:一种是及时性理解,如一个人举起斧头砍柴和一个人举起枪瞄准一个动物,我们都可以给出一个对该动作的及时性理解。在做 1+1 = 2 这样的计算时我们也会给出及时性理解。这种理解无须考虑其成立的语境。另一种是解释性理解,即根据特定的语境对行动给出解释。如进行 1+1 = 2 的计算行动,可能是在进行经济运算,也可能是在开展技术性评估;而一个人举起斧头砍树可能是为了卖钱,也可能是为了修建房屋;再比如,当我们看到一个人愤怒的时候,其背后可能是因为嫉妒,可能是一种无谓的骄傲或者其他原因。①

如果按照上面那样对行动进行解读,会让人掉入一种无所适从的迷茫中,人与人的理解就无法达致了。韦伯通过对"社会"的重新界

---

① 参见 Max Weber, *The Theory of Social and Economic Organization*(trans. by A. M. Henderson & Talcott Parsons), New York: Oxford University Press, 1947, pp. 94-95; Fritz Ringer, *Max Weber's Methodology: The Unification of the Cultural and Social Sciences*, pp. 102-103。其中对韦伯上述著作中出现的论述做了解读性解释。

定来化解了这一难题。韦伯"社会"概念的创新之处①在于他把社会看作是由社会关系和人际互动构成的，互动经常性地发生在两个或更多的行动者之间，并且受到行动者动机和目的的影响。与没有意义的随意偶然性行为不同，人际行动本质上是主体间性的，而且其中包含着能为互动的双方所理解的意义。这种对双方意义的理解不一定是正确的，甚至很多时候是错误的，但韦伯认为这种错误本身并不能构成理解社会学不成立的理由，错误更多的是操作性技术问题。这种理解错误可以随着行动理性化成熟度的推进以及客观、价值中立和因果分析等分析方法的改进而被控制在一定的范围内。甚至这种错误、这些理解技术本身也可以构成一些富含意义的我们理解的对象，被放置在我们理性理解的范围之内。② 既然人的行动是他人指向的，这就决定了行动本身会自然地受到外部的制约，在这一点上韦伯和其"对手"涂尔干在观点上有些相似。③ 但是在涂尔干那里，这种限制是"社会

----

① 在齐美尔那里社会就已经被认为是一种关系指向的，尽管韦伯通过自己独特的方法和概念对这种关系指向的社会进行了理论性型构，但是其思想本身不能说没有受到齐美尔的启发。齐美尔和韦伯是好朋友，但因为他是犹太人，尽管有韦伯极力推荐，齐美尔仍然长期作为"编外讲师"被拒斥于官方学术体制之外。韦伯曾说过这样的话：我们这个时代有才华横溢的饱学之士，他们的才华远远在我之上，可就是因为时运不济，无法得到世人的认可。在此，笔者猜测他说的"他们"之一就是齐美尔。齐美尔的形式社会学和韦伯的"理想类型"之间在理念上有惊人的相似之处。他们之间具体的思想关联性现在的研究还不多，这种梳理无疑有其理论价值，对此希望和学界方家一起展开探讨。齐美尔的相关论述可以参见其著作 *The Sociology of Georg Simmel*（trans. and ed. by Hurt H. Wolff），Glencoe, IL：The Free Press, 1950；以及 David Frisby, *Georg Simmel*, New York：Routledge, 1984。

② 参见 Fritz Ringer, *Max Weber's Methodology: The Unification of the Cultural and Social Sciences*, pp. 102–103。

③ 涂尔干认为社会事实是独立于人而存在的，它们以一种"绝对"的外部强制性施加于人，当人对作为社会事实的社会进行抵触时，立即会感到社会施加的压力。而韦伯所说的限制是指建立在主观理解、情感、体验基础上的限制，尽管这种限制具有外部性，但如果个体的主观态度对其忽视的话，这种限制也就不会存在。

事实"的一个最重要特征——它们外在于人的意义和理解世界；与涂
尔干相反，韦伯认为行动者的主观意义和理解关系是限制的基本生成
环境。由此，限制一定是构成性的而不是外在性的。为了更好地说明
这种限制的构成性，韦伯用他"理想类型"的方法把具有意义的相互
指向的行动划分为四种类型。

　　2. 人类行动意义的"理想类型"化

　　韦伯认为社会学的任务就是理解人们的行动。因为行动存在意
义，所以理解就成为发掘行动背后动机的方法。但是在这样做的时候
毫无疑问存在一个危险，那就是如狄尔泰一样坠入心理学的深渊，让
对人行动动机的解释成为一种心理的猜测。对这一点韦伯和涂尔干都
保持高度的警觉。他们都坚决反对从心理的层面解释人的行动。[1]"为
了避免把社会科学的解释降到心理学的简化论层面以及变成纯粹个人
经验层面的无休止累计，韦伯提出了理想类型的概念……理想类型的
建构是通过从社会现实中抽象出有限的要素并对其进行组合来实现
的，这有助于展现紊乱的经验现象，进而对其进行描述和解释。"理
想类型中所描述的"行动的类型""支配的类型""法律的类型"等
在现实生活中找不到对应，它是一种通过抽取现实生活中诸多个体的
"片段"性特征而人为制造出来的一种类型。以行动的类型为例，韦
伯把人的行动分为四种：一是目的理性的行动——这种行动是指审时
度势地预期外部环境，预期他人在特定的环境中的可能行为。为了达
到目的充分而冷静地利用预期，使之作为达到自己目的的方法和手
段。二是价值合理性行动——理性地为了宗教的、伦理的和审美的价

——————————

　　[1]　参见 Mathieu Deflem, *Sociology of Law: Visions of a Scholarly Tradition*, New
York: Cambridge University Press, 2008, pp. 39–40。

值目的而行动，这种价值是内在于宗教、伦理和审美本身的。所以行动的指向不受外部的影响。三是情感性行动——出于一种情景的或者他人的情感影响而采取的行动。四是传统行动——出于长期实践中培养成的习惯而行动。①

"理想类型"可以从两个维度帮助社会科学理论的构建。首先，通过对行动进行理想类型的划分，个体性的"碎片化"被消除了。在理解社会学中，既然意义是主体性的，那么离开具体的个人意义，人如何生存就成为一个问题。如果意义无法离开独特的个体展现，那对社会宏观现象的研究就是不可能的。由此，社会学研究就被限定在了个体的范围内，而最终难免陷入心理学的泥沼。行动的理想类型忽略掉了每个独特个体的意义成分，但是每一个体的独特性又被吸纳进一个普遍性的行动类型中。这一行动类型没有任何独立个体行动的影子，但任何独立个体在这种反映共性的类型中又总能感到自己与他人折叠的行动的影子。基于此，行动的理想类型实现了对个体独特性的超越，使得社会行动成为可以被社会科学（包括社会学）在总体上把握的对象。

其次，通过行动的理想类型化，所有的行动都可以在更概括性和抽象层面展开互动，理想类型可以把个体之间的意义指向被上升为群体乃至社会关系中所有主体之间的意义指向，于是在主体性的"意义"得以保存的情况下，个体行动的部分意义被转移到了社会中，从而社会成为一个充满意义之关系流动的历史空间。② 最终，不同的社

①　参见 Max Weber, *The Theory of Social and Economic Organization*, p. 115。
②　这种在社会层面上的意义流动，为社会中各种意义要素的随机组合创造了条件。经济的、政治的、文化的、宗教的、法律的、心理的、生物的乃至自然的诸多因素在一个相互指向的意义世界中"自由"组合——在韦伯那里他把这种现象称为"选择亲和性"，他用该概念拒斥了历史理性主义和决定论。

会形态在这种"选择性亲和"中被构建出来。韦伯社会理论的出发点是个体，或者说韦伯整体社会理论构建明显具有作为一位新康德主义者的个体自由主义印痕。但韦伯了不起的地方在于，他从个体行动出发，构建起了宏大的经济、社会和法理论，最终把理论逻辑之足坚实地踩在了宏观描述和制度的沃土上。如果没有理想类型的帮助，这样的理路构建是不可能完成的。由此，理想类型是韦伯理论由微观过渡到宏观的桥梁。① 这一点对凯尔森影响深远。他的"应当"是社会互动的一个不必言明的成果，其所创制的"规范"是各种"应当"的"理想类型"。

（二）凯尔森纯粹法理论对"穷尽性"的拒斥

1. 道德命题与分离命题

道德命题和分离命题被认为是法理学中存在的一个二律背反。道德命题认为法律应该用道德术语表述，道德和法律不可分离。而其反题则主张道德与法律的分离，被称为分离命题。② 它认为法律即成文法的有效性不必依赖一个高高在上的道德律令，它只需满足与立法程序有关的条件就可实现自身合法性自足。它认为以道德术语来表述法律是没有基础的。法理学关于道德命题和分离命题的二律背反不是从道德命题和分离命题的连接处得出的，而是从一个具有双重性的假设

---

① 理想类型另外的功能参见 Fritz Ringer, *Max Weber's Methodology: The Unification of the Cultural and Social Sciences*, pp. 119-120。

② 分离命题是哈特的标准术语，它也集中折射了哈特理论工作的重点，具体参见 H. L. A. Hart, "Positivism and the Separation of Law Morals", *Harvard Law Review*, Vol. 71, No. 4 (January 1958), pp. 593-629。和分离命题相关的文章还可以参见 Robert Alexy, "On Necessary Relations Between Law and Morality", *Ratio Juris*, Vol. 2, No. 2(July 1989), pp. 168-184; David Lyons, "Moral Aspects of Legal Theory", *Midwest Studies in Philosophy*, Vol. 7, No. 1 (September 1982), pp. 233-254。

中得出的：道德命题代表自然法，而分离命题代表经验-实证主义理论；这两个命题的并置成了两种传统理论并置的一种表达。凯尔森通过还原命题和规范命题来试图突破这种传统法理学二律背反所造成的法律作为规范形式对人类意义规范内容的排斥。

凯尔森认为道德命题和分离命题只认识到了道德与法律的关系，但还有一种"道德-事实"或"价值-事实"的关系，在自然法中这种关系会以"法律-事实"的对应呈现出来。由此，凯尔森认为法理学中的二律背反命题并没有做到穷尽性。在"法律-事实"关系中，可以通过还原发展出还原命题，让法律和事实一致，把法律看成是事实性术语，即主张法律与事实的不可分性。与此同时存在一种法律与事实分离的命题，凯尔森称其为规范命题。① 规范命题是一种整合了"道德-事实"和"道德-法律"两个分离命题的命题，并且它是不包含在原来被认为穷尽了的道德命题和分离命题之中的。至此，凯尔森开创了规范法理学的"第三条道路"。

结合凯尔森新康德主义者的身份，可以看出凯尔森"第三条道路"受康德启发的痕迹。康德通过把教条主义与怀疑论经验主义并置"制造"了一个反题："感官世界存在于自身。"② 康德为了解决这一自相矛盾开辟出了自己的"第三条道路"，他开始关注世界和心灵的关系，从而通过一个"先验结构"范畴实现了主观世界与客观世界的

① 凯尔森的确承认规范命题作为自然法命题的一个方面与自然法命题存在关联。拉兹抓住凯尔森这一点不放，把其看成是纯粹法理论的一个重要"瑕疵"，他认为凯尔森尽管拒斥自然法理论，但其纯粹法理论的核心概念"规范性"概念实际上是一个自然法概念，它应该被表述为一个含有"正义"内涵的"正当规范"概念。参见 Joseph Raz, *The Authority of Law*, p. 144. 对拉兹这一观点的反驳参见该书的"凯尔森与拉兹"章节。

② Immanuel Kant, *Prolegomena to Any Future Metaphysics* (trans. by Peter G. Lucas), Manchester：Manchester University Press, 1953, p. 52.

联结，解决了知识如何能被我们获知的问题。① 鲍尔森教授认为，把规范命题与分离命题相结合的"第三条道路"是凯尔森仿效康德对传统法学理论认识论的改造。他认为这一点是把握凯尔森整个理论事业的关键。②

海德堡新康德主义曾以"方法论的二元主义"名义证护关于"事实/价值"的二分。凯尔森从这种新康德主义的分离命题中受到启发，把"事实/价值"的二分发展转化成了"事实-规范"的二分。凯尔森用纯粹法学独有的二元方法论证明传统法学理论类型并没有穷尽法律的可能性，他按照自己的策略走出了一条介于自然法与实证主义法学之间的"第三条道路"。③ 其中蕴含着对法律实证主义产生的分离命题与自然法产生的规范性命题进行整合的企图。④ 与此同时，凯尔森放弃了法律实证主义中事实性命题和自然法中的道德性命题。他认为二者皆无法被证成。法理论要获得进一步发展，必须通过"纯粹"发展出一种新的理论形态，而规范性构建成为其新法理论形态——纯粹法理论——的关键。

2. 对法理论穷尽性的拒斥与规范性构建

凯尔森纯粹理论之"纯粹"起源于与法律理解的传统观念——把

---

① 参见 Immanuel Kant, *Critique of Pure Reason*。

② 参见 Stanley L. Paulson, "The Neo-Kantian Dimension of Kelsen's Pure Theory of Law", pp. 311-332。

③ 凯尔森自己曾非常具有个性地说纯粹法理论是一种"中间道路"，参见 Hans Kelsen, *Pure Theory of Law*, p. 211。

④ 凯尔森敏锐地捕捉到了规范性命题与传统自然法理论之间连接的纽带，参见 Joseph Raz, "Kelsen's Theory of The Basic Norm", in Stanley L. Paulson & Bonnie Litschewski Paulson (eds.), *Normativity and Norms: Critical Perspectives on Kelsenian Themes*, pp. 47-67。另外，凯尔森持续性地使用自然法中的规范性概念，即合理规范性概念，这也说明了他并没有完全放弃自然法，而是对其进行了吸取和借鉴。

法律分为自然法与实证法——的对话。在 20 世纪第二个十年，凯尔森正式提出法理论的"纯粹"问题，"纯粹"的提出源于凯尔森的一个预判：立基于事实的法实证主义和自然法理论不仅自相矛盾，而且它们并没有穷尽法理论的所有可能性。自然法是关于道德的命题，实证法内涵分离命题，在法学理论界，一直认为二者的结合已经穷尽了法律理论所有可能的命题，但实际上还有一种内含于道德与规范命题但又不同于二者的事实与规范命题没有被阐明。凯尔森认为这一命题可以用"是/应当"的区分来表示。① 但凯尔森同时意识到，这种区分本身也充满了不确定和模糊性，从道德与分离命题来看，法律的规范性属于"是"的领域，道德性规范属于"应当"的领域；然而，从规范与事实命题来看，法规范属于"应当"的领域，是不同于作为"是"之法规范的事实性关联。

自然法与实证主义法理论不仅相互排斥，而且还一直被认为穷尽了所有可能性。这就让第三种关于法律认识理论的出现变得异常艰难。这两种理论分别让法律与道德和事实混同，遮蔽了法律自身应有的"特定意义"。由此，如果一个人一方面认为这两种理论穷尽了所有理论可能，另一方面又认为它们都是站不住脚的，那么这无疑让任何新的理论创造都陷入了自相矛盾。

在康德看来，在哲学上关于基本问题之同样清晰、不可反驳的论题，都可以产生一个正题和一个反题，正题和反题之间是不相协调的。如果正题和反题不能协调，那么他们的结合将产生一个自相矛盾；持有正题或反题的立场对某一事件的陈述不仅相互排斥，而且它

---

① 参见 Hans Kelsen, *Introduction to the Problems of Legal Theory*。

们一起排斥了其他陈述的可能性。① 康德对正题和反题都持一种拒绝的态度，数学的自相矛盾律揭示了这种困境，但正是在这种困境中呈现知识的理论发现了自身，康德的目标就是找出让知识呈现的道路。在哲学方法论上，凯尔森采用了康德进路。法理学中的二律背反阻挡了其向前发展的道路，它要想继续推进，必须首先解决自身存在的二律背反问题。他突破的思路就是否认传统理论的穷尽性，进而以纯粹法理论开创出让法理学沿着"第三条道路"发展的可能空间。②

在证成分离命题的时候，凯尔森很多时候看起来像一位法律实证主义者，但当他与欧洲前辈和同事在该领域交谈时，他立即显示出了自己迥异于传统法律实证主义的面孔。③ 这种区别体现为：传统法律实证主义的拥护者捍卫事实命题，凯尔森证护的却是规范命题，即凯尔森关于规范命题的认可，表明他拒斥任何一种以事实为基础的法理论，他甚至在其法理论中拒斥一切事实性（描述性）诉求。

凯尔森纯粹法理论通过自身的宣称明确表明了它与其他实证主义法学理论的不同："法律或者某一种人类实践的互动状态的固定形态"

---

① 参见 Immanuel Kant, *Prolegomena to Any Future Metaphysics*, p. 52。

② 严格来说，要认定自然法和经验-实证主义法理学穷尽了法理学发展的所有可能需要严谨的论证。如果凯尔森纯粹法理论的立基是对传统法理学穷尽性的拒斥，那么他自然有义务完成这一论证。但社会科学毕竟无像自然科学那样通过把两种传统中每一个学者的思想分类，最终让所有的学者都被包含在这两类传统中，从而证实自然法和经验-实证主义的穷尽性。凯尔森的确对柏拉图、亚里士多德、阿奎那的思想，甚至康德的《道德形而上学的基础》进行了解释和批判，但"穷尽性"最终还是建立在对思想脉络的大体归纳和"印象"基础上。用斯坦利·鲍尔森教授的话说，凯尔森在前人基础上认定自然法理论和经验-实证主义理论"仿佛"穷尽了法理论的可能性。按照康德的思路，一旦法理学的二律背反被建立起来，纯粹法学的建立也就具有了开辟"第三条道路"的可能性。对凯尔森法理学二律背反之从康德哲学向纯粹法理论方法论移植转化的论述，参见 Stanley L. Paulson, "The Neo-Kantian Dimension of Kelsen's Pure Theory of Law", pp. 318-320。

③ 参见 Stanley L. Paulson, "The Neo-Kantian Dimension of Kelsen's Pure Theory of Law", pp. 311-332。

不是一种事实，而是一种承载着人类行动意志的规范。法律规范所建立起来的秩序也不是一种实然法律秩序，而是一种"应然"被设定的秩序。既然规范是设定的，那就不需要验证，也不能进行验证。凯尔森这样做的目的是保证其所设定的规范能蕴含人类的意志意义。保证这些指导人之行动的规范既是设定的，又是由人类的意志行为创造的。这种排除了道德意识之对法律的规范性界定，在实证主义法学中显得非常奇怪，也让纯粹法理论备受争议。① 在现代实证主义法学特别是法社会学看来，以事实性术语来对法律进行表征和描述理所当然。在实证主义法学那里表征为体现事实的要素——诸如"命令""权力"等——皆来自真实社会体验，因此与社会现实具有千丝万缕的联系，甚至它们本身都为社会现实所规定；在法社会学（社会学看来），所有社会科学的对象都应当如自然科学那样，是一些"事实"，所不同的是，社会科学研究的不是自然事实，而是"社会事实"。但凯尔森却认为法律科学既不是对世界本质的揭示，更不是对现实世界通过概念和语言进行的复制和描画，而是通过规范材料并以规范的语言来进行的陈述。② 由此，凯尔森的野心是试图让法律科学摆脱经验、"社会事实"和形而上学的困扰，围绕法律的科学化在法学界展开一场"哥白尼式革命"，而他进行这场理论"革命"的突破口和核心就是确立起"规范"的概念，并以之作为法律的基础性概念来重构法律科学。

　　凯尔森作为一位新康德主义者，其受康德和海德堡新康德主义学

---

① 参见 Sylvie Delacroix, *Legal Norms and Normativity*, pp. 51-53。

② 关于创建法科学规范学科的论述可以参见 Hans Kelsen, "The Pure Theory of Law and Analytical Jurisprudence", *Harvard Law Review*, Vol. 55, No. 1 (November 1941), pp. 51-51; Vittorio Villa, "Legal Science Between Natural and Human Sciences", *Legal Studies*, Vol. 4, No. 3 (November 1984), pp. 243-270。

派的影响,在方法论上持一种方法论二元主义,即主张事实性和规范性的世界是截然不同且没有任何联系的,因为它们各自对应着两种不同的知识:关于"是"的知识与关于"应当"的知识。由此,规范现象被以一种"终极范畴"的形式呈现出来,"是"与"应当"通过范畴内的相对性而分别被定义。"应当"在凯尔森纯粹法理论中承载着规范性的实质。也许正是基于其理论重要性,卡尔·莱明格(Karl Le-iminger)通过细致研究发现了凯尔森在不同的场合以十八种不同的方式界定了"应当"。① 斯拉韦尔·达拉克拉伊克斯认为凯尔森在不同阶段的主要关注都是法律的规范性——"法律的约束力",并认为他在与自然法和社会学的不断论辩中开始致力于依据归责的范畴以及把"基础规范"当作一种"逻辑的先验条件"从内部来论述规范性。②

(三)规范构建与法理论的"第三条道路"

沿着康德以及狄尔泰、李凯尔特、施塔姆勒和韦伯等新康德主义者的思路,凯尔森引出"规范"作为其纯粹法理论构建的新基石。凯尔森接下来的任务是要证明"规范"作为法科学的对象在认识论上如何可能。为了达到这一目的,凯尔森重新回到了康德在处理认识论上的先验质询:"如果没有形而上学的预设,我们如何能够解释我们感知到的事实和自然科学中的自然法则?"他在《纯粹法理论》中采用同样的方式提问:"在不求助于元法律权威(如上帝或自然)的情况下,如何将某些事实的主观意义解释为一套可在法律规则中进行描述并具

----

① 参见 Stanley L. Paulson,"Hans Kelsen's Doctrine of Imputation",*Ratio Juris*,Vol. 14,No. 1(March 2001),pp. 47-63。

② 参见 Sylvie Delacroix,"Hart's and Kelsen's Concepts of Normativity Contrasted",p. 507。

有客观有效性的法律规范?"① 作为对此问题的回答,凯尔森提出了基础规范的概念,用它来作为解释以法律为表现形式的经验材料的前提。然而,在基础规范中隐含着一个更进一步的论证——它将"归责"的概念作为先验范畴,进而限定了我们对规范现象的认识。为了阐明法律成为一个独立的规范(而不是因果)领域的可能性,凯尔森引入了归责的观念作为其基础范畴,并使之与因果范畴相对。② "正如自然的法则总是把特定的材料事实作为原因而把另外一些作为结果一样,实证法(通过其基本形式)把法律条件与法律后果(所谓非法行为的后果)连接起来。如果在自然科学中连接材料事实的模式我们称之为因果关系,那么在法律科学中连接法律条件与法律后果的模式就被称为归责关系,归责是纯粹法理论特有的构建,是法律的自治。"③

凯尔森通过一个大家都熟悉的法律和政治哲学的问题展开自己关于纯粹法学的辩护。他问:"我为何要遵守法律?"凯尔森通过在法律、道德和宗教语境和条件下对义务的强调,让"规范"进入了法律。比如,我为何要遵守作为法律命令的"C",标准答案是"因为它是法定权威颁布的",这一颁布的命令必须被遵守,其强制性是因为它来自道德或上帝,或者说,道德或上帝构成了强制的合法理由。凯尔森拒斥这种以命令的面目对法律进行的规范性输入,因为这种"因为从句"是一种事实的重复,无法对上面辩护性的问题给出答案。凯尔森认为,命令之所以有效"不是因为上帝的良知或理性命令我应

---

① Hans Kelsen, *Pure Theory of Law*, p. 202.

② 关于该概念的详细分析,参见 Stanley L. Paulson, "Hans Kelsen's Doctrine of Imputation", pp. 47—63。

③ Hans Kelsen, *Introduction to the Problems of Legal Theory*, p. 23.

该按照特定的方式行为",而是"因为我应当遵守上帝、理性或良知"。①

　　在纯粹法理论中,规范或"应当"是靠某种意义支撑的,如果它们内含的意义被剥夺,那么对于什么事情为法律所允许,什么事情为法律所禁止,哪些权责是属于你,什么是属于我等问题将变得毫无意义。沿循从休谟到康德的认识论范式,凯尔森认为任何从社会实践中衍生出法律规范的尝试,都源于对法律规范和社会事实的不同认识论地位的严重误解。基于此,他一方面努力让法律科学的对象——"规范"——摆脱道德和社会事实的困扰;另一方面则通过与其他学科的对话,努力构建法律科学独立且独特的认知对象。既然"规范"不能由外在给定,那它就只能来自"内部"。凯尔森试图将规范的"本源"置于法律规范自身,这一尝试基于康德先验认识论的启示和"引用",凯尔森把其解释为:为了规范地解释以法律形式出现的经验现象,需要预设一种最高的"基础"规范,作为法体系中其他规范的一个终极"有效性理由"。② 在一个法体系中,基础规范是其他所有规范的效力来源。基础规范通过授权把"应当"传递给同一法体系的其他规范。③

　　凯尔森纯粹法理论的纯粹首先通过其方法论二元被开启,即在"是"和"应当"之间有一条不可逾越的鸿沟,二者之间没有任何可以连通的桥梁。同耶利内克一样,凯尔森认为在法律科学中法官的概念领域和自然的客体领域或事件领域分属两个截然不同且不可通约的

---

① 参见 Tony Honore, *Making Law Bind*, Oxford: Clarendon Press, 1987, pp. 89-114。
② 参见 Hans Kelsen, *Pure Theory of Law*, p. 195。
③ 参见 Uta Bindreiter, *Why Grundnorm: A Treatise on the Implications of Kelsen's Doctrine*, Dordrecht, Netherlands: Springer, 2010, p. 147。

领域范畴。① "是"与"应当"属于两种相互对立的逻辑形式范畴。凯尔森的重要理论构建理念——让法律摆脱事实的纠缠而成为独立的纯粹形式——受到形式社会学家同时也是新康德主义者齐美尔的启发。② 凯尔森自己曾说:"追随……格奥尔格·齐美尔关于康德的解释,我把'应当'作为法律自治的表达——以此让法律成为法律科学——(应当)与以社会学形式表达的'是'正好相对。"③

凯尔森拒绝把规范问题转换为对法律起源的追问,他认为:"法律起源问题——不论法律作为一个整体还是具体的法秩序——都意味着某种原因以具体内容(事实——笔者注)的身份进入并构成了整体或具体法秩序,这种情况超越了该理论(纯粹法理论——笔者注)的范围。"④ 凯尔森自己可能更愿意把纯粹法理论看作是一种法律认知,一种关于法律的知识。他反复说纯粹法理论的唯一目标就是认知其对象,即认知法律本身。而要做到这一点就必须先把外部要素驱除出去,通过"纯化"让法律自身浮现出来。法学家和学者让法律与伦理

---

① 参见 G. Jellinek, *The Declaration of the Rights of Man and of Citizens: A Contribution to Modern Constitutional History*, Whitefish, MT: Kessinger Publishing, 2010, p. 17; S. L. Paulson, "Hans Kelsen's Earliest Legal Theory: Critical Constructivism", in Stanley L. Paulson & Bonnie Litschewski Paulson (eds.), *Normativity and Norms: Critical Perspectives on Kelsenian Themes*, p. 28。

② 齐美尔作为社会学的创始人之一,其"形式社会学"也被称为"纯粹社会学"开创了让社会学摆脱社会事实,关注事实之"上"的抽象形式和形式逻辑的先河。齐美尔形式社会学中的"形式"具有明显新康德主义的印痕,其本人属于社会学领域的新康德主义者。他提出的"形式"对凯尔森把"规范"看成一种可以摆脱事实而存在的具有形式意义的"应当"具有启发意义,这一点被凯尔森自己所肯认。齐美尔的形式(纯粹)社会学的观点参见 Georg Simmel, *The Sociology of Georg Simmel*。

③ Hans Kelsen, "'Foreword' to Main Problems in the Theory of Public Law", in Stanley L. Paulson & Bonnie Litschewski Paulson (eds.), *Normativity and Norms: Critical Perspectives on Kelsenian Themes*, p. 4.

④ Hans Kelsen, "Law, State and Justice in the Pure Theory of Law", in Hans Kelsen, *What Is Justice?: Justice, Law and Politics in the Mirror of Science*, p. 294.

学、神学、心理学和生物学等纠缠不清，甚至冒险突入这些领域去寻找法律的答案，凯尔森对此不以为然，他深知西方法理学和法哲学的两个传统——自然法理论和经验的、社会学的法实证理论都在进行这样的冒险。在自然理论看来，法律服从于道德约束，在经验-实证主义理论看来，法律是社会和自然事实的一部分。

凯尔森对人类做出规范选择的能力持有一种不信任，这一点集中反映在他对人类理性的不信任上。而从笛卡尔以来，理性被认为是人类能力的特有表征。康德在对理性的纯粹批判中对这一观念进行了撼动。凯尔森继承康德，在认识论上对人类依靠自身理性维持某种持久和谐的秩序持怀疑态度。以此不难推论出，在法律构建方面，他对人类依靠理性可以制定出足以保护人自身的法律体系并依靠该体系维持一种长久和谐的秩序持怀疑态度。由此他要根据自己的方案通过"一系列"的"纯粹"构建出一种独立、稳定而可信的科学法律体系，在这一体系下所形成的法秩序必须能保障人的平等、自由、宽容等价值要求。总的看来，凯尔森纯粹法体系的构建至少要达到两个目的：一是法律的基本要素和对象不能依赖于外部的强制和命令，不能依赖于自然法和理性，不能从社会事实中推导出来；二是它不能让法律与人和人的意志无关。凯尔森谨遵其老师康德关于意志的教诲：只能通过意志打理意志。因此法律必须是人类意志的产物，由此任何法体系都必须是关于人以及人之意志呈现的法体系。①

既然"规范"只能是人意志的产物，而意志可能具有任意和偶然性。于是，处理规范的任意性和偶然性就成为一个急迫的问题。凯尔森通过把规范认知与归责范畴一起设定为规范的条件来克服规范因意

---

① 参见 Hans Kelsen, *General Theory of Law and State*。

志的任意性和偶然性而产生的缺陷。凯尔森认为"规范"作为意志的形式首先要通过其"规范性"被人认知，他把人们可以真实地认知法规范这一事实作为展开推论的第一个前提。缘于"规范"意志的随意和偶然性，为了准确、稳定而真实地认知"规范"，有必要预设一个规范的归责范畴，这构成理论推论展开的第二个前提。凯尔森意识到："在纯粹法理论中……人们无法像证明自然材料事实和统治他们的自然律一样证明法律（规范）的存在，人们无法提出令人信服的论据来反驳理论虚无主义者，对于他们而言，无论什么地方，只要法官一提及法律，那仅仅意味着赤裸裸的权力。"① 为了对理论虚无主义者做出有力的回应，同时为了证明归责范畴是规范认知及证成其合法性的必要条件，凯尔森重新回到康德的先验认识论。

四、纯粹法理论对传统实证主义法理论的修正与推进

（一）纯粹法理论：一种反对"实证主义"的实证法理论

凯尔森的纯粹法学理论与其说是一种实证主义法学理论，不如说是一种关于法律方法的理论。在现代社会科学中，任何一种理论往往都是围绕特定问题展开的普遍性陈述，即理论的动力往往是经由某种普遍性的问题意识生发出的对某一普遍性问题的陈述。从已有文献可以清楚看出，凯尔森的问题意识聚焦于法律的科学化方面，对此凯尔森自己也坦然承认："我致力于纯粹法学二十余年。所谓纯粹，乃剔除法律理论中一切政治意识形态与自然科学因素之谓也，概言之，欲令其省察对象之独立自主，觉悟自身之卓尔不群。法学已几近缩减为

---

① Hans Kelsen, *Introduction to the Problems of Legal Theory*, p. 34.

法律政策之计较，诚可叹焉。则我之心意，便是令其恢复真正科学（人文科学）之格位。"① 由此，理解和把握了凯尔森的方法论也就成功理解和把握了凯尔森纯粹法理论的一个重要任务和理论问题向度。②

实证主义方法最早由"社会学"一词的开创者孔德提出，在孔德提出"实证"一词之前，培根、伽利略、开普勒等人已经通过哲学和自然科学的发展论证了中世纪以来形而上学的主观荒谬性。而采用实证的方法就意味着把科学规律与对具体事实的观察结合起来，尤其要尽量避免总是有着形而上学性质的思辨。主张实证主义的社会科学家相信：一旦建立起了实证的社会科学，实证主义作为一门囊括了科学知识的体系，将是统一而完整的。因为我们所有的思想将是科学的，从而也是同质的。由于这种实证的社会科学将建立在对社会事实观察的基础上，未曾依赖神学和形而上学的教条，所以它将获得自然科学般的确定性，进而构建起现代知识的权威性。19 世纪的人们相信：只要牢固地掌握了社会的科学规律，就能更有力地控制社会这个有机体，并且在实证主义的帮助下，社会科学可以像发现和预测自然规律一样发现和预测社会规律。③

按照孔德的观点，实证主义大体应具备如下的观念和特征：第一，我们唯一可获得的知识是关于外部现象的知识；第二，这些关于

---

① Hans Kelsen, *Pure Theory of Law*, Preface.

② 一种理论的论述方法等同于理论的社会问题关注本身显然是一个值得商榷的问题，但是在凯尔森纯粹法学理论的整个论述中，其社会问题的关注一直是晦涩不明的，这可能和其对社会学方法的警惕有关。但这种"警惕"在让纯粹法学理论自身有些晦涩难懂之外，让其理论的现实性关注也大打折扣。但这并不代表凯尔森的纯粹法学理论没有自己的社会问题，只是他的社会问题被掩盖在了其方法论论证中罢了。所以要做到对其理论问题的真实把握，首先必须揭开其理论所立基之方法论的面纱。

③ 参见〔美〕乔治·瑞泽尔：《布莱克维尔社会理论家指南》，凌琪等译，江苏人民出版社 2009 年版，第 25—26 页。

现象的知识不是孤立而是相互联系的；第三，我们永远不能获得对现象本质的理解，我们只能以关联性和类比的方法获知事实或现象之间的关联；第四，事物之间的关联是持续恒定的，在相同的外部环境下，关联的方式也是恒定而可知的；第五，事物的因果关系就是事物呈现出来的规律，现象的规律也一定是关于事物因果关系的；第六，事物的本质和终极原因永远是处在人类知识之外的一种知识，在这些知识面前人类应该保持沉默。①

凯尔森纯粹法学理论中的方法论有明显的对上面实证主义主要观念和特征的违背。第一，纯粹法理论宣称其反对自然主义的观念。它同时宣称自己作为研究规范的法律科学，反对一切旨在以外部社会事实的因果关联作为自己研究出发点的科学，并以此来宣示作为社会科学的法学与自然科学的不同。既然社会科学不同于自然科学，那它就应该通过一种不同于因果律的方式被描述。社会不同于自然，它是一种人类行为的规范性秩序。

第二，社会科学因为是关乎人类的共同行为的，其适用原则与适用于自然界事物的因果律迥异，凯尔森纯粹法理论把这种不同于因果律的原则称之为"归责"。尽管因果和归责处理的都是两个对象之间的关系问题，但其区别是根本性的。在因果律下，被处理的对象是不可能有任何自我意志的，但在法律规则之下处理的对象却是有意志的行为，因为规范本身就是意志行为的产物。

第三，规范处理的内容是意志行为，这种行为因为人的意志性而必然不会总是以某种有规律的方式发生。即规范规定的行为不一定发生，而因果规律一旦建立起来，相同的原因再次出现的时候一定会导

---

① 参见 John Stuart Mill, *Auguste Comte and Positivism*, p. 6。

出一个同样的结果。

第四，法律科学的对象因为是规范，法律的价值评判就是由规范来完成的。即在法律中存在对与错，是与非的评判，这种评判的标准是规范；但是在自然科学或按照自然科学的逻辑构建的社会科学中，它的基本的要求是价值无涉的，① 对于价值判断和终极追问，被认为应该排除在科学研究的范畴之外。②

至此，凯尔森把孔德以来的实证主义方法论的主要观念和特征几乎全部否弃了。在完成了这个工作之后，他没有再继续通过内部观念或者具体方法特征就自己的方法是实证主义方法做过进一步的证立，而是转而批判形而上学方法论、自然法学方法论以及价值（正义）方法论。他的意图很明显，除了自己纯粹法学理论构建的需要，他还要通过批判这些非实证主义的方法论，论证自己方法论的实证性。

（二）凯尔森纯粹法理论对分析实证主义法理论的修正

从事实到形式与从形式到事实是两种不同的实证主义进路。分析法学往往采用第一种进路——如奥斯丁。这种进路处理法律的方法像语言学家分析语言的方法一样：根据被考察的质料所显示的以及其中所暗含的特定范畴进行分类，目的是更好地理解细节。要想使得一个规则成为可能，就有必要将语言的质料——词汇——按其词类范畴进

---

① 在自然科学中强调的是因果关系，并且处理的都是外部事物，其追求的只是因果律，价值的考量是被排除在外的。实际上在主张按照实证主义的标准构建的社会科学中，价值中立也是必需的。正如韦伯所说的，对于社会科学而言："所有的自然科学给我们提供的回答，只针对这样的问题：假定我们希望从技术上控制生命，我们该如何做？至于我们是否应当从技术上控制生活，或是否应当有这样的愿望，这样做是否有终极意义，都不是科学所要涉足的问题。"〔德〕马克斯·韦伯：《学术与政治》，冯克利译，生活·读书·新知三联书店 2005 年版，第 35 页。

② 参见 Hans Kelsen, *Pure Theory of Law*, pp. 76-79。

行分类，而每一种词类要按照其数、性、格等方面的属性予以进一步分析。比如：损害赔偿诉讼是一种确定占有权的诉讼——这是一个包含任何数量的具体情形的公式，为了表达这一公式，必须先进行大量的分类和分析。人与物之间的关系必须予以分析，以使所有权和占有的范畴没有异议。同样的，诉讼以及各种类型诉讼的概念是分析的结果，最终追溯到法的基本要素，即权利与义务及其违反的结果。这种分析的方法，也是"维也纳学派"逻辑经验主义在法学中的某种折射。①

凯尔森沿循第二条进路来构建其纯粹法理论。他首先设定规范的形式，然后以此为标准考察人类行为。同时，这种人类行为不是作为事实的人类行为，而是承载着意志意义的人类行为。从而让法律处理的对象成为涉及人类意志且具有特定人类意义的行为。② 这样做就使得法学成为一门关于"人"及其意义的科学，而不再是通过外部世界的事实关系来"推测"人的关系的科学。分析法学的方法是后验的。它完全建立在实在法所提供的材料的基础上，对于这种材料，它进而根据其主题所暗示的分类原则以及人们对它所作的运用进行安排和分类。凯尔森的方法是先验的，他先假定有一种预设的规范体系的存在，在此基础上法律作为一种规范体系才成为可能。通过规范预设，

---

① 参见庞德：《法理学(第二卷)》，邓正来译，中国政法大学出版社 2007 年版，第 131—163 页。关于分析法学的论述，同时参见刘放桐等编著：《新编现代西方哲学》，人民出版社 2000 年版，第 269—270 页。另外，凯尔森与"维也纳学派"有着千丝万缕的联系，他和该学派的代表人物石里克曾有过对话，晚年也研究过其逻辑理论，对其逻辑理论提出了尖锐的批评。但因凯尔森纯粹法理论的一个核心命题是要按照某种逻辑建立起法律规范体系，所以该学派在逻辑经验主义方面的论述，对其规范逻辑建构有重要影响。参见刘苏："逻辑适用于规范吗？——凯尔森后期规范逻辑思想初探"，《河南师范大学学报(哲学社会科学版)》2008 年第 1 期，第 35 页。

② 参见 Hans Kelsen, *Pure Theory of Law*。

法律体系一方面成为不包含实质质料的形式性规范体系；另一方面，尽管规范是被预设，但因为其中蕴含着人类社会的"应当"，这就使得法规范体系可以作为一种"事实"承载人的意志意义。

　　奥斯丁传统下的分析法理论从不超越实在法。它关注于揭示实在法各部分的构成和其内部结构，这种揭示不带有任何价值性的评判意涵。分析法理论认为可以校正某个具体法律规则中的错误，或者校正某个具体案件裁决中的错误并对相关的实在法或其体系进行批评，但这种批评将限于实在法的体系之内。并且批评和评判的总体指导思想是：相关规则或裁决必须与某种其他更具综合性的源于整体体系的规则或原则不符。分析法学不主张对实在法自身或者对其原则进行任何价值性评判。

　　分析法学中的实在法事实上承认可以被具体化乃至量化的各种权利与义务，并用法律适用的方式保护和实施它们。在分析实证主义法学那里，法律源于国家主权，因而没有国家就没有法律。分析法学家要做的是对那些主权者实际向其臣民或公民以发号施令的方式进行宣告的东西——法律——进行系统而科学的揭示。但是就其中的对与错、正义与非正义进行讨论不是分析实证主义法学的任务。对于分析实证主义法学家来说，没有形而上意义上的对与错、善与恶、正义与不正义，他们所有能知道的只是根据人类行为与实在法所发布"命令"的符合性，对人类行为给出法律上允许或禁止的判定。至此，原来颇具形而上意味的对与错、正义与非正义等价值判断，在分析实证主义法学这里则意味着对法的遵从或对法的违反。实在法作为法律自身，只是对主权者(立法者)命令以语言方式呈现的表达，其本身不存在合法或违法问题。而这样被构建起来的法体系自身既不是正义的也不是非正义的，同时也是无关对与错的。

对于分析实证主义法理论的以上观点，凯尔森纯粹法理论给出了自己的修正：纯粹法理论坚决反对把法律构建为无关乎人的意志，而只关注人的外部行为事实的法条主义，认为只有在把法律构建为一种关乎人类行为意义的规范体系时，法律也才能成为关乎人和人类社会秩序的法律。凯尔森举例说，"偷盗应该惩罚"，这句话可能在法律上被表述为"偷盗要被收监"。① "但是，这只是某种语言表达的形式，法律不关注规则式法律描述的语言意义，其关注的是法律创制和规范授权行为的意义。"② 凯尔森进一步引述康德先验论来说明自己的纯粹法理论和分析实证主义法理论的区别："按照康德的认识论，法律科学就是关于法律的认识，这种认识本身就具有建构性的特点，当这种认识把（法律）客体作为某一具有意义的整体来理解的时候，它同时也是在'创制'（法律）客体本身。"③ 人的主观意志及其创造性，在凯尔森的纯粹法理论中被坚定地维护并保留了下来。

（三）纯粹法理论：开放出来的问题

在凯尔森的论述中，基础规范给人的印象只是起到了认识论的作用，它赋予了一个法律体系以统一性，使整个法律体系具有了规范意义。这种"规范意义"按照凯尔森的表述，其内容是意志行动的意义。但按照新康德主义海德堡学派李凯尔特和韦伯④的观点，要理解

----

① "收监"这个词在汉语中，特别是在法条中不怎么被使用，凯尔森的原话是"Theft is punished by imprisonment"。为了简洁，笔者使用了"收监"一词。可能在法律术语上不规范，但是如果能更清楚地说明凯尔森的意思，在某种程度上损失一些术语的专业性，希望不会影响对问题的说明。

② Hans Kelsen, *Pure Theory of Law*, p. 72.

③ Ibid.

④ 严格来说很难把韦伯归到新康德主义西南学派，但是其思想深受狄尔泰和李凯尔特等人的影响。

人的行为意义必须在特定互动语境中加入主观的理解，即人的行动及其意义永远不能离开人的主体性参与。凯尔森的纯粹法理论，除了在认识论意义上设定"规范"作为法律认识或解释的框架，没有解决如何保证主体意义直接传递的问题。也就是说，在凯尔森理论中认识论框架和个人行动创造主观意义的实践性行动之间的关系仍然需要更充分的逻辑证成。在"公法理论的主要问题"中凯尔森仅关注一般的规范，认为不需要给予个体法律行为过多关注，因为它们总是被一般化和抽象化的法规范所限定。然而到了1916—1923年，凯尔森开始意识到仅仅把注意力限定在抽象和一般性的法规范方面，不仅会忽视个体的法行为，而且对介于整体法领域与具体法行为之中间地带也会形成盲区。①其最终的后果可能会造成抽象规范体系与具体人类行为的脱离，进而让法律规范体系成为自我空转的体系。

面对这种疑虑，凯尔森不得不重新思考其纯粹法理论构建的目的问题。既然法律规范体系必须关注并处理人类的行动意义和自由意志问题，那凯尔森自然要追问：当规范体系自身的构建成为可能之后，其是否还能收容并证护人的自由意志？从而真正让法律成为人自由意志的家园？从纯粹法构建的整个进路来看，凯尔森好像没能围绕自己追问的问题来构筑自己的纯粹法理论，仿佛把大量的笔墨和论证重心放在了构筑一种纯粹法理论的认识论和方法论上。实际上，当人们这样理解凯尔森的纯粹法理论时，一方面，其理论纯粹法理论会因被解读成关于法学认识论和方法论的重构而造成内容理解和把握的缺失；另一方面，由于内容认知的缺失，纯粹法理论会被解读成一种形式理

---

① 参见 Hans Kelsen，" 'Foreword' to Main Problems in the Theory of Public Law"，pp. 3–22。

论，由此最有价值的理论核心反而被忽略。实际上，凯尔森前期对法律体系的形式建构都是为了最终能放置下其理论灵魂而做的准备。到了晚年最后一部著作，凯尔森才真正回到了自己理论问题的探讨上来。① 由于以上原因，纯粹法理论构建的艰难和其被误解、误读以及"晦涩难懂"比肩而行。

凯尔森为了建立起真正的法律科学而要在认识论和方法论方面拒斥道德和自然法。但需要注意的是，为实现法律的"科学化"，即建立起"法律科学"，其要处理的对象(或按凯尔森纯粹法理论的说法，其要排除的对象)与法律——作为社会秩序达致的手段——要处理的或摒弃的对象要求是不同的。不进行这样的区分，把建立法律科学的前提条件——把自然法观念和道德意识形态摒弃出法律——与让法律发挥社会功能的条件等同，会让纯粹法理论在处理自己的理论对象方面出现不该有的模糊不清和混淆。以上两方面实际上是凯尔森纯粹法理论所要面对的两个不同的任务。它们让纯粹法理论呈现为两种使命——建立法律科学和建立法律体系。基于此，纯粹法理论必然要对法教义②和法解释③进行严格的区分，并对其各自成立的条件做出严格的界定。凯尔

①　参见 Hans Kelsen, *General Theory of Law and State*。另参见刘苏："逻辑适用于规范吗？——凯尔森后期规范逻辑思想初探"，第35页。

②　"法教义学"是关于法律是什么的理论科学，其是法学家研究的对象，法律科学化属于一个学科构建的问题，是法教义学应该处理的内容。而法解释学涉及法律的适用，是法律从业人员要处理的对象和内容，其所关涉的是法律的现实性适用和功能发挥。这是法律两个不同的面向。在理解凯尔森纯粹法理论的过程中，很多读者没能很好地对其理论内含的这两个面向进行区分，从而形成了诸多对纯粹法理论理解的意见分歧和理解偏差。

③　此处的"法解释"不仅是指方法和方法论意义上的，更多是理论功能性方面的。即在纯粹法理论中的法解释尽管也关注法律的立法和司法适用，但这不是理论关注的重点，其理论核心是这样的理论问题：法律(规范)必须通过法解释被适用，因为如果做不到这一点，或者法律(规范)不能通过法解释而发挥功能——使法律具有实效，那经由人制定的法律(规范)中所蕴含之人的意志就无法被实践，这最终可能导致纯粹法理论构建的失败。凯尔森关于法律"效力"和"实效"区分的理论重要性也正在于此。

森在前期把主要精力放在纯粹法理论何以可能，即法教义学的论证上，而对法解释的理论面向没有给予过多的关注，但后者恰恰与其理论问题密切相关。因为，对纯粹法理论的理论问题而言，法教义的体系和形式恰恰需要法解释来支撑和证成。

　　法律如果被简化为法律规范体系，那其中是否含有人类的意志？如果不含有那它又怎能打理人的意志？西方启蒙思想的核心，被康德肯认并锚定的一个信念是：人的意志不能被任何外在奴役和驱使，它只服从于自身，即只有意志才能打理意志。① 奥斯丁实证主义法学把人类的意志表述为"命令"，把法律呈现为"命令"的表达。凯尔森纯粹法理论拒斥"主权者的命令"，把规范设定为只表达"应当"而不关注谁的应当，那"如果 A，应当 B"的陈述有何人类意义？如果其不承载人类意义，则该类陈述就只不过是一些关于"应当事实"的事实性陈述。如诚如此，说法律规范是关于应当的陈述，则不如说它们是关于一些事实的陈述。这些规范除了概念上的意义，不会表征任何人类意义。即表征"应当"的规范如果排斥"应当"中的人类意志，它就会走向形式，让表征"应当"的一系列规范成为一些"实体性概念"体系。这样的结果尽管能构建起一个形式化的规范体系，但无疑会让纯粹法理论走向形式的空洞。很显然，这不是凯尔森的纯粹法理论想要的。

　　不论奥斯丁法理学还是纯粹法理论都肯认的一点是：法律无法摆脱自身是人类"意志"这一事实。它们的根本差异在于处理"意志"的路径和方法上。凯尔森意识到，试图以"规范只表达应当"清除法律中所蕴含的人之意志追求——如"正义"和"善"等——无疑意

---

① 参见 Immanuel Kant, *An Answer to the Question: "What Is Enlightenment?"*。

味着在法律中对意志的"掏空"。这好比让一个人变成没有精神和灵魂的躯壳。这不仅对纯粹法理论而言,即使是对实证主义法学或实证分析法学而言都是不可想象的。法社会学认为法律高度依赖于社会经验事实。凯尔森对此进行了尖锐的批评。他让纯粹法理论立基于这样的宣称:自然科学与社会科学的认识论、方法论和对象有根本的区别,这种区别呈现为"物"与"意志"的区别。对待法律不能采用自然主义的方法。① 在凯尔森看来,一旦诸如"正义""自由""平等""宽容"等表征人意志自由的追求被排除出法律之外,则纯粹法理论对形式性法律体系构建将变得毫无意义。由此,纯粹法理论要解决人被极度理性化和形式化的法律关入"铁的牢笼"这一现代性难题,就必须向"意志"开放,并且要寻找到一种通过"意志"参与化解该难题的方法,因为按照康德的教诲,意志的问题只能通过意志自身来解决。

凯尔森纯粹法理论让人感觉晦涩难懂的另外一个主要原因是该理论在构建过程中使用了庞杂且跨学科的知识。但沿着两条进路,我们完全可以穿透看似晦涩和庞杂的表象,把握住该理论的核心。一条是纯粹法理论的形式主义法体系构建进路;另外一条是把"意志"内嵌于形式主义法体系之理论内容构建进路。由此,同时继承启蒙和现代实证主义传统,凯尔森的纯粹法理论呈现出了人文形式主义的特征。

---

① 参见 Hans Kelsen, *Society and Nature: A Sociological Inquiry*。

第三章　纯粹法理论中"规范"
和"意志"的引入

　　有学者把凯尔森纯粹法理论体系的构建划分为三个阶段：早期阶段、批判构建阶段和成熟阶段。从凯尔森作品时间和内容来看，其早期阶段和批判构建阶段(1911—1921)是理论酝酿期。在此时期他广泛地吸收以前的理论成果，包括强制理论、法规范的重构理论、主客观权利、公法与私法理论、意志理论、国家与法的同一性理论、神学理论、国家的自我义务理论、(耶利内克)法的双面性理论、法律与权力理论、一元论与公共国际法理论等，并与之展开了广泛对话。① 同时凯尔森明晰地认识到法律理论多元纷争的一个根源是认识论和方法论的差异，因此在认识论和方法论上他主要通过吸取蒙田等启蒙初期学者的规范思想；借鉴康德的知识论；批判自然法、实证主义、理性主义和社会学的方法论；② 承袭韦伯的理论问题和方法论③等，试图找到适合构建一种全新纯粹法理论的认识论和方法论。

　　在成熟阶段，凯尔森面对由"主权者"和"权力"造成的合法性和民主危机，开始考虑对法理论从根基上进行理论改造和重建。凯

---

　　① 参见 Stanley L. Paulson & Bonnie Litschewski Paulson (eds.), *Normativity and Norms: Critical Perspectives on Kelsenian Themes*, Introduction。

　　② 参见 Sylvie Delacroix, *Legal Norms and Normativity*。

　　③ 参见 Wayne Morrison, *Jurisprudence: From the Greeks to Post-Modernity*。

尔森最终为自己理论选择的地基——最基本的概念——是"规范"。可以说,纯粹法理论的成败全系于"规范"这一最为核心的概念之上。由此,对"规范"的特性和本质——"规范性"的梳理和描述成为纯粹法理论构建的关键。纯粹法理论对"规范"的引入,彻底打破了奥斯丁所开创的法律实证主义以"主权""权力"和"强制"等要素作为法理论基础的法学传统,开启了法理论界的一场"哥白尼式革命"。但应当注意的是,对"规范"和"规范性"的认知和描述并不是凯尔森的独创,而是启蒙时期思想的产物。但凯尔森创造性地完成了"规范"的法律科学引入。并且在这一时期,凯尔森开始严肃考虑法律与人类行为意义、法律与自由、法律与民主等的关系问题。对人类意义、人的意志自由和现代民主与宽容的关注,反过来促使凯尔森从关注法规范体系的形式化构建转向法律目的。

一、纯粹法理论中"规范"和"意志"的认识论与方法论立基

(一)经验与理性之现代性断裂中的"规范"

从认识论看,古希腊以降的欧洲智识传统在知识上有追求"普遍性""绝对性""统一性"与满足于认识"特殊性""有限性""经验性"的张力。先验论者特别是理念论者倾向于前者,而经验论者倾向于后者。在法哲学中,柏拉图所开创之关于"善"的"理念论"传统经由托马斯·阿奎那延续到了现代,并为康德所秉承。凯尔森是个新康德主义者[1],在

---

① 当时德国著名的法理学家几乎都或多或少受到康德思想的影响。新康德主义分为西南学派和北派两个流派,西南学派的代表人物有狄尔泰、文德尔班和李凯尔特,马克斯·韦伯深受这几个人的影响;北派代表人物是柯亨。除了凯尔森,施塔姆勒、拉德布鲁赫、康特洛维茨等都是新康德主义法学家。参见〔德〕马克斯·韦伯:《批判施塔姆勒》,李荣山译,上海人民出版社 2010 年版,"导言"。

法哲学认识论上与康德一脉相承。在理念论者看来，形而下的实在法体系不可能提供关于法的普遍知识，这种普遍性知识（法的价值特别是其最高价值）只能在形而上的法理念体系中找到——它来自理念界并可以适用于经验界。而在法律知识的"普遍"与"特殊"争论中，实在法论者倾向于以科学的方法探讨"特殊"。在法律实证主义者看来，法的价值是一种应然的，不确定的知识对象，不可能成为可供人们实证认识的对象，因而围绕法的价值构建起来的法科学体系不可能构成"科学"。但与此相反的新康德主义者如施塔姆勒却认为实在法知识体系只能提供有限的知识，人们不可能从中获取普遍的、一般的、统一的知识，因而围绕实在法构建起来的法科学体系只可能属于"技术科学"——如果说它可以叫作"科学"的话。① 由此可见，理念论者和经验论者关于什么是"法律科学"的判断标准是完全不同的。

西方中世纪时期，在上帝的环绕下人类对知识的认识走向了一种形而上的统一。但伽利略天文学向人们揭示了一个惊人的秘密，即那混沌的宇宙居然能被人类规律性地认识。"那求借着一些神秘力量去驾驭自然的主观激情终于要隐退了；取而代之，把具有普遍性客观秩序作为人之追求和向往的想法开始渐渐抬头。"② 在人类世界我们有同样切身的体验，我们发现我们自身的世界也并不是随意的，生活在社会中的人，"从他最初的行动开始，便晓得他自身是被一些他自己无法以一己之力影响的事物所决定和限制的……18 世纪后半叶……古典理性主义并不满足于对自然的征服；它试图建立一个内部自洽的'人

---

① 参见 J. E. Schiller, "Stammler and Kelsen: Theories of Legal Science", p. 348。

② 〔德〕恩斯特·卡西尔：《人文科学的逻辑》，关子尹译，上海译文出版社 2004 年版，第 1 页。

文精神科学之自然系统'"①。这一雄心在社会科学中首先被社会学提出，并最终通过涂尔干得以实现。其他社会科学也相继踏上了"自然科学化"的旅程。

但这种基于自然科学的人类认识论和方法论发展趋势，在休谟那里遭到了第一次阻击。休谟抱持"怀疑主义"态度，通过"是"与"应当"的界分，清晰表达了对人类这种"梦想"的怀疑。休谟是一个经验主义者，他相信感觉和感知，把人类试图通过理性把握事物本质看作是自我的"迷梦"。他在古代认识论基础上区分了两种知识：事实性知识和观念性知识。前一类知识向我们揭示了世界上事物实际如何。但是这些事物是无法被证明的。他认为试图通过观察、感官收集材料构建起事物之间因果"规律"的做法是人类的自我迷幻。太阳每天早晨都从东方升起的事实，不能合乎逻辑地推论出明天太阳照样会从东方升起。他主张重新回到人的主体，认为"关于人的科学是其他科学的唯一牢固的基础，而我们对这个科学本身所能给予的唯一牢固的基础，又必须建立在经验和观察之上"②。世界的意义也就是主体自身创造出的意义，这种意义只关涉主体自身。"正义""善""恶"等判断，只是一些情感表达或情感实事。外界事物在人这个"感觉的通道"中激起某种感觉、回忆等经验性的东西，外界和人经由这种"感觉通道"也才能建立某种联系。从外界事物的"是"中，我们永远无法推论出"应当"。

休谟的知识论和认识论摧毁了对世界进行理性认知的可能性，让知识彻底蜷缩在经验和感觉的碎片中。而康德是一位坚定的理性主义

---

① 〔德〕恩斯特·卡西尔：《人文科学的逻辑》，第13页。

② David Hume, *A Treatise of Human Nature* (revised by P. H. Nidditch), Oxford University Press, 1978, pp. X-XI.

者。他相信理性可以引导我们认识我们的世界。但如何弥合休谟在事实的客观和人的主观之间撕开的那一巨大裂痕？在被休谟从"幻想的迷梦中惊醒"后，康德把"修补"这一裂痕当成了自己最重要的哲学命题，他的"哥白尼式革命"正是源于对休谟问题的沉思。康德创造了"先天综合判断"的概念。他区分了"先天的"知性知识与"后天的"经验感性内容。"人类主观上不可能看到一个纯粹的世界，而是通过某些形式的感觉和某些前提与一个(实质上神秘的)世界进行相互作用。只有通过这些形式和前提，我们才可能获得知识。"① 康德通过自身的创造性"想象"，在休谟撕裂的主客观鸿沟上修建了一座桥梁，这座桥梁的名字叫"先验结构"。新康德主义的代表人物柯亨试图把康德并不稳定的"先验结构"看成是以思维为起点的"思维逻辑结构"。② 在他看来，"没有思维，任何知觉都无法发生。例如，如果不借助思维，人们就无法知觉到一所房子，因为房子是一个包含了各个部分的整体，这些部分是相互联系的，忽视这些联系就不可能有房子的知觉，而这些联系只能由思维提供"③。

如果在新康德主义者那里，思维是一个认识的框架，那么在凯尔森的理论中，这种认识的框架被转化成了"规范"这种对意志的意义进行解释的框架。这种解释框架甚至可以通过预设而让其具有思维的性质。凯尔森曾说："一个规范不必然真是意志行为的意义，它也可以是一个思维行为的内容，当规范只是我们头脑中的假设时就是这样。这就好比我们可以思考一个不存在的东西，但是它们又存在于我

① Wayne Morrison, *Jurisprudence: From the Greeks to Post-Modernity*, p. 137.
② 这一点非常类似于凯尔森的"基础规范"，他把"基础规范"当成是一种思维预设，而整个纯粹法理论之所以能够被认识，完全由于这一预设，这和柯亨关于思维的论述高度吻合。
③ 刘放桐等编著：《新编现代西方哲学》，第 79 页。

们的思维中；我们也可以思考一个不存在的正式行为的规范，而让这个规范只是存在于我们的思维之中。"①

当凯尔森采用这样的认识论搭建起一个解释的框架来处理自己的知识对象时，一个问题随即浮现出来：既然规范可以在思维中假设，对于宣称要构建科学的实在法体系的纯粹法理论而言，"规范"的实证性如何保证？对此问题，凯尔森仍然使用新康德主义的口吻——没有给出答案，而是——给出了一个哲学思辨的说明："既然作为规范的'应当'与作为规范意义的意志之间有必然的关联，那么在思维中被设定的规范，也必定有一个作为其意义的想象的意志存在，由此，表征实证法律秩序的基础规范得以产生。"② 这样的论述的确让人费解，但如果我们把康德和新康德主义的"先验结构"和"思维"这两个概念看作某种主观的客观形式，而凯尔森也认为预设的基础规范是一种主观的客观性存在，那么整个法律秩序的客观性以及人之意志地位的并存也就成为可以理解的了。凯尔森纯粹法理论中"规范"认识论的康德式处理方式，直接折射到其方法论上：他宣称自己的纯粹法理论是实证法理论，但他同时极力反对实证主义方法论。由此我们不能不得出这样的结论：纯粹法理论创建了一种反对实证主义的实证法学理论。这种背反的真正根源在于纯粹法理论问题中"规范"与"意志"，以及"形式"与"内容"的内在张力。凯尔森试图通过理论构建不仅化解它们的矛盾，而且试图让二者实现"静态"和"动态"两方面的嵌合。正是这一点，构成了纯粹法理论最迷人的部分。

---

① Hans Kelsen, *Pure Theory of Law*, p. 9.
② Ibid., pp. 9–10.

（二）康德"哥白尼式革命"中的"规范"与"意志"

凯尔森是位新康德主义理论家。他在法律认识论上的康德主义宣称以及他对实证主义法律方法颇具形而上意味的批判，会让很多学者自然地想到他的基础规范甚至整个法学理论都可能扎根于康德主义。① 康德的先验认识论源于对传统经验主义和唯心主义知识认知可能性的怀疑。康德曾问：知识如何可能？ 我能知道什么？② 凯尔森问了和康德一样的问题：法律作为一种知识如何能被认知？ 实际上，如果把凯尔森的基础规范作为法律知识的先验预设，以康德关于认知的先验预设予以重述，那凯尔森对康德在认识论上的传承和"引用"关系将变得更加清晰。我们可以清晰地看到，凯尔森把康德的先验认识论引入了其纯粹法理论，并以之作为自己法理论的认识论基础。

对于新康德主义者，他们相对于康德主义者的"新"源于他们是一批回到康德，以康德的先验认识论为认识论基础讨论如何构建社会科学性的社会科学哲学家。也就是说他们普遍致力于把康德的先验哲学应用于现代科学门类的构建上。③ 凯尔森的新康德主义首先体现在

---

① 参见 Gerhard Luf, "On the Transcendental Import of Kelsen's Basic Norm", in Stanley L. Paulson & Bonnie Litschewski Paulson（eds.）, *Normativity and Norms: Critical Perspectives on Kelsenian Themes*, pp. 177-194; Stanley L. Paulson, "The Neo-Kantian Dimension of Kelsen's Pure Theory of Law", pp. 311-332。

② 参见 Immanuel Kant, *Critique of Pure Reason*（trans. by Paul Guyer & Allen W. Wood）, Cambridge: Cambridge University Press, 1999, p. 677。

③ 参见 Stanley L. Paulson, "Kelsen and the Marburg School: Reconstructive and Historical Perspectives", in Werner Krawietz, Neil MacCormick and Georg Henrik von Wright（eds.）, *Prescriptive Formality and Normative Rationality in Modern Legal Systems*, Berlin: Duncker & Humblot, 1994, pp. 481-494。其中可以明显看到新康德主义对凯尔森理论推进的影响。这种影响可以在新康德主义的海德堡学派中找到明显的印痕。关于凯尔森受新康德主义影响的例证还可以参见 Wolfgang Stegmüller, "Towards a Rational Reconstruction of Kant's Metaphysics of Experience", in *Collected Papers on Epistemology, Philosophy of Science and History of Philosophy: Volume II*, Dordrecht, Holland: D. Reidel, 1977, pp. 66-136。

他试图用康德的先验结构为法律科学构建一个（规范）基础。① 康德主义者们所发展出的各种关于知识认知可能性的形式，都源于康德为他们提供的"先验结构"这一认知工具。② 康德生活在一个自然科学为人类设定了认知基调的时代，康德身处这一时代并要回应这一时代，就不可避免地以自然科学中经验认知的理论范式来发展自身的知识理论。③ 对新康德主义者而言，康德的认识论为按照不同于自然科学的方法科学认识人与社会的知识提供了一种可能性。这一可能性基于自然科学的思路，但经由康德的改造在认识论上开辟了超越自然科学思路的"第三条道路"，为关于人的社会科学成为科学的奠定了知识论和认识论基础。

康德在自然科学领域提出的先验质询构成了一切经验知识成为可能的条件，并且它溢出自然科学认识的领域被应用于历史、文化、道德和法律现象。④ 由此，康德理论哲学的一个问题"我能知道什

---

① 如果把新康德主义者和康德主义者进行比较，则他们的"新"在于试图把康德的先验认识论应用于特定的学科——如心理学、社会学、历史学和法学。而其中最成功的有两个人，一个是社会学的先驱之一齐美尔，另一个就是表征法学实证主义巅峰的凯尔森。齐美尔因为犹太人的个人境遇，导致其长期处于学术体制的边缘，这是他颇具新康德主义意味的形式（纯粹）社会学一直没有引起足够重视的主要原因。不同的时代境遇让同为犹太人的凯尔森成为新康德主义者中最成功的一位。对新康德主义者而言，努力把康德主义运用到具体学科中的思路和目标的一致性而不是观点的一致性让他们拥有了一个共同的称号。

② 参见 Heinrich Rickert, *Science and History* (trans. by George Reisman), D. Van Nostrand Co., 1962, pp. 5-9。

③ 参见 Paul Guyer (ed.), *The Cambridge Companion to Kant*, Cambridge: Cambridge University Press, 1992。

④ 参见 Heinrich Rickert, *The Limits of Concept Formation in the Natural Sciences* (trans. by Guy Oakes), Cambridge: Cambridge University Press, 1986, pp. 195-207。关于法科学作为一门经验科学的哲学必要性的文章可以参见 Emil Lask, *Legal Philosophy, in the Legal Philosophies* (trans. by Kurt Wilk), Cambridge, MA: Harvard University Press, 1950, pp. 23-40。

么?"① 成为新康德主义者工作展开的关键点,也成为他们继受康德思想的核心。新康德主义者认为康德问题可以对所有社会科学提出质询。对康德问题普适化、科学化和理论化的信心,为新康德主义者最终把康德问题和认识论方法放到规范学科(人文社会科学学科)中提供了前提。康德通过引入"先天综合",让外部的客观性经验通过存在于人心灵的"先验结构"进入主体的主观性判断。至此,人所能知道的既不是实证主义和经验主义者所宣称之通过感觉获知的外部经验,也不是唯心主义者所宣称的自我内心之激情、情绪和感受,而是一种经由主观形式吸纳客观材料之后所形成的知识。② 由此,原来主导关于知识认知的"主观-客观"二元经由康德的先天综合得以克服和化解。最主要的是,先验结构内在于主体,由此主体不再仅仅是原来主观/客观二元中的一元———种等待知识处理的材料——而成了对认知材料进行处理的主体。康德让主体重新成为主体,成为"我们能知道什么?"这一问题答案的唯一给予者。

康德之前的笛卡尔为人类设定了理性的标尺——这经由牛顿的数学达到顶点;而霍布斯为世界提供了经验的断言。③ 发生巨大变迁和知识革命的时代让康德同时面临两个需要面对并解决的问题:第一是在自然科学勃兴的时代新的科学知识如何可能? 第二是随着理性的不断推进,它和经验结合逐渐走向人类的反面,形成对人的外在宰制,在这种情况下人的自由如何可能? 由此,康德不断在头顶的星空与人

---

① Immanuel Kant, *Critique of Pure Reason*, p. 677.

② 在新康德主义者那里,这种知识呈现为一些作为他们各自理论立基的基本概念,施塔姆勒称之为"集体意识";李凯尔特称之为"历史记忆";韦伯称之为"理想类型";齐美尔称之为"纯粹形式";凯尔森则称之为"规范"。

③ 参见 Thomas Hobbes, *Leviathan*。

类内心智识的法则两股力量之间往返徘徊。他试图找到一条能化解两股力量对人类认知撕裂的办法。这一办法最终被他找到，由此他掀起了一场"哥白尼式革命"："我们确信自身能成为物理科学的基础，因为我们能通过我们自身的感觉把一种关于外部世界的科学法则施加于我们的世界。这时，我们可以站在一个点上作为一个理性人自由地观看我们的世界，做出自己的选择，而不是被生物的、心理的或社会的决定性法则所决定。"① 至此，科学与道德都不能再作为一个需要人被动接受的外部真理或真实逼迫我们被动接受。康德不想让人在面对自然科学所发现的外部规律以及以理性之名所确立的社会道德面前被忽略和遗弃，成为现代机器的齿轮、道德的附庸和一个无法参与世界和社会变迁的旁观者。秉承启蒙的观念，他仰望、敬慕表征着无上理性的自然和上帝的星空，但他更希望人类按照自身的法则重新界定那星空，让它不再外在于并决定人的意志和命运，而成为人类自身意志的映射。为了达到这一目的，康德就必须突破前人，在认识论和方法论上进行一次"哥白尼式革命"。在认识论上，康德通过人主体性的回归让人的意志对世界的改造成为可接受并不可避免的。

（三）康德认识论所实现之由"是"到"应当"的转换

康德不能接受莱布尼茨所认为之人的自由选择可以和外部决定自动调和的相容论，但同时他必须在外部决定和人的自由意志谁占主导上做出决断。最后他选择站在自由意志一边，对理性主义的两个基本预设——"哲学原则仅需通过基本的逻辑方法就可被发现；这些原则

---

① Paul Guyer (ed.), *The Cambridge Companion to Kant*, p. 2.

会自动抵达并给予我们关于客观真实之本体的洞见"① ——开战。莱布尼茨、沃尔夫和他们的后继者们已经意识到：我们所经验到的物可能只是我们内部感觉能力的反射。康德在此基础上向前迈出了更为关键的一步，他宣称原来被牛顿科学主义所认为的绝对的空间"不是物体的规划或轮廓而只不过是人内心用以使自身与外部调和的法则"。至此，通过建立一种内在于人的综合判断，外部自然规律的独立性被否定，而人意志选择的自主性被确立和肯认。"从最深层考虑，我们人类是真正自由的主体，他除了自身的道德法则，不受任何具有决定性之自然法则的支配。"②

　　康德把"我能知道什么"这一知识论问题，经由人内在所具有的"先验结构"转化为"我应当做什么"这样一个可以进入道德和法律领域的问题。从而，现代自康德始，认识论和方法论的重心从自然和上帝的外在被重新转回到人的内在，人所关注的也不再集中于需要经验证成的"是"，而是需要人通过自身的自由意志证成的"应当"。

　　凯尔森在构筑自己纯粹法理论的时候，深刻理解并把握住了康德哲学的核心。他试图把康德构建起来的普遍形而上哲学在法学中应用，像康德改写整个哲学进路那样，重新改写人类对法律的认知，把法律构建成一个反映人之"应当"的意志产品。内在于纯粹法理论之"规范"和"意志"的品格决定了它必然反对奥斯丁把法律建立在外部命令和强制基础上的分析实证主义法理观；也必然反对边沁把法律建立在对人意志具有腐蚀作用的功利基础上这种做法。由此，我们可

---

① Paul Guyer（ed.），*The Cambridge Companion to Kant*, p. 7.
② Ibid.

以说，康德重构现代科学的认识论和方法论以及康德重新证成和确立人之自由意志首要性的结论，分别构成了凯尔森纯粹法理论认识论、方法论和理论问题的基础，并且前者是围绕后者展开的。如果不结合凯尔森关于自由意志的问题理解其围绕法律科学构建所展开的纯粹法理论构建工作，将造成其理论方法与理论问题的割裂；同样，如果在讨论"规范"的时候不关注其纯粹法理论中蕴含的"自由意志"问题，则不仅会造成对"规范"理解的片面甚至错误，而且会形成对凯尔森理论问题的忽视和误解。

二、"规范"与"意志"的法律科学引入

（一）"规范"的客观化

在康德那里，"规范"作为道德的化身，以自我义务的方式对个体施加一种命令，进而回答了"我应当做什么"。他认为这一问题的答案蕴含在个体对"ought to"这种内在于每个个体之义务的履行中。康德通过"规范"实现了外在道德的内在化，即康德意义上的"规范"和道德不再是作为外在强制的规范和道德，而是内在于个体，由个体的自由意志驱动的规范和道德。

但在新康德主义哲学家看来，康德的观点是"不科学的"，其"规范"理论和道德学说仍然没有彻底摆脱形而上学的窠臼。在他们看来，对"规范"的科学探寻不是让"规范"证成命令或强制的合法性，而是要把它当成认知的客体予以分析。[1] 康德关于知识的理论

---

① 正如里歇特（Richert）曾说的："所有科学作为科学，所要告诉我们的是应当的意志或应当如何去做。"参见 Heinrich Richert, *The Limits of Concept Formation in the Natural Sciences*, pp. 195-207。

为客体的经验性设定了主观性(主体性)条件——一种先验结构的条件,进而反对认为客观性知识一定是那些可以被感知之材料知识的实证主义,在这一点上新康德主义者和康德持有同样的看法。但新康德主义者没有如康德般朝着颠覆牛顿式自然科学的方向发展,而是把先验和经验并重——一方面通过对科学进行重构,在主体(主观)领域建立起先验的条件,阻止了对以自然科学为模板的经验学科和科学实证主义的盲目崇拜;另一方面,立基于经验科学的认识论,他们努力构建具有独立性的规范和文化学科。①

新康德主义者所勾画的科学构建路径和特征,在凯尔森关于构建客观的法律科学的企图中被重述并得到集中呈现。凯尔森把康德先验方法论应用于法规范体系构建,试图构建出一种"真正的"法律科学。凯尔森清楚地认识到,康德利用其创制的先验方法让法律、社会、文化等诸学科具备了成为科学的可能和条件,但在创制法律科学方面康德却"拒绝使用先验的方法"。② 凯尔森以质询的方式提问:"不借助于形而上学,被我们感知到的事实如何能如同自然科学被(先验结构)调配的方式那样进入法律? 以同样的方式,纯粹法理论要问:'如果不诉诸像上帝和自然法中蕴含的形而上法律权威,特定材料事实的主体感觉如何转化为客观有效的法规范系统,并成为可被描述的法律命题?'"③

---

① 参见 Stefan Hammer, "A Neo-Kantian Theory of Legal Knowledge in Kelsen's Pure Theory of Law?", in Stanley L. Paulson & Bonnie Litschewski Paulson (eds.), *Normativity and Norms: Critical Perspectives on Kelsenian Themes*, p. 180; Heinrich Richert, *The Limits of Concept Formation in the Natural Sciences*, pp. 195-207。

② 参见 Hans Kelsen, "The Pure Theory of Law, 'Labandism', and Neo-Kantianism: A Letter to Treves", p. 169。

③ Stanley L. Paulson & Bonnie Litschewski Paulson, *Normativity and Norms: Critical Perspectives on Kelsenian Themes*, p. 181.

　　康德通过先验哲学要解决的是"知识如何可能"的问题，凯尔森尽管完全继承了康德的思路，但他的任务更具体，要解决的是"法律（作为知识的一种形态）如何成为科学"的问题。作为一门和人们日常生活联系紧密的具体知识类型，法律有自身要面对和处理的对象——人与人之间的日常纠纷。但如果法律理论仅仅是描述、归纳、概括这些经验性事务，那按照康德"知识如何可能？"的提问来审视，法律就无法被称为科学。不论是霍布斯、奥斯丁以降的主权和强制理论还是边沁的功利主义理论，都不能从认识论上对"法律何以能被认识""法律如何能成为知识""法律如何能成为科学"这三个递进的问题给出回答。因为他们在方法论上都依循了现代理性和经验的进路，这一进路以自然科学作为效仿的模本，试图凭借经验、感觉、试验等手段，以归纳、概括后的经验材料作为知识的呈现形式——这一方法论被孔德以"实证主义"的面目呈现。① 但康德在其"纯粹理性批判"的开篇就对纯粹的知识与经验的知识进行了区分，对靠理性和经验获取知识之可靠性提出了疑问。② 凯尔森信奉康德先验哲学的进路，这注定了他纯粹法理论中的认识论和方法论将有别于实证主义。

　　凯尔森让法律科学化并重建法学理论时在认识论和方法论上面临如下几方面的难题：第一，作为具体应用知识的法律一直以来都是指向现实而具体的经验、现象、人和事件，它的科学性长期被其模糊的功用性遮蔽和替代。第二，法律和法学理论都必须要有独属于自己的研究对象，如果选择日常经验材料作为法律和法学理论的研究对象，

_____

　　① 参见 Auguste Comte, *The Positive Philosophy of Auguste Comte* (trans. by Harriet Martineau), Cambridge：Cambridge University Press, 1988。
　　② 参见 Immanuel Kant, *Critique of Pure Reason*。

而它们又多是诸多学科要共同面对和处理的材料，那最后可能意味着所有社会科学研究对象的重叠。另外，从康德先验哲学和新康德哲学所遵循的路径看，法律的科学化过程中对象的选择一定不能是现实而具体的经验、现象、人和事件——这显然也是作为新康德主义者凯尔森在构架自己法学理论时的基本认识论和方法论信念与原则。第三，如果要把法学构建成一门科学，那不论在实践还是理论上，其指向的对象必须是同一个，实践和理论的对象不能不同。凯尔森首先必须找到并确立这样一个单一的对象。第四，法律科学的对象不只是作为某种课题或材料而存在，它必须能同时承担其主体性任务，即它必须能把人的意志内涵于其内，而不能作为无关乎人之意志的独立存在。第五，为了防止出现康德哲学对科学认知的形而上学"回归"，必须让所选定的对象能被认定为是可以进行"经验性"和"实证性"操作的。

（二）"规范"与"规范性"

凯尔森说："仅仅那些规定个体应当如何行为的规范——而不是个体真实的行为——才构成法理学的研究对象。"① 那如何确认"规范"的存在呢？在此处，凯尔森刻意澄明了纯粹法理论与其他社会科学理论，特别是社会学理论在"实证"方面的差异。② 对他而言，"实

---

① Hans Kelsen, "The Pure Theory of Law and Analytical Jurisprudence", p. 50.
② "实证"的概念来自自然科学，主要是物理学。从社会学家孔德创制"实证"概念以来，"实证科学"一方面与"神学""玄学""形而上学""道德伦理学"等对立；另一方面在方法上它把对象的可观察性作为自身的重要特点。一个不能通过观察而收集资料的对象通常被认为不能作为社会科学的研究对象。凯尔森宣称纯粹法是"实证法"，纯粹法理论的研究对象是规范，那按照现代实证科学的标准，"规范"的"存在"和可观察性就变得非常重要。但当孔德在提及"实证"的时候，除了他用以说明作为可观察代表的物理学，他还提及了另外一门实证科学的典范——"数学"。"数学"对象（转下页）

证"不仅排斥经验事实的存在，实证的对象也不是观察和收集数据的
对象，而是认知的对象。生活于某种法律秩序之下的普通人对"规
范"的认知来自其"效力"和"实效"。"效力"属于"规范"抽象
认知的层面，它服从于逻辑；"实效"属于"规范"具体认知的层面，
它服从于规范向现实"转化"的能力。于是"规范"围绕合法性必
然展开一种追问：

"我为什么要遵守这个规范？"

"因为它是经过授权的另外一规范所规定的。"

"我为什么要遵守规定该规范的规范？"

……

这样的追问一直持续，必然涉及一个无法再被追问其效力来源的
规范——"基础规范"。"效力"呈现为"应当"，一个规范表达了对
某种行为的"应当"，那它就是一个法律规范，而不论这种"应当"
的要求是否在现实中得到了实现。

凯尔森把社会学中以因果逻辑联结事实的法看作是"自然之法"，

（接上页）是一种靠逻辑支撑的特殊存在。甚至我们可以说数学就是逻辑形式的完美呈现
（参见 T. W. Adorno, *The Positivist Dispute in German Sociology*, London：Heinemann，
1976）。另外，凯尔森所生活的时代也是"维也纳小组"兴盛的时代，由此我们可以推
论，在他构建自身纯粹法理论的进程中，"数学"的实证性很显然对他产生了影响。纯粹
法理论的对象——规范——如果用是否可被观察作为标准，它们很容易被看作是客观性
"规则"（rules）或"规定"（regulations），进而，"法律作为规范体系或秩序"也很容易
被理解为"法律作为规则（规定）体系或秩序"。"法律规则"也可能被等同于"法律规
范"。但这种等同很容易结合"实证"概念，让人们把"规范"理解为可以观察的"规
则"或"规定"，从而把"规范"看成事实（fact），而忽视、不能理解甚至误解其中"应
当"（ought to）的意涵。这一点也正是使得哈特对凯尔森纯粹法理论感到"困惑"的最主
要原因。（参见 H. L. A. Hart，"Kelsen Visited"，pp. 709-728。）有人说凯尔森的纯粹法理论
是一种法律形式逻辑的构建。（参见 Carl Schmitt, *Political Theology: Four Chapters on the
Concept of Sovereignty*；David Dyzenhaus，"Now the Machine Runs Itself：Carl Schmitt on
Hobbes and Kelsen"。）这种观点尽管有待进一步讨论，但随着研究的深入我们将看到，凯
尔森纯粹法理论的思路和数学的呈现逻辑有异曲同工之妙。

而"规范性之法"所联结的是法律条件与法律后果。"如果材料事实以因果律实现联结，那么规范性法律联结的法则则是归责，归责在纯粹法理论中被认为是一种特殊的法制，是法律的自治机制。"① 凯尔森通过使用休谟传统的认识论二元，让"规范"与"事实"领域在认识论上分道扬镳。其目标是保证法律作为特殊的法律认知体摆脱"事实"获得独立性。正如他自己清晰表明的："我所致力之纯粹法学的目的，是让法律成为一个独立的科学认知体。这种纯粹在两个方向展开，一是纯粹法理论要反对所谓的'社会学'观点，它使用因果律和科学方法让法律成为自然科学的分支；另一方面要反对自然法理论，因为它通过忽略实证法中的实证基础，让法理论脱离了实证法规范的领域，而进入了伦理-政治的假想中。"② 他认为："总体上说，法理论只能是实证法的理论。"③ 在凯尔森生活的时代，伴随着战前传统的失落和帝国的瓦解，人们对道德的回归有强烈的欲望。④

在法律上，纽伦堡审判所暴露出的自奥斯丁以降实证主义法学的缺陷，让凯尔森不得不摆脱霍布斯和奥斯丁的主权理论传统，转而借用其他理论资源重构实证法理论。这种重构的过程，凯尔森认为是一个纯化的过程，即借用"规范性"摆脱神学形而上学和"事实"的

---

① Hans Kelsen, *Introduction to the Problems of Legal Theory*, p. 23.
② Hans Kelsen, "'Foreword' to Main Problems in the Theory of Public Law", p. 4.
③ Ibid.
④ 这一点在社会学先驱涂尔干身上看得特别明显，他试图用"集体良知"这一具有道德意涵的概念重构战后秩序，同时探讨在新时代背景下道德回归的可能和形式；同时他把"社会事实"确立为社会学的研究对象，以此让社会学科学化，从而在一种忽视认识论二元性的情况下构建现代社会科学。参见〔法〕埃米尔·涂尔干：《社会分工论》，渠敬东译，生活·读书·新知三联书店 2000 年版；〔法〕埃米尔·涂尔干：《社会学方法的准则》，狄玉明译，商务印书馆 1995 年版。凯尔森对涂尔干在构建社会科学过程中所使用的方法论及其研究对象——"社会事实"都进行了批评，这种批评和对话构成了纯粹法理论的重要智识来源。

法实证主义桎梏，让法理论成为"应然"和"意志"呈现的过程。因此，主张以"社会事实"作为研究对象，并且表征一战后现实主义运动的社会学成为其首先批判的学科。社会学有自己看待法学和法律的独特方式，这些建立在社会学科学方法论基础上对法律的考察体现在托克维尔、涂尔干、韦伯以及埃利希的作品中。① 他们总体上认为法律是关于人们行为或习俗的规则，进而，法律可以被看作一种关于行为的预测。这种让法律与外部行为事实关联的做法一方面严重影响了法律的独立性——使它成为关于事实的概括和陈述；另一方面法律的"规范性"特征被"事实"销蚀殆尽，从而在康德认识论意义上，使得法律作为一门独立学科的科学构建成为不可能。为了实现法律学科的科学化和独立，凯尔森一方面反对形而上学或唯心主义理念，另一方面把法律看成是不同于自然科学——受因果法则支配，而是受"归责"范畴限定的规范体系，即法律是自我证成的体系，他称之为"法律的法律"（law of the law）。②

在凯尔森那里，法律的规范性表征着"应当"，法规范体系是一系列关于"应当"的陈述。但如果为了保证法律的独立性而仅仅强调并维护"应当"体系，那么表征"应当"的规范体系会被认为是另外一套道德体系或道德要求。由此，凯尔森纯粹法理论的命题不仅仅是要通过强调法律的规范性而让法律认知的客体不同于其他社会科学——诸如社会学或伦理学——认知的客体，同时该客体必须能成就自身的自治，即它不能受到实证主义所强调之"事实"或形而上学所

---

① 参见 Fritz Ringer, *Max Weber's Methodology: The Unification of the Cultural and Social Sciences*；Mathieu Deflem, *Sociology of Law: Visions of a Scholarly Tradition*；Max Weber, *Economy and Society: An Outline of Interpretive Sociology*, pp. 223–228。

② 参见 Hans Kelsen," 'Foreword' to Main Problems in the Theory of Public Law", pp. 5–22。

强调之"道德"或"神学"的外部影响，而只能自身成就和决定自身。由此，凯尔森纯粹法理论在方法论上的问题就变成了，"规范"如何构建、决定和成就自身的问题。为了摆脱"事实"和形而上的侵扰，法律"规范"只能来自法"规范"自身，这成为凯尔森利用"规范"构建法科学的一个最优选择。但"规范"是"应当"的形式表达，而"应当"在通常意义上与上帝的命令和道德义务紧密相连。如果"应当"真的来自上帝的命令或者道德义务，那就意味着"规范"本身不可能从自身引申出自身，而是另有其形而上、自然法和道德的来源。为了防止这一点，凯尔森"纯粹法理论"的第二步就是反对自然法，并实现法律(规范)与神学形而上学、社会事实以及道德的分离。

　　凯尔森要构建满足其规定的严格条件的法律科学，但又不能延续奥斯丁和边沁的法律实证主义传统，即在方法论上他的法学理论不能是传统实证主义的，但又不能走向反实证主义——实证主义本身就是反对神学与形而上学的现代产物和结晶。在凯尔森的时代，反实证意味着"反科学"，凯尔森不可能完全背离他所处的时代去构建一个不被时代所接受的法科学理论。因此，他在《纯粹法理论》的开篇就写道："纯粹法理论是实证法理论，它是一个普适性而不是关于特定法秩序的理论。"① 但凯尔森的"实证"，已经完全属于他自身的"创制"，是一种把"规范""物化"或"拟制"为法律客体的实证。经由凯尔森，"规范"成了某种客观存在的实体。由此对法律的研究也就被转换成了关于"规范"和规范体系的研究。法学研究对象从此发生了根本性转向。凯尔森同其"老师"康德一样，在法学界掀起了一

---

① Hans Kelsen, *Pure Theory of Law*, p. 1.

场"哥白尼式革命"。

（三）"意志"与"应当"

凯尔森把法律构建为一个规范系统。① 规范的功能是为人提供一个解释框架，据此人们可以对人类行为和其他自然事件进行审视。② 这一系统的结构凯尔森称为规范的结构，即包含不同层级的规范，上级规范授权下级规范的创制。③ 在凯尔森纯粹法理论中，规范指的是指向另一个人行为之意志行动的意义。是一个主观的"应当"，法律规范与一个人所发出命令之区别在于它们是一些客观的"应当"：一个行为无论是从规范制定者角度，接受规范约束之人的角度，还是从中立第三方的角度看，都应当被执行。④ 凯尔森进一步解释说，当我们说一个法律规范是有效的，意思是说它真实存在，而它的存在本身就意味着它应当被遵守和适用，也就是说它具有约束力。⑤ 由此看来一个规范也就意味着是一个客观的"应当"。法律规范最终要被用以规范人们的行为，基于此凯尔森说："基于人类行为的本质，没有任何一种人类行为不能被转化为对应于一项法律权利的法律义务。"⑥ 同时，缘于"是"和"应当"的严格区分，任何一个法律规范的效力只能来自另外一个更高级别的法律规范。这就意味着，只要一个规范是根据另外一个更高的规范创制，那它一定是有效力的。⑦

---

① 参见 Hans Kelsen, *General Theory of Law and State*, p. 3。

② Ibid., p. 41.

③ Ibid., p. 228.

④ 参见 Hans Kelsen, "What Is the Pure Theory of Law?", *Tulane Law Review*, Vol. 34, No. 1（December 1959）, p. 270。

⑤ Hans Kelsen, *General Theory of Law and State*, pp. 30, 39.

⑥ Ibid., pp. 200–201.

⑦ Ibid., pp. 110–111.

凯尔森把"是"与"应当"看作两个具有基础性但却迥然不同的范畴。并且他直觉地认定"应当"的意义是清晰的。它可以被表达为"人类行为被一个规范所决定的特定意义"①。可以肯定的是"应当"可以呈现为一种规范性陈述，但不是事实性陈述。在此基础上，凯尔森认为法理学在内容上不仅要摆脱心理学、社会学、经济学和政治学等社会科学的经验内容，而且要摆脱伦理学、神学等相关的对象内容，② 最终让"规范"成为不含有传统社会科学、伦理学、神学、自然法等内容之实证分析法学的新对象。这就是凯尔森所说的"纯粹"，也是拉兹所说的双重纯粹。③

不同的规范按照等级构成了一个法律规范系统，也是一个授权系统。在此凯尔森与奥斯丁进行了对话，他认为一个人之所以有发布命令的权力，是因为他得到了法律规范的授权。奥斯丁认为命令来自命令本身，这很显然和劫匪的命令无法区分。由此，凯尔森的纯粹法理学关注颁布命令的条件。康德之所以能以先验论证对整个知识理论进行重建，实现其"哥白尼式革命"，与他的一个理论追问是分不开

① Hans Kelsen, *General Theory of Law and State*, p. 37. 凯尔森曾经举例说："P 应当做 A"既不意味着说这话的人或者其他人想要 P 做 A，也不意味着 P 事实上要做 A。这句话一方面让规范摆脱了"命令"的窠臼，另一方面摆脱了"事实"的具象，从而让"规范"（norm）本身成为一种抽象的纯粹性存在。如果追问"应当"所含有的"特定的意义"内容是什么，凯尔森曾引用摩尔（G. E. Moore）的话说："'善'——就像一个简单的观念'黄色'一样——也适用于'应当'。"从纯粹法理论的整体来看，凯尔森的"应当"很显然是一种摩尔意义上的"常识"（common sense）——摩尔曾是"常识"的证护者，具体论述可以参见 G. E. Moore, *Selected Writings*（ed. by Thomas Baldwin），New York：Routledge, 1993。

② 参见 Hans Kelsen, "On the Pure Theory of Law", *Israel Law Review*, Vol. 1, No. 5（1996）。

③ 参见 Joseph Raz, "The Purity of the Pure Theory", in Stanley L. Paulson & Bonnie Litschewski Paulson（eds.），*Normativity and Norms: Critical Perspectives on Kelsenian Themes*, pp. 237–252。

的——"人在知识中扮演着什么角色?"自笛卡尔以降,理性被奉为人类行为的圭臬。以数学为代表的学科对推理和逻辑的推崇;以物理学、化学等自然科学为代表的学科对通过观察和试验方法获取材料(知识)的信奉,演化出了现代理性两种最主要呈现形式——逻辑和经验。它们如同神学形而上学和自然法一样,宣称完全不依人的意志而独立存在并在知道人类行为时发挥作用。人类可以作为旁观者,可以运用自身的感觉、印象和想象力等去感知、记忆和理解它们,但不能创造它们。即人的意志可以迎合和顺从它们,却不能对它们做出符合人类自身意志的取舍和选择。因为不管人意欲如何,它们总是按照自身存在的方式存在于那里并发挥作用。作为"启蒙之子"的康德,对此不能接受。由此,他所有哲学知识创造的核心问题都围绕人类意志的解放和自由展开。

凯尔森有时候也沿着奥斯丁实证分析法学的路子,把法律称为"规则"或"法律规则"。但最后他把这些概念统一到了"规范"这一概念中。凯尔森曾说不同意把法律描写成立法者的"命令"或"意志",也不同意奥斯丁把法律秩序说成是国家的"命令"或"意志",认为这只在比喻而不是实际的表述上才具有意义。在他看来:"法律规则所规定的行为是在没有任何人必须表示心理学意义上的'意志'时'被要求'的。这是用人们'应''应当'遵守法律制定的行为这种讲法来表述的。'规范'是表示某个人'应当'以一定方式行为而不意味着任何人真正'要'他那样行为的规则。"① 作为新康德主义者,凯尔森把康德关于意志定言命令之实践理性原理应用到了法学理论中,创制了"规范"。正如康德所说:"理性的立法,所要求的就

---

① Hans Kelsen, *General Theory of Law and State*, p. 35.

是：理性需要只以它自身为先决条件，因为规则只有在没有那些使理性存在者彼此相异的主观偶然性条件而可行时，才是客观和普遍有效的。现在告诉一个人说，他绝不应当向人虚假许诺，那么这是一个只关涉他意志的规则；不论这个人可能怀抱的意图是否能通过这个规则达到；唯有这个意愿是应当由那个规则完全先天地决定的。如果这个规则是实践正确的，那它就是一条法则，因为它是一个定言命令。于是，实践法则单单关涉意志，而并不顾及通过意志的因果性成就了什么，并且人们可以不顾后果（因为感性世界）而保持法则的纯粹。"①

凯尔森把康德实践理性批判中的教导完整运用到了其纯粹法理论中，并通过以"应当"作为内容的规范预设进行了法理论的实践性创制。他几乎以同样的句式对康德的话进行了转化："'应当'只不过表示了人的行为是由一个规范所决定的这一特定意义。为了说明这种意义，我们所能做的一切只是这种意义不同于我们说一个人实际上在一定方式下行为、某件事实际上发生了或存在着的那种意义。认为某件事应当发生这种说法是关于一个规范的存在和内容的一种说法，而不是关于自然现实，即自然中的实际事件的一种说法……说一个规范对某些人是'有效力'，并不是说某个人或某些人'要'其他人在一定方式下行为，因为如果不存在这样的意志，规范还是有效力的。说一个规范对某些人是有效力的，并不是说一些人实际上就在这种方式下行为，因为即使这些人并不那样行为，规范对他们也是有效力的。"

作为康德之问题和方法践行者的凯尔森当然不能摆脱开康德的问题，而仅仅致力于实现法学科学化的工作。然而当凯尔森试图在通过

---

①　Immanuel Kant, *Critique of Practical Reason*, pp. 31-32.

法律为人类创造一个"庇护所"的时候，他必然会遭遇的是：尽管康德通过先天综合的天才性想象和创造工作为人的意志划定了牢不可破的地盘，但所有经验性材料只有经过先验结构的范畴施加，被主观意志甄别选择之后才能具备合法知识的地位。这样的结论让作为新康德主义者的凯尔森认定康德试图摆脱形而上学创建真正科学的工作并不彻底，如果把康德的认识论和方法论直接应用到法律科学化的构建上，那么对主观意志的过分强调可能让法律坠入唯心主义、反经验和反实证主义的一端。

　　"康德说'没有内容的思想是空洞的，没有概念的直观是盲目的'。类似地，没有外部行动的意志是空转的，没有概念的四肢活动只不过是单纯发生的事件，而非个体性的表达。"① 康德所强调之思想的内容是指经验性材料，而"概念的直观"指的是先验的能力。从与人的日常行为紧密相连的具体法律领域来看，人的意志如果不与外部行为发生关联，那就是意志的"空转"，在排除强制的情况下，个体对外界意志的表达也就无法构成一种甄别和选择。为了克服这一困难，凯尔森引入了"应当"。

　　凯尔森纯粹法学的起点是"规范"，但这种规范不能建立在表示心理学的"意志"之上，但其又必须能表征某种意志。而且为了让纯粹法学保证其"实证"的本色，这种意志又必须是客观的。这是一个非常困难的理论难题。凯尔森最终通过赋予规范以意志表达——"应当"，来化解了这一理论难题。他把规范设定为"一个行动的意义，通过这种意义的传递，命令、禁止或授权成为人的有意志的行动。但

　　① 〔美〕约翰·麦克道威尔：《心灵与世界》，韩林合译，中国人民大学出版社2014年版，第122页。

规范不是一个事实性包含意志的行动,一个规范实际上是一个'应
当'"①。对纯粹法理论而言,"应当"构成其法律观念的根基。即纯
粹法理论的"规范"需要通过"应当"表达其意义,规范"是用人
们'应''应当'遵守法律制定的行为这种说法来表达的"②。凯尔森
试图通过"应当"来对抗实证主义法律的形式化,让形式化的法律填
充进人的意志,甚至让法律本身成为人意志的产物,而不是外在于人
并对人的意志实施压迫的存在。同时,在凯尔森那里,因为法律秩序
就是社会秩序的外在形式,一个没有法律秩序的现代社会是不稳定
的。在一个不稳定的社会中,人的意志和自由也就很难获得表达和保
证。由此,把人的意志镶嵌在法律之中,也就等于让意志在一个稳定
的秩序中安身。从而人的意志创制了法律,反过来又受到法律的保
护。从中不难看出,凯尔森试图通过实在法,以技术性的办法对意志
自由进行拯救。

　　接下来凯尔森要处理的一个问题就是规范的"应当"是不是意味
着一种命令?因为在奥斯丁那里,使法律具有某种约束力才能成为一
种命令。既然是命令就一定要有一个发出命令的人或机关以及遵守命
令的人或机关。这样法律也就表征了一种权力的等级关系。凯尔森的
纯粹法理论首先要反对的就是这一点,因为这样的观点无疑会让法律
和人的意志都成为权力的附庸。为了保证法律的权威,法律的命令一
定不能来自一个人或机关,而只能来自法律本身。只有让命令既高于
命令针对的人或机关,同时也高于发布命令的人或机关的时候,命令
本身才不需要权力的支持。凯尔森的做法是把"命令"的发布权交给

---

① Hans Kelsen, *Pure Theory of Law*, p. 5.
② Hans Kelsen, *General Theory of Law and State*, p. 35.

法律。他说："如果命令概念包括上下级关系，那么只有在我们认为由法律规则所约束的人从属于规则时，这些法律规则才是命令，一个不具人格的和无名的'命令'——这就是规范。"① 至此，在纯粹法理论看来，规范发布命令，但同时规范也是人的意志的产物，按照这样的逻辑，人实际上是在对自己发布命令。由此，人在意志上也就实现了自治。凯尔森通过"应当"，把自己关于"意志"的理论论证完全建立在实在法的内部，让"意志"的实现程度与法律技术的完善程度呈现为正相关。相对于凯尔森，涂尔干则是把视野放到了整个社会，他把"应当"看成了一种包含着价值和道德诉求的应然状态。

凯尔森在法律科学化过程中，不仅要关注认识论和方法论的可行性，还要关注对象的"先天综合性"和意志自由问题的解决和其逻辑可接受性。在这三方面的难题中，对象的选择被放到了最重要的位置，因为如果有一个法律的对象具有"先天综合"的本性，那所有的问题就会迎刃而解。从法律本身来看，它是由一系列的规则构成，这些规则辅以奥斯丁的命令，成了少数意志对多数意志的强制，这是凯尔森所不能接受的。但凯尔森发现，如果不把规则看成命令的传递者和载体，而是每一个人"应当"意志的载体，那规则就具有了"先天综合"的特性。如果把这样的"规则"同时作为"实证"和"经验"的对象，那康德先验论证中由于过分强调主观性而具有的形而上学性质就可以被克服掉。但此时的规则毫无疑问已经完全不同于原来的意义上的规则，于是，凯尔森给这一对象冠以一个新的名称——"规范"。"规范"所具有的"先天综合"特性，是凯尔森根据康德先验论证的思路并把其运用于法学理论的重大创新。至此，"规范"成为

---

① Hans Kelsen, *General Theory of Law and State*, p. 36.

凯尔森要从事之把法律科学化的基石，也成为他整个法律科学理论和实践要面对和研究的对象。

在认识论、方法论和研究对象确定之后，接下来要面对的就是法律理论构建的具体进路问题了。这一进路实际上构成了以"规范"为出发点，以"意志自由"为核心问题，以法律的科学化为程序性载体的法理论构建和逻辑论证过程。凯尔森把这一进程命名为"纯粹"。① 而这一进程的最终成果——法律的科学化成果——如同康德的知识理论一样，被凯尔森命名为纯粹法理论。由此，要正确理解纯粹法理论，除了把握其认识论和方法论，很重要的一项工作就是要能准确推演和展现其"纯粹"的过程。

三、"规范""意志"与法律权威

(一)"规范"与法律权威性来源的审视

1. 对历史法学法律权威的审视

从萨维尼的历史法学理论到埃利希的法社会学理论构建了一种"外在"规范强制的法学理论传统。萨维尼通过历史来考察法律，让历史成为法律的"灵魂"。具体来讲萨维尼通过历史研究把法律嵌入了一个更加广阔的历史社会环境中。他把法律看作一个不具自身目的和自足性的体系，而是由历史上已经并且正在生发的各种观念、习俗、概念、原则和技术构成的复合体。顺理成章地，研究法律，不是要研究一种形而上观念的历史进程，而是要研究不同的观念、习俗、概念、原则和技术如何在历史的时空中被传承和发展，它们最终如何

---

① 凯尔森的"纯粹"很多时候被用作动词"purify"，可以翻译为"纯粹化"，这样就让"纯粹"具有了动态和过程意涵。

与现实结合，成为现实法律制度的根基或有机组成部分。萨维尼和埃利希一样，认为在追溯历史时要关注"活法"，去追溯每一项既定制度的来源，发现某种"活性"的原则，由此把那些现在仍然具有生命力的制度设计与那些已经死亡的、只属于过去的法律规范区分开来。

萨维尼反对把法律看成是一个封闭的体系，他强调法律与衍生出法律的社会母体之间的密切关系，关注法学家从社会现实中抽象出法律概念和原则的过程。他发现了法律与历史以及现实的"事实"之间的一种历史性的转化关系。认为把"事实"和"法律"严格区分开来，用规范的自洽让法律成为一种自足的系统在理论上是行不通的。韦伯对法律的研究在方法上是系谱学的。① 即通过历史的考察追溯影响某种社会现象发生的因素，但在这种追溯中注重"偶然性"和"选择亲和性"，排斥所谓"终极的""最根本的""决定性"原因的存在。与历史学研究历史不同，韦伯的法律很显然是社会学走向的，他在研究历史的时候不是把历史作为一种已经死亡的过去，而是视为一种仍然具有现实效力的力量。这种得益于历史法学派的方法和思路帮助韦伯完成了法律类型学的构建。韦伯关于统治类型的划分，关于法律的理性分类，甚至他以更广泛的视角对支配社会学的探讨②，不能

---

① 系谱学的方法起源于尼采，最后被福柯发展为一种独特的社会科学研究方法。韦伯所使用的系谱学方法和后来福柯的系谱学方法有很大的不同：福柯的系谱学方法主要是把过去迥然不同于"当下"的历史拿到"当下"，通过一种给人冲击感的对比形成对人认识的撞击。(关于福柯系谱学的介绍具体参见〔法〕福柯：《知识考古学》，谢强、马月译，生活·读书·新知三联书店1998年版。)韦伯的系谱学方法主要体现为一种对历史衍生的重视，即由历史推导出一些相关关系(这些关系是"选择亲和性"而不是决定性的，因为韦伯反对决定论)。并且处于关系中的要素在时序上没有发生如福柯那般的去时间性和顺序性。

② 韦伯的支配社会学构成了其社会理论的核心，而法律又是其支配社会学的核心，关于这一点基本是学界的一个共识。

不说得益于萨维尼跳出法律本身从更广阔的历史和社会领域审视法律的视角。但对萨维尼视角的采用，也让韦伯"备受折磨"，这种"折磨"来自社会事实与关于意志意义理论构建之间的张力。①因为社会事实毕竟是外在于人并且与人相对的东西。韦伯非决定论的"选择性亲和"只是给了意志以相应的空间，但没有把外部事实对人的决定可能完全排除出去。

　　凯尔森所生活时代的法律观念，仍然受到萨维尼历史法学派的影响，其中尤以埃利希为首的法社会学为代表。埃利希的主要观点就是法律的运行不是依靠强制，更多的是依靠人们的历史性习惯和传统的行为及关系方式。他认为一个人生活在无数法律关系中，除了少数的例外，他们都是自愿地履行由于这些关系自然生发的义务的。法院的强迫性规则只是法律中非常少的一部分规则。人们在历史和社会生活中形成了传统和习惯性的行为方式，结成了传统和习惯性的社会关系，这让他们自然地按照某种方式行为，否则他们就可能和自己的亲属争吵，就可能丢掉顾客，就可能背负一个爱争吵、不诚实、不负责任的坏名声，他的荣誉就可能因为没有按照习惯或习俗所规定的方式行动而受损。埃利希认为人们日常行为的规则完全不同于因强迫而服从的规则。"即使在今天，也像法律发展的开端一样，法律的力量仍然主要立足于将个人包含其中的团体的影响，这种影响是无声的、持

_____

　　① 这种张力在法律上体现为韦伯对法律逻辑形式理性的矛盾态度；在社会学上体现为理性化所造成的"铁的牢笼"。这一点在后面关于韦伯理性化的探讨中会较详细地提及，具体参见 David Trubek, "Max Weber on Law and the Rise of Capitalism", *Wisconsin Law Review*, Vol. 1972, No. 3 (1972), pp. 720-753; David Trubek, "Reconstructing Max Weber's Sociology of Law", *Stanford Law Review*, Vol. 37, No. 3 (February 1985), pp. 919-936; David Trubek, "Max Weber's Tragic Modernism and the Study of Law in Society", *Law and Society Review*, Vol. 20, No. 4 (1986), pp. 573-598。

续的。从这个方面看，法律即使在今天仍然显示出与其他社会规范，即伦理规范、习俗规范、礼仪规范、社交规范、礼节规范和时尚规范在本质上有完全的亲缘关系。"① 对这种观点，凯尔森在其纯粹法理论中给予了坚决拒斥。

2. 对社会性规范、自然法与理性作为法律权威的审视

凯尔森把社会学法学家关于规范的理解都划归为社会性规范。这些规范大多来自传统、习俗、自然法或理性的规定，如果一个人违反这些规范，没有特定的强制机关实施制裁。所以它们主要是通过对人们动机的指引来指引人们的行为。社会规范和法律规范有共同的特点，它们往往都对人的行为——内心行为和外部行为——负责，共同维护一种人与人的关系秩序，从这个角度讲，法律规范也是社会规范的一部分。但这并不意味着所有的社会规范都是法律规范。社会规范往往通过"好的""坏的""善良的""正义的"等标准来对人们的行为进行评判，是一种价值关涉性的引导。而法律规范可能是"不正义"的，或是"不善良的"，即社会学法学家强调的所谓"公序良俗"不能作为评价法律规范的标准。这种评判背后必然设定了某种关于"对"或"错"，以及"正义"或"非正义"等的绝对内容性标准。而凯尔森认为："法律和社会规范不能以内容，而要以形式来进行区分。"②

法律并非不关注价值，但凯尔森认为法律所关注的价值一定是一些相对的价值。法律规范在构建的过程中必然蕴含了人类的意志，这些意志承载着人类行动的意义，从这一意义看，法律规范也是关涉价

---

① 〔奥〕欧根·埃利希：《法社会学原理》，舒国滢译，中国大百科全书出版社 2009年版，第 76 页。

② Hans Kelsen, *Pure Theory of Law*, p. 65.

值的,但是通过规范的构建行为构建起来的价值不可能包含所有价值——甚至一些相反和相互矛盾的价值。一个法律秩序往往在一个道德系统下获得评价,但是在一个道德系统下被认为正确或正义的法律规范,在另外一个道德系统内可能就是错误和不正义的。所以,法律规范即使关涉价值也一定是一些涉及行为意志及其意义的相对的价值,而不可能存在一种作为整个法律体系评价标准的统一且绝对的价值。由此,面对社会性因素对意志的压制,凯尔森采用了非决定论和价值多元化的方法来应对。

凯尔森与法社会学派的学者在方法论立基上有着明显的不同,他主张一种"社会唯名论"①,而社会性法律学者多继承孔德、斯宾塞和涂尔干的观念,秉持一种"社会唯实论"②的方法论立基。由此,凯尔森不可能赞成社会学法学家所谓的法律的社会目的、社会需求乃至社会工具性的论说。因为"社会"在他那里根本不存在,在凯尔森那里是法律规范的动态过程把行动者的意志意义与法律关联了起来,法律成为一种人的创造。所以,法律不可能首先顾及社会的需求,相反,对历史上和现代个人意义以及这些意义关联的关注,才应构成法律和社会理论的真正立基。对凯尔森而言外部的社会性规范和法律规范是两种不同的规范,法律规范有自己独特的形成机制、逻辑和路径,被人的意志行为所预设,由此法律是独立于外部社会规范评判的独立系统,是一个自决的系统,不可能被外部规范所决定。

社会学法学家在关注社会的变迁、变革和需求的同时,不知不觉

---

① "社会唯名论"认为不存在"社会"这样一个东西,真实存在的只有活生生的"个人","社会"只不过是人为了概念操作的方便而对人的聚合的一个命名罢了。

② "社会唯实论"认为社会和个人一样,是一种真实的存在。其中涂尔干与韦伯相对,是"社会唯实论"的代表。他认为"社会"作为一种真实的"社会事实"而客观地存在着,它独立地存在于个人之外,对个人实施一种外部的约束。

间把一种应然的诉求加入了他们的理论构建之中，社会的"正义需求""公平需求""秩序需求"等不自觉地成为他们法律规范构建的目的。这种目的很容易和世俗的价值观、政治的意识形态等混淆，从而最终可能让法律在针对具体案例做出判断时变得软弱无力或无所适从。凯尔森让外部的"应然"成为法律自身的"应然"，并使之转化为法律规范的根本性特征。为了把法律规范所规定的"实然"存在与法律规范作为一种"应当"的存在区分开来，凯尔森特别对"应当"进行了说明："认为一个人'应当'在一定方式下行为这种说法，既不意味着某一其他人表示'意志'要求他或'命令'他这样，也不意味着应当以一定的方式行为的那个人实际上就这样行为。规范表示这样的观念：某件事应当发生，特别是一个人应当在一定方式下行为，规范丝毫没有讲到有关个人的实际行为……区别'应当'和'是'对说明法律是具有根本性的。"①

法理学的主题是关乎法律和正义的，但凯尔森坚决反对自然法，反对自然法任何的方法和要素进入其纯粹法理论。其主要原因是自然法中关于"神"与理性的成分，相对于人而言，这些东西很容易成为一种不能被质疑的外在规定而主导和宰制人。在自然法神学的语境中，任何时候人的意志是不能与神的意志平起平坐的，相对于神的意志而言，人的意志是微不足道和不值一提的，是听从和附庸性的；自然法中那永恒的理性和正义是"神"之存在的另一种表达，它们让人们以之为标准，不同时代的人都要以它们为不变的行为指引原则。这在凯尔森看来，无疑是用一种虚无形而上的桎梏对人之意志和自由选择的宰制。

凯尔森对自然法和及上帝理性的反思可以表述为：世界的易变让

———

① Hans Kelsen, *General Theory of Law and State*, pp. 35–37.

永恒成为不可能，实证法所呈现给我们的只是不断变动的世界本身，即使有一个永恒的自然法存在，人类也永远不会达致它。在启蒙时代，一种主流的知识革命引导人们从历史维度来审视实证法。如果实证法不能从自然法推演出来，或自然法不能从实证法推演出来，那么很显然实证法就从属于变化。如此，世间不存在对实证法的超越，实证法也与上帝或真理无关。蒙田认为人类最糟糕的荒谬之一就是认为自己拥有事物的真实影像。是人们的需求让人们团结到一起，在此过程中偶然的约束被写入法律，即法律经验的来源具有偶然性。所以，法律权威不能依赖于对其出身的判断，法律的权威来自真实的财产和"习俗"。法律不能没有权威，因为如果那样就等于向所有滥用权力和对法律持批评态度的人敞开了大门，所以法律的权威必须被重塑，但不能基于自然法或其来源。

在凯尔森看来，自然法把法律当成是神或理性的化身，进而作为至高无上者对人进行教化、指引和约束，作为一种外在于人的独立体系为人提供行为规范，指引人朝向正义或善，并以神或理性的名义对人的行为进行认定和实施惩罚。这都是虚假的幻想。在呈现形式上和运作机制上，它们或者假自然之名，以某种规制人行为的规范形式呈现，或者以神启并暗含某种终极目标的理念呈现，或者直接假人类理性或上帝意志之名，命令人按照某种方式行为，甚至直接规定人的行为。① 针对这种自然法思想，凯尔森高举康德的自由旗帜维护人在法律中的主体性和意志。康德曾说一个人："所以能够做某事，乃是由于他意识到他应当做这件事，并且在自身之中认识到自由。"② 承继康

---

① 参见 Hans Kelsen, *General Theory of Law and State*, p. 8。
② Immanuel Kant, *Critique of Practical Reason*, p. 31.

德的思想，凯尔森在自己的理论中坚决主张法律是人的创设，是关于人之意志的一种"应当"的规范体系。

3."规范"作为一种"内在权威"的选择

从传统认识论看，所有社会思想都要面对的基本问题是主体与客体的关系问题，它最后以主观主义和客观主义的二分被表述。近代启蒙以后，伴随着对人之自由的强调，主客观二分的认识论问题逐渐同自由与强制问题关联——如果把影响人行动的外在因素看作是客观的，被规定为"外在事实"或"条件"，那么人的主体性行动或人的主观意志就成为被决定的，成为外在限制或强制的对象。由此，外在于人并对人的行动进行限制的"条件"构成了行动者不能控制的环境因素。在现实社会中，法律和制度的制定如果被权力、强者、利益集团左右使其有利于自身，或被制定得不公平而有损于弱者，那这样的法律和制度就成为人追求平等和自由的外在障碍。一个法治的社会，法律自身必须首先能克服这些因被人主观意志左右而妨碍平等和自由的"障碍"。

我们能很明显地看到，凯尔森纯粹法理论的问题意识源于上面的想法和进路。按照现代实证主义的观念，人的行动不可避免地要受到外部条件的"强制"。这些条件对人而言构成一种客观外在的约束，它们外在并不依人的意志而起作用。这些外在的条件即使不是实在意义上的物质条件，它们也"仿佛"实在的物质条件那样对人的意志行为进行限制。另一方面，如果把人的行动理解为发乎意志的主观、理念或"规范"之驱动，则行动就不会为外在客观环境所决定，这有利于个体行动者的意志选择。即只有当行动被认为包含着一个"内在的"主观意志并不受限制地按照其指示行为时，它才能被认为是靠意志支配的自由行动。那些被认为完全是外在的、由条件强制所决定的行动，因为不包含任何意志成分，由此往往不能被认定为是属于理性人的自由行动。

立基于与社会学"实证"以及外在于人并对人实施外部压力和限制之"社会事实"的对话和拒斥,凯尔森试图通过纯粹法理论构建一种能摆脱外在"宰制"的法律体系,并用其证护现代人的理性和自由。现代历经霍布斯、格劳秀斯、洛克、卢梭而至奥斯丁,法学中的主权理论逐渐获得了认可并逐渐主导人们对法律的认识。"主权者"作为一个外在于每个人的绝对权力和"至高无上者",成为每一个人不可回避的外在强制性存在。这为个人的自由和法律的外部强制制造了理论上的张力。当卢梭通过社会契约论凸显主权的时候,尽管他试图用"人民主权"化解"君王主权"中自由与强制的张力,但他的论证并不成功。"人生而自由,却无往不在枷锁之中"不是对这种张力的解决,而是一种回避。① 现代实证主义法学的开创者奥斯丁以主权理论为基础,把法律和命令、义务与制裁结合起来,以后者呈现的特性指称前者。他甚至进一步确认:"所谓法律就是向一人或多人发布的命令。"② 这种决定论,对于受康德自由主义思想影响的凯尔森来说,显然是不能接受的,所以其理论在批判奥斯丁分析实证主义法学的基础上,坚定地站在了维护和倡导人之自由的阵营。他的方法就是通过纯粹法理论让"意志"融入法律中。

日常生活中,我们总是面对诸多命令我们应当如何生活之标准性要求,法律从这些标准中选出一些赋予它们某种特定的地位,然后让

---

① 卢梭把最高法律制定权给了"主权者",这个"主权者"是全体人民的集合,它代表着每一个人的意志,每一个人的意志都汇集入"主权者"的意志中。这样,卢梭问:我是主权者的一部分,我怎么可能发布命令压迫我自己呢?他通过这种古希腊"整全统一"的概念,来解决现代个体自由追求与社会秩序构建之间的紧张,很显然是一种理论预设的前提的错误。参见〔法〕卢梭:《社会契约论》,何兆武译,商务印书馆 2003 年版。

② John Austin, *The Province of Jurisprudence Determined*, p. 29.

人把它们当成某种先验的权威予以遵从。解释法律规范性维度的关键是明了其所蕴含的两个层面——指导和义务——之间的裂隙。法律要求对我们的行为进行指引，但我们是否有义务接受法律的指引？法律的义务性是否意味着它的要求是每一个体行为所必为？法律的规范性内含有某种义务，或者说义务性构成一事物是否具有规范性的内核。但对某事或某人负有义务并不意味着一定要从事某种行为并去实现某义务，在义务实现可能会让自身利益受损的情况下更是如此。于是，"规范"的权威性证成成为选择"规范"作为法律基石的最重要命题。

什么是法律权威的基础？这一点即使在启蒙时代，由于自然法处于绝对的统治地位而很少被作为问题提出。不论是来自自然意志还是出于对本质的"内在规范"概念的使用，自然法很显然都被理解为是"规范的"。自然法是实证法权威的基础在当时是不言而喻的。因此，如果不对自然法进行质疑，那关于法律本身也就没有什么可讨论的余地。启蒙时代的伟大之处就在于，即使自然法和上帝占据着人的心灵，少数人文的启蒙者和人本思想的先驱仍然坚持人是唯一拥有意志并决定自身的生物。这一"内部立场"对自然法的外部决定论提出了挑战。其中的代表蒙田认为：法律不是让我们接近事物的本质，而是让我们去改变"创制"事物。① 围绕这一人文和人本观念展开的对法律之重新审视无疑是一场针对自然法和外部决定论的革命。这一革命要求人把自身的意志施加于世界，而不是仅仅让人遵从自然法或上帝已经为我们准备好的"礼物"。但伴随这一革命也产生了一个致命的困惑：如果法律不是我们应该遵从的更高的秩序，不是来自那个创建

---

① 参见 Donald R. Kelley, *History, Law and The Human Sciences: Medieval and Renaissance Perspectives*, London：Variorum Reprints, 1984。

更高秩序的上帝；如果法律只不过是"人造物"，是人意志的"产品"，那法律如何获得其权威？我们有什么理由遵从一个可能由某人按照自己的意志任意制定出来的法律呢？"规范"和"规范性"问题正是为了回应这种困惑被重新作为问题提出来的。

对于规范的处理，人类历史上曾有过两种根本不同的路径：一种是把规范看作是立基于"良善"（good）的先验概念，这发展出关于规范的自然法传统；另一种认为它本质上取决于人类活动，以人类意志的自主和创造性说明法律的出现并以之为法律具有约束力的可能性。① 在这两种进路之间存在巨大的张力和不可弥合的裂隙。启蒙时代，随着人文主义的勃兴，法律人文主义也逐渐兴起，它强调法律的人性特点。这与中世纪形成了鲜明对照。查士丁尼意识到要让法律能够穿越时代，必须克服其易变性。所以，他决绝地把法律塑造成意志的产物。②

法律人文主义者把法律的历史价值放在首位，因为他们把历史和诸多价值观看成是人自我创造的产物。由此，历史的习俗、传统等成为法律不可回避的品格。法律历史主义强调不同国家传统和习俗的差异，从而主张对它们进行比较研究，于是从对恒定不变自然法予以否定的法律人文历史主义中诞生出了一些研究法律的经验主义方法。③ 同时他们展开了持续的追问：把法律权威的本质认定为历史价值的依据何

---

① 这种"可能性"具有极大的任意性，因为它本身是具有随意性的人之意志的产物。这也是凯尔森纯粹法理论所要面对并解决的最大难题之一。

② 参见 Donald R. Kelley, *History, Law and the Human Sciences: Medieval and Renaissance Perspectives*, p. 29。

③ Ibid., p. 274. 后来托克维尔对美国法律和民情的研究，历史法学派对民族性情和精神的强调，埃利希法律社会学中对传统和习俗的重视，都可以看作是这一启蒙以来"规范"传统的继承和延续。

在? 因为"历史价值"不是如自然法或上帝般的外部决定力量,而是人的社会活动和创造的产物。人的活动和创造是按照自己的意志展开,这种意志具有偶然性和任意性。由此问题就变为:法律的权威如何能从历史的偶然和人类行为的随意性中获得?

启蒙时代人本主义对法律历史性肯认的革命性意义在于:它开启了人类从意志和行为的偶然和任意性中思考法律规范的维度。如何让法律的约束性和权威性与其发生的偶然性和任意性(规范性)相调和,成为启蒙时代法律历史人文主义者开放出来的具有革命意义的法理问题。而凯尔森正是这一法律传统和法律问题的继承者,他的纯粹法理论坚定地站在了规范的意志论这一自由主义的启蒙传统中。如何让"规范"摆脱外在来源而让其自身成为权威(效力)来源,构成了凯尔森纯粹法理论最艰巨也是最具挑战性的工作。

凯尔森要构建其理论并不能止于对前人思想的批判和反思,所以他进一步追问:法律为谁而设,法律之所以成为法律需要什么样的"实现条件"? 而给出的回答是:法律为人而设,其在现实中实现的条件也是"人",即法律的主体和实现条件都是人。法律很显然不能被还原为经验科学的对象,其主体、对象和目的中都应该包含具有灵魂的人,具有法律创制和维护能力的人。"就像人,按上帝的臆想创造的人,一种精神的存在,如同在神学体系中看起来不是真正的自然有机体及动物有机体而是灵魂一样,法理学必须着重强调,人进入考虑范围,不是作为一种生物学-心理学的单位,而是作为一个'人',一种具体的法律实体。因而,它模仿国家的意象类似地创造了人,法律上的人。"①

---

① Hans Kelsen, "God and the State", pp. 79–80.

凯尔森这种对人及其意志的关注，其智识资源首先应该来源于康德对主体自由的关注，其次是与以涂尔干和韦伯为代表的社会学法学家的对话，但最直接的来源是对奥斯丁主权强制理论的警惕和批判。

（二）凯尔森对奥斯丁传统"主权""意志"与"权威"理论的批判

1. 凯尔森对奥斯丁"意志"的批判

从霍布斯①到奥斯丁②，他们都强调主权者的命令，并且把法律看作是不得不服从的主权者命令的呈现。纵观法学理论关于法律讨论的历史，"主权者的命令"好像成了法律一个永远无法摆脱的魔咒。由此，法社会学和国家理论之间有着天然的内在关联。"因为现代国家统治的合法性来源于法律。政治与法律之间的联系更加紧密。"③ 对凯尔森而言，如果存在一个外在于法律的国家，该"国家"发布命令，让人们无条件服从，对不服从行为实施制裁，那么其纯粹法学与奥斯丁的"主权者法学"就不再有什么分别，所以法律与国家也是纯粹法理论的一个重要话题。

平等的概念、某一个游戏的规则以及复杂的法律都可以被称为是规范性的。因为它们都不是真实的存在，不属于物质的世界，但它们影响或命令特定的事或特定的物应当如何。总的来说，"规范的"这一术语意味着对我们行为和判断的要求。而大部分规范性的陈述被囊

---

① 现代政治学的主要创始人，其国家和契约理论对后世影响深远。他主张个人对国家的无条件服从。

② 分析法学派的主要创始人，他认为法（实在法）是主权者责成或禁止"下位者"从事一定行为的命令，如"下位者"不服从即以制裁作为威胁。这种法的定义包括三个要素——主权者、命令、制裁，因此被称为法的三位一体说。

③ Mathieu Deflem, *Sociology of Law: Visions of a Scholarly Tradition*, p. 43.

括在"应当"这一术语之下，对此哲学上没有什么太大的争议。法律规范表征的是它的义务特性，规范只关乎"应当"的陈述，而这种陈述总被认为具有约束性。这就要求理论上给出一种解释，什么可能或确实会影响法律所声称的规范性要求的成功。总体来看，类似的解释在以前总是与权威的概念紧密相关。

凯尔森仅仅把奥斯丁看成是一个经验主义者，认为他只让自己的分析停留在了一般分析性层面，而没有进行必要的解释，并仅对观察行为的具体法律性质做出了说明。奥斯丁自身因为没有理解法律规范的性质，所以总是试图从"是"中推导出"应当"。① 奥斯丁理论的基础是对事实的观察，对规则观念的简化，以及把义务看作是主权者的命令和强制。基于经验观察和"数据"，奥斯丁认为主权者基于服从者的习惯性服从，它对习惯性服从的服从者发布命令。但凯尔森对此质疑道："这如何能描述人们对法律'应当'服从的进程？"

奥斯丁通过"主权者的命令""制裁""义务"等概念为现代实证主义法学奠定了基础。他创建的实证法理学认为，法律要存在首先要有一个主权者，即"社会中如果有一个确定的至上者，他没有处于服从其他至上者的状态，同时又能得到社会上大众的服从，那么这个至高无上的'人'就是这个社会的主权者，而且这个社会也就是一个政治和独立的社会"②。他把法律视为"主权者对其臣民所发布的一般性命令"。主权者作为法律的制定和发布者，其和臣民的关系是服从与被服从的关系，而维系这种关系的是伴随立法者达致特定目

---

① 参见 Hans Kelsen, *Essays in Legal and Moral Philosophy*, pp. 271–287。

② John Austin, *The Province of Jurisprudence Determined*, p. 194.

的的制裁和强制。由此，法律的目的必须和权力、命令、强制等同时加以使用，而且只要法律想维持其效力，那么三者就要始终能同时发挥功能。法律界定着一个共同主权者治下的公民的政治身份，同时也赋予他们以服从主权者发布法律的义务。但主权者自身是否有法律义务呢？对此奥斯丁认为"受到实在法限制的主权者是一个有明显矛盾的说法"，因为这等于在说主权者制定了限制自己的法律。

奥斯丁的主权学说，使得通过法律限制国家的立法职能成为不可能。由此，国家——主权者的化身——自然不必承担什么法律义务。"法律和国家成了等同的，都是建立在相同的基础上。而且，在一个特定的制度内，也不可能有对二者进行区分的人和空间。这种特定的安排把法律视为国家的命令，把每一个法律规则都认为是创造了或者对应于一种法律义务。这种关于法律本质的理论意味着服从法治等同于服从一种法律义务，而且，国家服从法律制裁的责任和国家立法权的法律限制两种说法没有什么区别。"① 既然国家（主权者）的立法权不可能被施加限制，那么说国家具有服从法律制裁的责任自然也不能成立。

凯尔森对奥斯丁的批判主要集中在两个方面：第一点是奥斯丁的法律概念中对法律责任的概念进行了误导；第二点是奥斯丁的法律概念不足以推导和发展出国家的概念，无法论证国家与法律的关系。第二点不足让凯尔森进一步推进思考了在国家法中国家关系概念的缺乏问题。

---

① J. W. Salmond, *The First Principles of Jurisprudence*, London: Stevens & Hannes, 1893, p. 137.

作为成员资格之国民的义务是通过主权者制定的法律赋予的，那国民的权利如何获得并得到保障？奥斯丁的回答仍然是通过国家法律。比如公民有接受他人还债的权利，但这种权利无论行使还是享受，其所涉及的都将是两个自由意志的公民，所以这种权利也就面临着被随时改变的风险。这样的问题在奥斯丁看来是不构成问题的，因为权利享有人除了要遵从另外一方的意志——尽管这种意志随时面临被破坏的可能风险——还必须遵从一个不能被改变的意志，这就是外在的主权者的权力。它以法律的形式宣布的债务债权关系，除了它自身，没有任何力量可以改变这种关系。但如果涉及臣民和国家关系的时候，权利关系会呈现什么样态？按照奥斯丁的理论，主权者是至高无上的，所以它可以随时更改和其国民订立的权利关系。至此，霍布斯"利维坦"的形象豁然浮现。奥斯丁在法律上对主权者的界定，让法律自身不可避免地变成了一个政治议题。从而奥斯丁的法学理论不可避免地会突破自己的限域而进入政治领域，让法律受到政治意识形态的侵袭。

这一点很显然是凯尔森不能接受的，他修改后的第二版《纯粹法理论》中特别提到：法律已经和政治理论的要素混合，把其从法律中清除出去，是"纯粹"的任务。[1] 并且依靠康德主义哲学观下培养出来的敏锐"嗅觉"，凯尔森捕捉到了奥斯丁法学理论中形式法律创立的思路及其架构雏形。所谓的形式法律中包含着这样一种观念的面向："法律公布的方式（是否由获得适当授权的人公布……），因而产生的规范的明晰性（它是否足以指引人的行为并使人能够计划他自己的生活等）；所制定的规范的事件维度（它是否面向未来……）。但是，

---

① 参见 Hans Kelsen, *Pure Theory of Law*, p. 1。

形式法治观并不力图对法律本身的实际内容做出判断。它们不关心法律在内容实质上属于良法还是恶法，而只关心法律的形式要件是否得到满足。"①

由此，通过奥斯丁，一种形式性法律构建的思路和框架清晰地浮现了出来：法律就是"主权者的话，因为它们是主权者的话，所以是法律"②。而这一点也构成了以后凯尔森纯粹法理论的一贯观点：法律就是国家，国家就表征着一种国家秩序。③ 但是如果仅止于此，那法律和国家无疑都构成一种外在于人的强制力量，它不仅不能保证人之意志的自由，反而会因为主权者不受限制的随意性而让人的意志随时处于可能被侵害的危险境地。由此，在基本肯认奥斯丁形式法律结构和功能的基础上，凯尔森试图把人的意志加到空洞的法律形式中，在其中填充客观性的主观意义——也就是人的自由意志。

2. 凯尔森与哈特：对"主权者"的批判及"规范"之争

以哈特和拉兹为代表的分析实证主义法学家在总体方法论和理论逻辑思路上都承继了奥斯丁，但他们都对奥斯丁的强制理论进行了批评和修正。他们总体的态度是，结合制裁的外在命令和强制并不能构成人们遵守法律的理由，即一个人宣称要对另一个人施加恶，并不构成另外一个人在意志上要服从前者意志的理由，即使在现实中，后者在多数情况下也不会轻易屈服。在哈特看来，法律不可能扮演一个

---

① Paul Craig, "Formal and Substantive Conceptions of the Rule of Law", *Public Law*, (1997), p. 467.

② Franz L. Neumann, "The Change in the Function of Law in Modern Society", in William E. Scheuerman (ed.), *The Rule of Law under Siege*, Berkeley：University of California Press, 1996, p. 104.

③ 参见 Hans Kelsen, *General Theory of Law and State*。

"持枪者"的角色。① 他赞成凯尔森把法律看成是一个规范系统,规范决定着制裁的条件的观点。但从实践角度出发,他对凯尔森理论的可行性予以了否认,在他看来一旦一个人意识到所有法律都是对法律主体的强制,那么没有人会再热衷于去构建这样一种理论并愿意生活于其下。哈特认为凯尔森法律规范结构的概念缺乏基本的法理动力:表达了一种尽最大可能构建法律一致性和可能性的误导,扭曲并以一种不合理的方式简化了我们对法律现象的认知。②

哈特也站在自由主义的立场上,强调法律应该授权个人去构建他们自己的规范环境,而不是让他们臣服于政治优势者的意志。③ 他的言外之意是批评凯尔森纯粹法理论不允许单个的个人参与到应当实施惩罚的条件构建中。实际上,凯尔森和哈特一样是站在保障个体自由的角度来构建其理论的。但他把对个体意志拯救这一问题深深内嵌在整个纯粹法理论的问题和规范结构中,而不是如哈特所主张的那样,简单地通过某种技术性手段来让其法学理论"表达态度"。和哈特相比,凯尔森是一个更加深邃而沉稳的自由主义者。作为一位新康德主义者,他把自己理论中自由主义的根蒂,深深扎在康德那里。离开康德,凯尔森的"规范"概念及其整个纯粹法理论几乎是不能被理解的。事实上,哈特的确不理解凯尔森和他的纯粹法理论,这一点在其和凯尔森于 1961 年展开的一次真实"对话"中能清晰地看到,正如哈特自己所记:"凯尔森评论说那次发生在我们之间的辩论真的是一种崭新的体验,因为尽管他对我所说的完全同意,但我对他说的却都

---

① 参见 H. L. A. Hart, *The Concept of Law* (ed. by Penelope A. Bulloch & Joseph Raz), 2nd edition, Oxford: Oxford University Press, 1994, pp. 80–83。

② Ibid., pp. 35–42.

③ 参见 Lars Vinx, "Austin, Kelsen, and the Model of Sovereign", p. 480。

不赞同。"①

　　在法理论的立基上,哈特总的看来是沿袭奥斯丁传统,关注人们害怕惩罚的动机,这种心理动机进而会形成一种法律认知,从而让法律的合法性和法律理论的构建都具有了基础。但不论按照奥斯丁传统还是凯尔森纯粹法理论的视角,这种"基础"是不坚固的,也是不"纯粹"的。因为规则认知立基其上的社会心理本身是一种社会事实,同时也为政治意识形态和形而上学留下了入口。在凯尔森看来,尽管法律秩序的维持不能离开制裁,但对制裁的恐惧不仅不是履行法律义务的唯一动机,而且很多情况下对人们履行法律义务无足轻重。道德确信、神学信仰或爱国激情在很多时候对人们履行法律义务和遵守法律发挥着远比惩罚更大的作用。对法律秩序而言,比通过利用对制裁的心理恐惧来确认法律约束性更为重要的是设定强力在社会中合法使用的条件。②

　　法律命题的规范性对于各种法律要素具有基础性作用,它构成各种法律文本陈述的条件。在论及法律规则时,哈特在先前已经被认定的社会规范要素基础上加入了"规则认知"这一额外要素。即通过一

---

　　① H. L. A. Hart, "Kelsen Visited", p. 710. 在哈特这篇关于他和凯尔森辩论的回忆总结性文章中,他关于凯尔森态度的另外一个描述非常具有戏剧性。他说:"当我们的辩论接近尾声的时候,凯尔森作为一位八九十岁的老人,以一种让人吃惊的洪亮声调大声喊道'规范就是规范',它不是它自身之外的任何东西。我被吓得一下靠到了椅背上。"哈特同凯尔森的这次会面尽管提前准备了问题"提纲",但从记述的整个辩论过程来看,结果并不理想,甚至可以说是失败的。正如凯尔森所表达的:凯尔森听懂了哈特所说的话并表示认可,但哈特却没有"听懂"凯尔森所要表达的。总体来看他对凯尔森问题的质疑都只是停留在他所继承的法学传统——分析实证主义法理论——的技术层面,对凯尔森的康德传统,对纯粹法理论建立在该传统和知识资源基础上的方法论和理论问题都没有触及,而凯尔森创新性的努力和理论目标恰恰隐含在这些传统和知识资源中。哈特所记述之凯尔森的戏剧性态度——大声喊叫"规范就是规范",用韦伯"移情"的方法看,可能是对这种无法展开对话之对话的一种情绪宣泄。

　　② 参见 Hans Kelsen, *Society and Nature: A Sociological Inquiry*。

个"它是法律"的陈述激起某种规范认知并让人意识到该陈述所隐含的命令，最终以此作为"应当"可被认知的标准。但至此"应当"的内容和属性没有被丝毫提及。哈特认为："强制理论没有考虑到法律义务的陈述性特征……这一特征现在被以'规范性'和'法律'的形式陈述出来，或以个体在法律中的位置被表达出来。"① 至此哈特想要做的仿佛只是澄清"法律内容所要描述的标准规范形式"②。

实际上哈特更加关注规范表述的意义。从语言分析的意义上他这种做法更接近于现在所说的法律分析基础上的意义界定和法律意义的解释。即哈特一直致力于规范性概念内在含义的解释，而不是关注规范的来源及其理论意义。而后者恰是凯尔森最为看重的。如果哈特把"规范性"意义的界定当成分析实证主义法理论的立基，那么凯尔森所解决的问题却是为何"规范"和"规范性"可以作为现代分析实证主义法学的立基？如何确立这种立基的合法性和来源？如何让规范的"规范性"取代主权者的"权威性"？由此，哈特和凯尔森尽管都宣称是分析实证主义法理论的代言人，但他们法理论的基础性概念——"规范"和"规范性"具有根本性的差异。正如斯拉韦尔·达拉克拉伊克斯教授所言：以哈特对于"规范性"概念理解的思维考察凯尔森根本不可能理解凯尔森。③ 菲尼斯教授也曾说："对哈特而言，法律认知的存在本身就是一个事实呈现。"④ 的确，从很多方面看，哈特对规范的认知只是一种分析或语言解释意义上的技术性界定，其背后并没有非常清晰而深刻的理论问题。他的理论任务最多只

---

① H. L. A. Hart, *Essays on Bentham: Jurisprudence and Political Philosophy*, p. 144.
② Ibid., p. 145.
③ Sylvie Delacroix, "Hart's and Kelsen's Concepts of Normativity Contrasted", p. 506.
④ J. Finnis, "Revolutions and the Continuity of Law", in A. Simpson（ed.）, *Oxford Essays in Jurisprudence*, Second Series, Oxford：Clarendon, 2011, p. 55.

能看成是对奥斯丁的进一步推进或注脚。而凯尔森则不同，他有非常清晰而深刻的法理论构建任务和命题，他所做的工作是一种创新性的法理论体系构建。拉尔斯·温克斯教授犀利地指出："尽管哈特和凯尔森都拒绝奥斯丁的主权模型……凯尔森国家理论的结论很显然比哈特要更深远，凯尔森的抱负可以称为一种规范抱负，它让纯粹理论得以宣称为唯一能满足法律实证主义方法论要求的法理论。"①

奥斯丁的核心概念是"主权者"，他对主权者的界定是："人们习惯性地服从于一个人或组织，而该人或组织却从来不会习惯性地服从于任何人。"既然主权者不会服从于任何人或组织，在奥斯丁的逻辑里，这就注定了主权权力在法律上不受限制的特点——没有人可以对它发布命令，但他却可以向任何人发布命令，并且对不服从者实施制裁。② 奥斯丁的这一定义显然符合"描述性"的特点——对概念进行描述而不是评价被认为是表征"分析实证主义"的重要衡量标准。也正是基于此，在哈特专门赶去美国与八十高龄的凯尔森展开的那次对话中，他在事前准备的"对话提纲"的第一项就是："凯尔森的表达：'描述意义上的法律规则。'"③ 哈特之所以如此看重法律规范（法律规则）④，是因为在他看来凯尔森的"法律规范"（法律规则）如果关注的是"应当"而不是"是"，那么它根本就不可能是描述性的。

① Lars Vinx, "Austin, Kelsen, and the Model of Sovereign", p. 481.

② 参见 John Austin, *The Province of Jurisprudence Determined*, p. 212。

③ H. L. A. Hart, "Kelsen Visited", p. 709.

④ 哈特习惯于把法律描述为规则呈现，而凯尔森则把法律描述为规范呈现。但在很多场合——包括他和哈特的对话中，凯尔森自己认为"法律规范"和"法律规则"所指称的是一个东西，它们可以混用，但事实上这两个概念有很大的区别。哈特问题提纲第一个问题中的"法律规则"和凯尔森的"法律规范"之间出现了概念内涵的分歧，但因为学术传统的不同——哈特是分析实证主义传统，凯尔森是康德主义传统，这一分歧没有被哈特很好地理解。

从描述对象看，凯尔森认为奥斯丁对"主权者"的描述是社会性或政治性的，而不是法律性的。这一点在凯尔森看来恰恰违背了分析实证主义法理论所要达致之"纯粹"目标——把社会的、政治的因素排除，让法理论有自己独立的对象、概念体系和论证逻辑。基于此，凯尔森把奥斯丁的法理论界定为"方法论的错误"，而终结了和它的继续对话，转而又回到了自己纯粹法的基础概念——"规范"上。因为从霍布斯到奥斯丁的"权威"概念总是对应着一个具有现实性、政治性和社会学性的"主权"和"主权者"概念，所以凯尔森首先抛弃了奥斯丁分析法传统的这一奠基性概念，而用"效力"代替了"权威"。同时，凯尔森宣称法规范并不决定某事将如何以这般或那般方式发生的条件，它们仅决定某事应当如何以这般或那般方式发生的条件。[①] 凯尔森的这一论述沿循了自休谟到康德的脉络，严格区分了"是"与"应当"，认为我们不可能从"是"中推导出"应当"。由此，法律规范的效力不可能从任何涉及"是"的现实中推论出来，而只能来自另外一个表征着"应当"的法律规范。为了保证这种法律规范与人的相关性，凯尔森强调它必须是被授权创制的。

关于法律规范必须与人的相关这一点在凯尔森纯粹法理论中占有非常重要的地位。但基于每个个体人具有极大的个殊性，所以法律规范所关联的人一定是一个"共性"或"集合性"的人。"集体"是对"集合性"人的抽象概括，但在凯尔森的逻辑中，这种概括很显然基于聚合的事实，它违反了"是"与"应当"要严格界分的方法论原则。基于这种判断，人所具有的"共性"就成为选项，这种"共性"

---

① 参见 Hans Kelsen, *General Theory of Law and State*, p. 30; Hans Kelsen, "The Pure Theory of Law and Analytical Jurisprudence", in *What Is Justice?: Justice, Law and Politics in the Mirror of Science*, pp. 267-268。

不能来自表征着"是"的归纳，而是来自"应当"层面的认可，并且它还要能折射人的本质。在康德之前这是一个艰难的哲学难题，但自从康德时代之后，唯一能表征人之本质存在的是人的"自由意志"这一观念已经作为启蒙的成果被普遍认可。① 同时它也构成了现代自由主义的源头。② 因此在需要决定什么样"应当"能表征人的本质时，作为新康德主义者的凯尔森毫不犹豫地就选择了康德的"自由意志"或"意志"。康德的"意志"与"自由""民主""多元(宽容)"等概念紧密相关，构成了现代民主和自由社会的基本理念。这些概念毫无疑问也具有哲学形而上学和政治意识形态的特点，由此它们无法构成现代法理论的概念基础。但离开了这些概念，现代法理论甚至政治学、社会学等社会科学理论将失去其问题意识和归宿。对于法学而言，如何以其独有的概念和研究对象回应现代社会的核心价值问题，特别是在民主社会中如何维护自由问题，成为法学和其他社会科学理论要共同面对的问题。凯尔森的纯粹法理论通过引入"规范"，使之与表征人本质的"意志"对应，真正"科学"但也隐秘地给出了法学维护自由的理论进路。

对人类自由的维护是法律的终极目的，尽管自由是现代社会最重要的意识形态，但作为一种形而上的表述，它不可能以现代法科学的形式出现。由此，现代法理论的首要任务就是赋予"保存"人之意志(人和自由的本质)的法律以可见、可操作也能被称为科学的形式外壳——一种现代科学的法律形式必须首先被构建起来。

有的学者通过这样的思路来反驳凯尔森：凯尔森的纯粹法理论通

———————

① 参见 Immanuel Kant, *An Answer to the Question: "What Is Enlightenment?"*。

② 参见 Lucien Goldmann, *Immanuel Kant* (trans. by Robert Black), Verso, 2011。

过批判奥斯丁把法理论建立在了社会事实基础上，从而认定了其理论构建的失败，进而人们可以从凯尔森得出这样的结论——所有以社会事实为基础的法理论构建皆注定要失败。但实际上这种逻辑推论本身可能存在问题。哈特在社会事实基础上对奥斯丁理论的改进就不能被认为是完全失败的。[①] 这是通过哈特的成功变相对凯尔森的批评。这种观点看似击中了凯尔森法理论在逻辑上的要害，但实际上是对凯尔森纯粹法理论和奥斯丁分析实证主义法理论之间的关系进行了错误的解读。凯尔森的法理论不是在批判奥斯丁法理论的基础上建立起来的，他是在按照自身的理论逻辑和理论问题完成了理论构建之后，通过把自身理论和占据主流的奥斯丁理论比较指出其"不科学"的地方。这就好比把一种"理想类型"与现实中的某件作品进行比较，我们当然可以通过这种比较方法上的缺陷批评"理想类型"的完美性，也可以相信通过对某件产品的不断改进让其成为"完美"的作品。但当我们这样思维的时候，却忽视了已经被构建起来的"理想类型"本身。

　　3. 拉兹对"权威"与"规范"的"曲解"及其修正

　　哈特试图从内部理解规范表达的意义，而凯尔森则依靠基础规范和归责的范畴，专注于法律现象之所以可以进行规范解释的条件。拉兹则通过区分规范性的"正当性"和"社会性"以一种非常不同的方法对哈特和凯尔森之规范性概念进行了比较性理解。根据规范性的正当性概念，"一个行为的标准只有在符合正当性的条件下才能被称为规范"。而规范"社会性"的观点则认为："社会行为被认定为规范不是因为它们有什么功绩，社会规范只要社会性地被认可为约束的

---

　　① 参见 Lars Vinx, "Austin, Kelsen, and the Model of Sovereign", p. 482。

标准，并且它们可以对人们施压，让人们行为的标准和它们相符合，它们就被称为规范。"拉兹认为，凯尔森在保证了规范性概念独立性，把规范性的"社会性"概念彻底清除之后，他一定要回到经由自然法理论背书之规范性的正当性概念。但真实的情况是，在凯尔森看来，社会规范性的概念是基于社会人的"主观"价值判断，这些判断表达了"客体与指向这些客体之个人的愿望和意志的关系"。这种价值判断与那种以描述性的方式来表述事实与"客观性价值规范"关系的"客观"价值并不是一种东西，即社会规范与法律规范不是一种类型的东西。

根据凯尔森的表述，如果一个指向另外一个人的意志行为含有"一个应当的客观意义"，那么它就被称为一个规范。① "应当"所意涵的只是一个指向另外一个人之意志行为的主观意义。如果能把这种"应当"客观化，使之具有某种"客观意义"，那么"应当"也就被"改造"或"转换"成了"规范"。要做到这一点，"应当"的源头就必须是一种客观意义。这种客观意义不能受到社会事实和社会规范的"污染"，为了做到这一点，那产生这些规范的"基础规范"就只能通过"预设"产生。凯尔森的策略是预设一个"基础规范"，作为所有"应当"的依据。基础规范被预设为是具有客观意义的规范，由其规定的其他的"应当"自然也具有了某种客观意义。总之，对凯尔森而言，"应当"是一个意志对另一个意志的指示，如果能让这种指示客观化，那么"应当"或其内涵的"意志"就可以摆脱主观任意性而成为稳定的客观呈现，由此"应当"也就获得了进入实证法的入场

---

① 参见 Hans Kelsen, "The Pure Theory of Law and Analytical Jurisprudence", *Harvard Law Review*, Vol. 55, No. 1 (November 1941), pp. 44-70。

券。把"应当"打造成"规范"是凯尔森纯粹法理论的关键一步,也是理解凯尔森纯粹法理学的关键。

当"应当"停留在主观层面的时候,它不能形成对行为的诉求,而一旦客观化,则一个对行为的客观性诉求也就形成了。凯尔森纯粹法理论的"困难"在拉兹的解读下变得更甚。拉兹曾引用凯尔森的一些论述,在这些论述中凯尔森至少在"字面上"把法律理解为意识形态。他曾提及:"这就是为什么把'应当'——规范的观念——仅仅看作是意识形态性的一个原因……在此意义上,法律可以被认为是特定历史中既定权力的特定意识形态。"① 进而凯尔森自己也因为这一原因而必然能推论出"没有预设基础规范的必要"②。凯尔森在以上这些陈述中表达了让人困惑的自相矛盾:一方面,奥斯丁的"权威"和"主权"法理学不是纯粹的分析法理学,一个纯粹法理学必须建立在法律规范的基础之上;另一方面,作为一切法律规范基础的"基础规范"是由于主观预设而存在的,由此,它"不是一个必需的预设"。拉兹试图通过引入一种"基础规范"预设背后的预设来"调和"凯尔森理论论述中的这一张力,他通过引申性解读认为:"法律之所以是规范性的,那是因为把它看成规范性的每一个人认为它是公正合理且良善的……基础规范这一预设之所以被接受,并且法律之所以被认为是规范性的仅仅是因为人们把它看作是正义的。"③这明显更符合哈特的"内在观点"而完全与凯尔森关于规范构建的理论意涵无关。

凯尔森纯粹法理论竭尽全力把"正义"考量作为一种自然法和意

① Hans Kelsen, "Law, Value Judgements in the Science of Law", in *What Is Justice?: Justice, Law and Politics in the Mirror of Science*, p. 227.

② Ibid., p. 226.

③ Joseph Raz, *The Authority of Law*, p. 137.

识形态排除出了规范体系之外，拉兹却又为了调和凯尔森文字上的矛
盾把"正义"引入，让其来支撑基础规范，作为其合理性的理由，这
显然背离了纯粹法理学的初衷。另外，无政府主义者一般都把法律的
权威诉求——把法律建立在某种权威的基础上——看作是不正义的。
当凯尔森在考虑一个无政府主义者会如何看待关于"基础规范"的预
设问题时，拉兹认为他的态度在几年间不断变换。理由是凯尔森曾说
无政府主义者："会谈论'合法的'和'非法的'行为，会谈论'法
律义务'和'过失'。但他只会把社会行为理解为一个人强迫另一个
人服从其意志或利益的过程……简而言之，他将拒绝预设一个基本规
范。"① 但在另一处，凯尔森认为一个无政府主义者会反对法律，进而
会"把实证法描述为一个有效的规范体系，他不需要认可法律"②。
这在拉兹看来是不可想象也是不能接受的自相矛盾，他由此质疑说：
"说'一个人没有预设过基础规范，但同时又说他可以以规范性的陈
述来描述法律'，这对凯尔森而言是一个毫无理由的自相矛盾。"③ 只
是通过凯尔森关于一个无政府主义者会拒绝预设基础规范的这一举
例④没的解读，拉兹自认为抓住了纯粹法理论的内在不一致和张力，

---

① Hans Kelsen, "Law, Value Judgements in the Science of Law", pp. 226-227.
② Hans Kelsen, *Pure Theory of Law*, p. 218.
③ Joseph Raz, *The Concept of a Legal System*, 2nd edition, Oxford: Clarendon, 1980, p. 137.
④ 凯尔森的这一举例是为了理解"基础规范"的预设性而进行的说明，这一说明口头的表达性大于理论论述的严谨性。对这一举例可能引起的误解，凯尔森后来有了清晰的认识并特意进行了更为清晰的说明，他说："在早期出版中我使用了一个例子来说明基础规范的预设是可能但不必要：一个无政府主义者不会预设基础规范。这个例子是一个误导……无政府主义是在特定愿望基础上的一种政治态度，从社会学的解释认为（无政府主义者——笔者加）不会预设基础规范才是理论的态度。即使是一个无政府主义者，如果他是一名法学教授，那也能在不认可这一法律的情况下把实证法描述为一个有效的规范系统。"（Hans Kelsen, *Pure Theory of Law*, p. 218.）如果对凯尔森的方法论（转下页）

由此，他直接得出结论说："凯尔森仅仅在这样的意义上接受法律的规范性，即法律是正当性的规范。"① 或者换句话说，拉兹认为规范只有具有正义属性的时候才能成为规范。这明显是对凯尔森纯粹法理论基础概念——"规范"——的过度解读和曲解。

（三）"规范"对法律权威与意志偶然性张力的消解

　　法律的权威是否能来自人类活动的偶然任意？这是启蒙时代在瓦解自然法之后需要论证清楚的一个问题。法律被从自然和上帝的命令那里交回到人类之后，人类意志对法律就具有了优先性和决定性，但意志的偶然和任意性也注定了法律的变动不居。由此，如果人类仅依靠自身而不寻求其他的保证者，则根本不能胜任立法和适用法律这两件事。虚弱的人类意志与具有权威性的立法和司法适用形成了张力，即如果说虚弱无能的人为自己订立了强有力约束人自身的法律，这是一种自相矛盾。由此，法律如果是人类的产品，是人意志的产物，那么其约束力和权威性必定另有源头。康德在其《道德形而上学》中说

（接上页）没有很好的理解，他的这一解释可能会造成更多的理解困难。威尔逊（Wilson）教授在对拉兹批评的文章中对凯尔森这段话的意涵给出了非常清楚的理解性说明，他认为凯尔森意识到："不论凭借一种道德态度（如无政府主义那样）或凭借一种政治态度（如社会主义那样）对法律整体或特定类型的法律系统采取不认可的态度，从纯粹法理论的角度看，它们只是构成了一种可以与法学理论观点并存的实践立场。它不会对理论观念造成影响，或者说理论观念不会受到它的影响。"（Alida Wilson, "Joseph Raz on Kelsen's Basic Norm", *The American Journal of Jurisprudence*, Vol. 27, No. 1〔January 1982〕, p. 53.）从中我们可以看到，如果采用理论和实践分立的眼光来看待凯尔森的那一举例，即使如凯尔森自己认识到的，它（举例）可能造成误导，但它相对于"基础规范"的理论说明和构建而言是无关紧要的。拉兹抓住这一实践性举例与理论之间可能存在的张力否认凯尔森理论的一致性，认定纯粹法理论内部存在张力，很显然在认识论上出现了偏差，"是"与"应当"的区分，同样适用于实践举例（实然）与理论构建（应然）。从拉兹（还有哈特）这样的法理学理论大家对凯尔森纯粹法理论的"误读"，可以真切感受到该理论"晦涩难懂"的程度。但也正因此，凯尔森和他的纯粹法理论更值得我们深入研究，以发掘其真正的价值。

　　① Joseph Raz, *The Authority of Law*, p. 140.

道:"一部如此神圣的法律,即使以一种实际的方式来质疑它,也已经是一种犯罪,因此暂时搁置它的影响,我认为它似乎不是从人而来,而是从某个最高的、完美的立法者而来;这就是'一切权柄都是从神来的'这句话的意思。这句话不是对公民宪法的历史基础的断言;相反,它提出了一种理念,作为一种实用的理性原则。"① 康德意识到法律是由充满缺陷的普通人制定,人类不能让它超越人性,但却可以以某种条件模式或某种"好像"的"拟制"制造某种超越的可能性。即尽管我们知道法律来自随意而专断的人类意志但仍然可以把它假定来自某个更高的制定者。康德试图通过这种设计来平衡作为法律制定者之人类的渺小与法律权威的庄严二者之间的矛盾。另一启蒙者蒙田曾试图使用"纯粹服从的法律"来达到相同的目的。

法律的立基如此脆弱,但这种脆弱性必须被克服,否则每个人如果都根据自己的意见否认法律的权威,那人类秩序无疑将变得岌岌可危。第一个从人性优先的角度思考"规范"权威来源的启蒙先驱蒙田也试图对法律权威的稳定性给出论证。他指出:"上帝向人类发布的第一道命令是纯粹的,人类对其除了遵守,无法知晓和辩驳。"② 这"第一道命令"与凯尔森纯粹法中的"基础规范"有异曲同工之处,都不是由真实的主体发布的真实命令,而是一个预设。由这个具有"规范性"的假设衍生出后面整个"规范性"命令体系,同时这一"预设"也成为整个规范体系的立基。蒙田所谓"纯粹遵从的法律"或"第一命令"不能被理解成自然法,因为它本身不是作为外部命

---

① Immanuel Kant, *Groundwork of the Metaphysics of Morals*, p. 135.
② Sylvie Delacroix, *Legal Norms and Normativity*, p. 33.

令而发挥效力，而是人自身的一种想象和预设。由此，法律的权威被从自然法（更高的秩序）和上帝那里收回，被转化为一种假设性的虚构——凯尔森通过纯粹法理论把其发展为"预设"。不论蒙田的"纯粹遵从的法律"还是康德"所有权威都来自上帝"的法律，其目的都是要为法律权威的合理性构建理论逻辑的地基。这种预设可以把法律的权威放置在无可置疑的"无限"之中，从而可以防止把它归于某种偶然或任性的意志或动机，使权威来源蜕变为人的"事实性"或"社会性"意志，进而损毁法律权威的基础。

　　凯尔森纯粹法理论所要完成的最重要的任务就是让法律的权威建立在法律自身之上，而不是依赖于政治或道德的合法性。凯尔森因此在蒙田和康德认识论和方法论基础上创制出了基础规范。基础规范让法律的权威建立在自身之上，人们遵从法律不是因为它是正义的，而是因为必须遵从。从而，区分法律的正义性与法律的约束性成为法律实证主义的基石。① 因为在凯尔森看来，把法律和法律权威建立于任何外在于法律的来源之上都会导致二者的不稳定。但他并没有如同蒙田一样围绕这个主题展开论述，而是从康德方法论的二元论入手，严格把"是"从"应当"中分离出来。凯尔森试图解释法律的规范性，但他试图用一种不同于并能超越自然法学和社会学的方式进行解释，即通过法律自身来对法律的规范性进行解释。但要做到这一点，凯尔森的法律必须有一个作为所有规范解释得以展开或能构成它们来源的基础规范，这一基础规范不是真实存在的，而是一种先验的预设。

----

　　① 实证主义传统在法律中后来分为两个支脉：一个支脉持霍布斯主义的立场，把法律内容的正义性与道德约束进行区分；另一个支脉是凯尔森主义或哈特主义的立场，主张把法律与道德约束进行区分。

（四）"规范"对法律权威体系的内部证成

凯尔森纯粹法理论的起点是"规范"，该"规范"不能建立在心理学意义的"意志"之上，但其又必须能表征某种意志。而且为了让纯粹法理论保证其"实证"本色，就必须保证意志的客观性。这是一个非常困难的理论难题。凯尔森最终通过赋予规范以意志表达——"应当"，来化解这一理论困境。他把规范设定为"一个行动的意义，通过这种意义的传递，命令、禁止或授权成为人类有意志的行动。但规范不是一个事实性包含意志的行动，一个规范实际上是一个'应当'"①。

对纯粹法学而言，"应当"构成其法律观念的根基，即纯粹法理论的"规范"需要通过"应当"表达其意义，规范"是用人们'应''应当'遵守法律制定的行为这种说法来表达的"②。凯尔森试图通过"应当"来对抗实证主义法律的形式化，让形式化的法律填充进人的意志，甚至让法律本身成为人意志的产物，而不是外在于人并对人的意志实施压迫的外在物。同时，在凯尔森那里，因为法律秩序就是社会秩序的外在形式，一个没有法律秩序的现代社会是不稳定的。在一个不稳定的社会中，人的意志和自由也就很难获得表达和保证。由此，把人的意志镶嵌在法律之中，也就等于让意志在一个稳定的秩序中安身。这样，人的意志创制了法律，反过来又受到法律的保护。从中不难看出，凯尔森试图通过实在法，以技术性的办法对意志自由进行拯救。

接下来凯尔森要处理的一个问题就是规范的"应当"是不是意味

---

① Hans Kelsen, *Pure Theory of Law*, p. 5.
② Hans Kelsen, *General Theory of Law and State*, p. 35.

着一种命令？凯尔森实际上是站在康德意志论立场来反对奥斯丁以"命令"来界定法律的。尽管凯尔森也把规范中的"应当"看作一种"命令"，但这种命令和奥斯丁的"命令"有本质上的区别。前者是建立在康德实践理性基础上，以意志作为先天预设的"定言命令"，而后者是康德所批判——也为凯尔森所反对的——的客观经验现实（主权、权威、惩罚）。

在奥斯丁那里，使法律具有某种约束力才能成为一种命令。既然是命令就一定要有一个发出命令的人或机关以及遵守命令的人或机关。这样法律也就表征了一种权力的等级关系。凯尔森的纯粹法理论首先要反对的就是这一点，因为这样的观点无疑会让法律和人的意志都成为权力的附庸。为了保证法律的权威，法律的命令一定不能来自一个人或机关，而只能来自法律本身。只有让命令本身既高于命令针对的人或机关，同时也高于发布命令的人或机关的时候，命令本身才不需要权力的支持。凯尔森的做法是把"命令"的发布权交给法律。他说："如果命令概念包括上下级关系，那么只有在我们认为由法律规则所约束的人从属于规则时，这些法律规则才是命令，一个不具人格的和无名的'命令'——这就是规范。"① 至此，在纯粹法理论那里，规范发布命令，但同时规范也是人的意志的产物，按照这样的逻辑，人实际上是在对自己发布命令。由此，人在意志上也就实现了自治。

凯尔森通过"应当"，把自己关于"意志"的理论论证完全建立在实在法的内部，为了实现这一点，其理论的关注点之一必然是实在法技术的完善。凯尔森认为，如果要"追问一个'应当'的原因所得

---

① Hans Kelsen, *General Theory of Law and State*, p. 36.

到的只会是另外一个'应当',这正如追问一个'是'的原因总会找到另一个'是'一样"①。在凯尔森早期的作品中,他总是试图通过与规范概念相对的另一概念——"事实"来界定规范性本身。但这种通过其对立面进行概念界定的做法必须有一个前提,那就是对立面的概念要具有确定性。但表征"是"的"事实性"本身是不确定的,从而规范成了一个相对的概念,正如凯尔森自己所认识到的:"就像一个人无法描述……'是'是什么一样,'应当'的概念不能被描述也不能被界定。"② 在《自然法的哲学基础和法实证主义》中,凯尔森把规范定义为自然法和实证法的"共同形式",只有在与自然法的比较中,实证法的"应当"才获得其相对的意义。"在实证法中,当我们要表达一个规范或规则的时候,不可避免地会与一个'应当'相遇。这一'应当'隶属于一个'应当'的范畴,至于当它与具有实质性内容的'善'或'正义'相关联的时候,它自身才会获得一个确定的意义。"③至此,凯尔森实现了其分离命题的任务,即通过规范把法律从形而上中的道德和社会学中的"事实"分离开来,使法律的对象迥异于以上两个领域。在对事物进行认识的过程中,道德使用价值判断,社会学使用事实因果,那么规范本身呢?或者说规范如何让我们对自身的认识与外界的联结,从而让外界关联于它,形成对世界的知识呢?这是纯粹法理论在完成了分离命题后面对的另外一个理论命题。

凯尔森曾说:"只有当一个法律秩序不再为了满足一个人的利益

① Hans Kelsen, *General Theory of Norms*, Oxford: Clarendon Press, 1911, p. 8.

② Ibid., p. 7.

③ Hans Kelsen, "Philosophical Foundations of Natural Law Theory and Legal Positivism", in *General Theory of Law and State*, p. 394.

而损害另一个人的利益，而是在不同对立利益之间寻求一个折中并最小化摩擦，它才有希望长久存在。对生活于其下的公民来说，也只有这样的秩序才能保证他们相对持久的和平……可以用和平的理想取代正义。"①凯尔森继承韦伯，意识到了实质理性和传统权威在现代不可避免的衰落，法理权威和形式理性不可避免地要构建起来并用以指导人们的行为和生活。这种法理的变迁已经被韦伯详细论述，凯尔森仿佛不愿意再展开理论的重新论证和陈述。他只是从方法论的角度认为"正义"作为形而上的化身已经不再适合也不再能支撑起现代法理学的大厦。但这并不意味着法秩序或法理学不再与"正义"相关。相反，凯尔森要通过自己所构建的纯粹法理论让"正义"构建在一个更坚实的基础之上。而"社会秩序"在凯尔森看来就是法秩序，由此他宣称："'正义'……意味着合法性，它只不过是把一条普遍性的规则根据其内容应用到其所应当适用的各种具体的案例中。'非正义'意味着类似案件却不适用相同的规则，对考虑适用的普遍性规则，在适用时如果不考虑它的价值也会被认为'不正义'。在此意义上，'正义'成为与实证秩序无关但却与适用有关的一种品质。'正义'意味着通过实证秩序的审慎应用而对其进行的维持。'正义在法律之下'，这是正义概念能进入法科学的唯一路径。"②

---

① Hans Kelsen, "The Pure Theory of Law and Analytical Jurisprudence", p. 49.
② Ibid.

第四章 "规范"与"意志"嵌合的
法律静态逻辑与结构构建

凯尔森曾明确提及:"纯粹法理论的方向在原则上和所谓分析法学一样。就像约翰·奥斯丁在《法理学讲义》中所说的一样,纯粹法理论试图专门从分析实在法中取得成果。法理科学所提出的每一结论必须建立在一个实在法律秩序或对几个法律秩序内容加以比较的基础上。"① 从法律角度看,奥斯丁开创了法律分析实证主义的范式,这种范式在之后的法理学理论研究中造成人们对法律理解的很大分歧和困扰。因为分析实证主义试图告诉我们"法律是什么",这时候它的任务是使用科学的实证方法为法律"祛魅"——通过法律结构的揭示和呈现,揭开被自然法、正义和道德等覆盖在法律之上的神秘外衣。当我们按照这样的范式去认识法律的时候,我们被带入了一种分析逻辑之中。凯尔森认为:"纯粹法理论……只有将法局限在对实在法的结构分析上,才能将法律科学与正义哲学以及法律社会学区分开来。从这方面说,分析法学和纯粹法理论之间并没有实质上的差别。它们的差别在于:纯粹法理论试图比奥斯丁及其追随者更首尾一贯地推行分析法学这种方法,特别是在关于某些特别概念上尤其如此。"② 按照凯尔森的说法,要理解纯粹法理论,必须对其静态结构进行剖析,通过

---

① Hans Kelsen, *General Theory of Law and State*, pp. III–IV.
② Ibid., pp. XV–XVI.

这种结构剖析展现其关键要素和要素之间的关联。

一、"双重纯粹"：纯粹法理论的逻辑与结构构建前提

（一）方法与形式的"纯粹"

凯尔森认为现代国家本身就是法律秩序，主权构成法律规范秩序的一个特性，"只有把法律秩序看成是整个国家构建的起点时，国家才能被称为一个主权"①。由此我们可以断定，对凯尔森的纯粹法理论而言，作为法律秩序化身的特定法律规范体系的存在，是一个国家成为一个独立主权的标志，即法律规范体系成为一个社会得以建立的基石。② 但人类的历史并不总是如此，在古代，指导西方的主要是理性以及在理性指引下对"善"的追求。古代社会秩序往往呈现为伦理秩序。在凯尔森看来，我们很难理解西方古代伦理下的秩序达致。"除非我们将近现代伦理学中'准法律的'或法条式的概念放置一边，不去追问'什么是职责，它们的基础在哪里'，而是去追问'在人们认为善的那些事物中，哪些是真正或最高的善'。"③ 由此，对古代社会的理解往往伴随着对其伦理秩序及其形成和运作机制的理解。

从古希腊的柏拉图开始，人们借用一种关于正义和"善"的理念指引走向社会和人际关系的彼此和谐。人们在此传统下追问的是一条通往真正幸福或最高善的最合理道路，他们考察作为实现城邦（国

---

① Hans Kelsen, *General Theory of Law and State*, p. 383.

② 在凯尔森的纯粹法理论中，"国家"和"社会"没有被严格区分开来。他之所以没有做出区分，逻辑可能是这样的：既然人与人之间的关系一定要依赖于某一特定的法律规范体系，在这一法律规范体系调节下就形成了特定地区（属地）内特定人群（属人）相互关系的共同体——"国家"。由此，人因为法律规范体系被直接"吸纳"进了国家，从而凯尔森那里"社会"和"国家"通了家。在此处，为了理解的方便，使用了"社会"一词。

③ Henry Sidgwick, *Methods of Ethics*, 7th edition, London, 1907, pp. 105-106.

家)手段的德性和作为个体性格特征的德行——如勇敢、节制、智慧和正义等①如何与最高的善联系在一起？不管是作为手段还是作为个体性格，这种追问的答案往往意味着秩序的达成，而他们追问的过程也就是找寻秩序达致路径的过程。到了现代，人们追问的问题发生了变化："现代人追问的主要是(至少首先是)，那些在他们看来是正当理性的权威规定，以及这些规定所产生的权利、责任和义务。仅仅是在发出这些追问之后，他们的注意力才转移到这些规定允许我们追求和珍视的那些善上。"②

　　凯尔森从自然与科学的角度，通过人类学考察对人的理性化进程进行了独特的解读。他认为在一开始人与自然是浑然一体的，自然界中的每一个物体都和人一样有自己的灵魂，对特定物体的冒犯和友好与对特定人的冒犯和友好一样，会招致特定的惩罚和"馈赠"。在这种观念下，一个人如果遭受了惩罚，没有什么原因，他一定是冒犯了不该冒犯的。随着人类接触范围的增大以及视野的开阔。人的好奇心、怀疑精神、个人的自我意识以及科学的独立性等得到了发展。他们逐渐开始意识到，某种"后果"之所以施加在某一特定的人身上，一定是有特定的原因。这样，无条件的惩罚和馈赠原则逐渐被理性的后果及其原因的追问所取代。一些"事实"总是作为结果或原因与其他一些作为原因或结果的"事实"相连。而这些"事实"不再是自然界中的作为物体的事实，而是一些人类行为的事实。至此，社会就

---

　　① 对这些德行的考察可参见〔古希腊〕亚里士多德：《尼各马可伦理学》，廖申白译，商务印书馆 2003 年版。在现代对这些品质——包括亚里士多德很推崇的"中庸"等品质——进行考察的是亚当·斯密。参见〔英〕亚当·斯密：《道德情操论》，蒋自强等译，商务印书馆 1997 年版。

　　② 〔美〕约翰·罗尔斯：《道德哲学史讲义》，顾肃、刘雪梅译，中国社会科学出版社 2012 年版，第 2 页。

彻底从作为物的自然界中分离出来。而人们行为的好与坏，逐渐作为社会规范评价的结果而出现。

伴随着自然与社会的分离，自然与社会的二元对立同时也浮现出来。规范作为社会的法律不同于自然的因果律，人类在社会中活动，他们所拥有的是理念，在社会中，那些当权的人和集团总是以"规范"来代表自己的利益；而自然的因果律关注的只是事实。于是社会和自然的二元就成为现实与理念的二元。基于这种二分，凯尔森展开了对社会学的批评，他认为社会学使用自然的因果律来研究人的行为，这实际上是让社会变成了自然的一部分。在最开始，当自然是社会一部分时，人们相信万物有灵，在原始、朴素并被确信是自然所赋予之惩罚原则的控制下，人们没有个人意志自由的观念。但当社会独立出来之后，在因果律的支配下，社会成了自然的一部分，人开始确信他们之间的关系应当交付给因果律，此时人仍然没有意志的自由。① 所以，在凯尔森看来，人类的理性进程没有成功。要让人的理性化成果服务于人，必须使现代理性的化身——实在法——重新掌管人的意志。实在法要完成这一使命，其一定不能关注自然事实中使用的因果律，而要关注人类行为意志表示的"应当"。

随着中世纪神学的发展，人们开始相信，自然的一切都是上帝创造出来的。但是凯尔森认为这种神学会因为人的存在而出现内在张力。因为人世间总是充满了邪恶和敌对。如果人类和人类社会是上帝创造的，那上帝为何要创造邪恶和纷争？人类社会的不完美，说明人类社会相对于上帝有自由意志。人生活在社会中，人行为的不完美只能说明社会不是上帝的创造，而是一个靠人的自我意志的存在。由

① 参见 Hans Kelsen, *Society and Nature: A Sociological Inquiry*, pp. 265–266。

此，上帝所创造之完美的自然法不能适用于人类社会，统治人类社会的法律只能是有别于自然法的实在法。

任何社会科学理论背后都不可能没有对社会基本构成要素和社会问题的关涉，因为它们构成了社会科学知识的对象。权力、权威、规范、规则、行为、人类关系、结构、制度、国家、社会等构成了社会科学的基本要素；而所有社会科学所关注理论问题的"元理论"问题之一就是如何构建人类关系的正义秩序。对这一问题关注的社会科学学科的代表——社会学——最初就是以伦理学、政治学、法学的面目出现，并试图综合利用这些知识来处理上面那一"元理论"问题。很多社会科学在最初无论是独立的还是作为神学系统的一部分，往往都是规范科学——由关涉价值的理论构成的学科。19世纪初，随着自然科学方法在社会科学中的运用，逐渐出现了采用因果方法处理社会理论问题的倾向。社会学和法学等社会科学，其研究重点不再是探讨正义达致的平衡性和稳定性，而是基于人性之人际行为和正义形式(程序)的必然性；社会学和法学等社会科学逐渐不再关心人们应当如何行为，而是以实证的方法考察人们实际上如何行为以及根据因果法则必然如何行为。社会理论从规范探究向因果探究的整个转化标志着其知识对象的质变。

由于盲目地采用了自然科学和理性的方法来研究具有自由意志之人的问题，人的自由意志逐渐被推到了被忽视的边缘。很大程度上，这一现象是因为19—20世纪自然科学的成就使它的方法成为典范。有关社会关系的科学从伦理科学向因果社会学转变，即向持价值中立态度解释实际行为的逻辑和机制转变。凯尔森对这种转变不以为然，他认为这是社会科学在一个目标面前的撤退，它失去了征服它的一切希望；这是具有千年历史的古老科学在被迫承认，它把它的重要问题作为不能解决的问题而放弃了。正是在此背景下，凯尔森采用康德的认识论，预设了"规范"，让它成为人自己的制造物，从而让其在法学中担负起拯救人类意志的使命。为此，他的纯粹法理论首先就面临两个任务：一是通过方法论认知的"纯粹"把"规范"从"上帝的命令"和"社会事实"中剥离出来；二是通过内容的纯粹把"规范"从关涉正义、道德和社会目的社会规范中剥离出来。但这只是凯尔森纯粹法学的"第一重纯粹"。①

（二）分离命题：对道德的"纯粹"

1."纯粹"对道德的否认与肯认

凯尔森意识到，除了法律规范，还有其他很多社会规范在调节、指引和规制着人的行为。他把这些社会规范统一界定为道德，并认为它们是另外一个学科——伦理学——的研究对象。② 作为传统研究对象的"正义"，一直处在法律研究的核心地位，③ 它被认为包含在道

---

① 参见 Joseph Raz, "The Purity of the Pure Theory", pp. 237-252。

② Hans Kelsen, *Pure Theory of Law*, p. 59. 这里应该注意的是，凯尔森把其他所有社会规范直接划归到道德的范畴中，是非常粗略的一个做法，这可能与其构筑纯粹法理论——把道德伦理的要素排除出去，使之不影响法律行动的意义传达——有关。但这种处理方式很显然是一种方法上有选择的化约。和法社会学中关于社会规范的论述相比，凯尔森的这种做法在理论的合理性和"合法性"方面显得缺乏立足。实际上，马克斯·韦伯把社会规范划分为主观的和客观的——主观的包括情感、信仰，客观的包括常规、习惯和法律——并且详细论述了它们之间的关系。关于这种分类的论述可以参见 Max Weber, *Economy and Society: An Outline of Interpretive Sociology*, pp. 33-37, 319-325。

③ 这主要体现在从古希腊柏拉图以降的自然法传统中，柏拉图把正义和善作为法律的两个终极目标。这一传统一直延续到近现代，被孟德斯鸠、卢梭、洛克、罗尔斯、德沃金、菲尼斯等思想家所继承。实证主义法学和自然法学的论战一直是现代法学理论中的主要论争。凯尔森在此处明显站在反对自然法学的一边，但不能因此而得出凯尔森是实证主义法学一脉的结论——世人把凯尔森认定为实证主义法学的代表大概来自其对自然法学的强烈拒斥。但其中明显存在逻辑推论的错误。打个比方，如果"黑"和"白"是观点迥异的双方，一个人强烈不赞成"黑"的观点，但这并不能推论出该人必然站在"白"的一方。凯尔森以康德的认识论在实证主义、自然法以及法社会学之外开辟出了另外一条不同的法理论道路，这一点在非此即彼的"黑白之争"中被忽视了。

德之中，是道德的一种特殊形态，并且和道德一起在社会中以道德权威或习惯的方式，指导人们的行为。从历史上看，人类的大部分时间以及人类生活的大部分领域所接受的是道德、常规和习惯的指导而不是法律。在某种程度上，道德对人类行为的指导不需要依靠任何外在强迫，这相对于法律具有先天的优势。既然如此，为什么要把道德规范①从法律规范中排除出去？要让法律规范优势性地占据人类意志的高地呢？这一点对凯尔森的纯粹法理论的创建非常重要，因为如果不能证立让法律规范来处理人类意志的必然性，那么如萨维尼的历史法学派所肯认之来自历史传统的规范，或者如埃利希的法社会学派所肯认之来自社会生活本身的"活法"规范，甚至自然法规范，来自上帝的神法规范，实证主义法学由法条组成的规则等诸多规范，都可能通过构建一种规范体系来容纳和处理人的意志。如果这种情况存在，则上帝代表之神的意志、理性代表之理性意志、意识形态代表之权力意志等诸多和人的自由意志相违背且有可能压制和迫害自由意志的意志，就可能以法律的名义，占领处理人意志的地盘。

　　在现代法理学中，随着人这一主体的隐退，一个具有统一性基础和"事实"色彩的法律结构便赫然出现在我们面前。这种只关注对法律展开实证分析法理构建进路很容易被理解为法律在复杂社会世界的撤退。这可能是对这种法律范式的一个误解，从奥斯丁对分析法学中政治学主题的关注到凯尔森纯粹法学对意志退出的"不甘心"可以看到，分析法学和纯粹法学都是立基在对人类事业广泛理解的基础之上。这种理解不是为了追求独特性，而是要通过独特性更加深刻地把握人类的共同主题。分析和"纯粹"只不过是在人的随意性和社会的

──────────

　　① 凯尔森把"道德规范"等同于"社会规范"。

变动性中为人类提供一种稳定且可以依循的模式。这种模式离开了对人类共同命运和主题的关注就不再具有价值。分析法学和纯粹法学都是在这样一个大的价值预设下,试图通过排除道德的干预来达到这一价值。正如凯尔森所清醒意识到的:"当法理学努力成为'法律'的实证主义分析而不寻求关于法律和'法律事业'的智慧时,它就是在简化自己。法律并没有以不同于人类事业的方式存在。"①

凯尔森的纯粹法理论通过其"纯粹",把道德、自然法、宗教的神圣性等因素排除出了其理论框架,但这并不意味着它把这些东西中内含的所有合理因素都排除在了法律之外,甚至排除在了人们对世界认知必须借助其力的认知之外。凯尔森也承认法律规范只是社会规范的一种,"法律和道德是不同的两种规范体系"。它们的区别在于:道德关注规范的内容,而纯粹法理论只关注法律规范的形式。② 但道德作为人之社会存在的标示,凯尔森并不想对其一味否定,因为很多道德构成了人类的意志形式。他在纯粹法理论中试图采用的一种策略是:把道德意志内化于其法律秩序命题中,从而让道德意志能在法律秩序框架下成为法律讨论的一个话题,通过把意志镶嵌在规范的框架内,使道德意志成为规范预设的一部分。由此,尽管凯尔森在其纯粹法理论中把道德排除了出去,但不能不注意的是,凯尔森所反对的道德是作为唯一正确标准的一元的道德,他不反对多元道德及其可能性。他的纯粹法理论追求的一个重要目标就是促成某种多元道德结构或促成其可能性。如何重新构筑意志性道德,是凯尔森纯粹法理论关注的一个重要理论问题。

---

① Wayne Morrison, *Jurisprudence: From the Greeks to Post-Modernity*, p. 360.
② 参见 Hans Kelsen, *Pure Theory of Law*, pp. 62–63。

从以上可以看出，有两点构成了纯粹法理论"纯粹"的特色：其一，纯粹法理论背后的理论命题的核心是意志和人的行动自由，凯尔森在构建纯粹法理论过程中一直处在一个"自由主义者"和唯意志论者的立场上；其二，就凯尔森的纯粹法理论而言，其"规范"是根据理论问题需求而进行的预设，是一个理性的非理性预设——作为一个理性化之关于实在法的基础性概念，其中却隐含着人的意志这样的非理性因素。在秩序型塑中如何保证自由，是纯粹法理论追求"纯粹"的目的。凯尔森对道德规范进行排除的过程也就是让法律规范成为处理其对象——人的意志行为——的独立领地的过程。他的这项工作是通过肯认道德规范与法律规范的某种关系，同时否认二者之间的另外一些关联，即通过既肯认又否认道德规范与法律规范的关联性来完成的。

首先，凯尔森认为，道德规范和法律规范都是社会规范，都可以调整人的行为。对于人的意志而言——这种意志往往体现为某种主观内在的意志指向或客观外在的意志性利益诉求——道德规范和法律规范都只能创造而无法取消。当我们判断一个人的行为是否道德的时候，我们不仅仅是根据这一行为的简单内在动机，而且要看这一行为是否符合某种规定的道德规范。从这个意义上讲，法律规范和道德规范都是关乎人行为的规范，区别是"道德规范只关乎人的内部行为，但法律规范除了关乎人的内部行为，还规定人的外部行为"①。

其次，凯尔森肯认道德规范和社会规范都是"实在"②的规范。

———————————

① Hans Kelsen, *Pure Theory of Law*, p. 62.

② "positive"一词，最先由孔德发明，用来指称"实证"，但在凯尔森的论述中，"positive law"很多时候并没有"实证"的意涵，而只是指称一种实在法，或实在法秩序。

两者都是通过习惯①和人的意志行为产生；是否有一个集中的权力控制核心这一点不能作为对法律和道德规范进行区分的标志，因为在原始社会的法律秩序中，往往缺乏某种集中的控制。二者也不能根据它们命令和禁止对象之不同进行区分，真正的区分标志存在于命令和禁止的方式：法律规范是一种强制性规范，它通过设定的机构对一个与法律"规范"所规定之"应当"行为方式相反的行为实施强制；而道德规范没有这样的规定，它强调的只是道德符合性或道德违反性——对符合道德的行为表示赞赏，对违反道德的行为表示不赞成。

最后，既然法律规范和道德规范是两种不同的规范体系，那它们之间到底是什么关系？或者应当是一种什么关系？对这一关键问题，凯尔森认为纠结于规范的形式是永远无法得到答案的，其答案存在于二者所处理的内容方面。如果法律要处理的是道德内容或者是由含涉道德价值的内容组成，那么法律要有效就必须满足这种道德内容的要求。这不仅使法律的目的指向是道德的，而且最终它自身也会成为道德的一部分。这样，说法律为了道德或正义而存在也就顺理成章了。但问题是，当以道德标准对人的行为进行"裁决"时，就必须首先设定一个绝对的道德或者正义作为"裁决"的基点，而这等于回到了柏拉图以降的自然法。这种倒退很显然不能被接受，如果道德仍然能作为人类行为评判的标准，那么它一定不能以一元的单一性存在呈现，而必须伴随着现代民主和评判的多元需求而呈现出多元特征。纯粹法理论试图对此给出说明。

---

① 这里凯尔森所指称的"法律规范"还不是严格意义上的纯粹法律规范，其意涵比较宽泛。他也提到，在原始社会中，当然存在某种法律规范，但当时的法律规范主要是来自对大自然赋魅性神秘的敬畏和恐惧。参见 Hans Kelsen, *Society and Nature: A Sociological Inquiry*。

2. "纯粹"对道德多元的证护

凯尔森通过对社会规范和法律规范类型及其特点的区分，逐渐回到了自己真正要问的问题上来：世界的一元——接受一个共同的理念、上帝、理性的引导——是可能的吗？如果可能，那么法律就完全可以接受道德的指引，法律规范一定要是道德规范，同时道德规范也完全可以被作为法律规范使用。在这种情况下，法律规范的进退、存废将完全取决于以道德规范为标准的取舍。进而，法律也就成了一种"多余"的存在。如果这种推论成立，那么现代社会如果再强调法治，大力进行法律制度和机制建设，无疑就是"日下秉烛的蠢行"。[1] 因此，凯尔森纯粹法理论秉持一种"民主"和"多元"的观念对统驭人类社会的诸多"一元"道德观念——进行了驳斥。

首先，纯粹法理论驳斥了道德规范的核心——"正义"的观念。凯尔森认为，说一个社会正义或公正无非是指规范对行为的规制让每个人都满意，人们之所以会感到满意是因为每个人都有一种幸福感，即正义就是每个人的幸福感。但幸福感作为一种感觉，因人而异，同样一件事情，可能会让甲感到很幸福，却让乙感到很痛苦。由此，作为正义的这种价值判断因为其基于某种情感因素，所以只能对判断的主体有效，即这种判断是不具普遍性的个殊性判断。由此凯尔森认为，那种绝对的正义标准只是人们出于对正义和公平的渴求而产生的一种虚幻的假设。[2]

其次，凯尔森对自然法及其中蕴含的自然理性和上帝的理性进行了拒绝。自然法学说主张有一种关于人际关系的完全公正的规则，这

---

① 参见 Hans Kelsen, *Pure Theory of Law*。

② 参见 Hans Kelsen, *What is Justice?: Justice, Law and Politics in the Mirror of Science*, pp. 209-230, 288-352。

种规则是被预设的。而其被预设之地基为人的理性——人可以通过理性认识自然规律。①但问题是，在人考察自然并欲掌握其规律时，采用的是自然界的因果方法。对自然界中各事物的因果关联的描述是不具备人的意志属性的实然(事实或经验)描述，而人的行为是涉及意志的应然活动。由此，理性如果遵照因果律的话，只能描述某些人类行为，但却无法按照"规范"的"应然"来规定人的行为。因而让人服膺建基于人的自然理性之上的理性是不能成立的；人关于自然法的第二个预设是上帝，人们预设了一个为自然(包括人类)立法的上帝，上帝无所不能，它创制了人类据以行为的自然之法。但在凯尔森看来："对灵魂的信仰被神学用来确立上帝的存在，上帝与臣民的关系由之建立起来，其目标在于确立二者的统一。这种统一让信徒沉浸在对上帝的爱和上帝对臣民的爱之中。当这种统一转到法律主体上时，国家与臣民就被淹没在一个有机整体中。但是，当我们分析人类思想的历史时，我们将看到——上帝的存在源于人对存在之谜的敬畏，是一种心理沉淀的具象化。上帝和国家只有当他们被信仰时才存在，即只要它们被信仰，它们就存在。如果人的灵魂能够摆脱这种信仰，那它们的全部巨大权力，虽然充满了世界历史，也会随着倒塌。"② 由此，依靠上帝建立一种规范权威在凯尔森看来也是行不通的。

最后，自启蒙以来直到法国大革命确立的启蒙成果，诸如"人人生而平等"的原则能不能作为一种法律规范的内容呢？为了回答这一问题，凯尔森区分了法律适用意义上的法律平等和作为法律理念的平

---

① 对此凯尔森在关于如何让法律学科成为独立的科学，自然科学与社会科学方法的区别，以及社会与自然的区别等内容的著述中反复给出了否定的证立。参见 Hans Kelsen, *Society and Nature: A Sociological Inquiry*。

② Hans Kelsen, *Essays in Legal and Moral Philosophy*, p. 80.

等。前者的含义是法律适用机关在判决案件时严格按照法律规定审判，不得对人区别对待；后者是一种合法性的指导原则，它解决的是法律秩序内部的合法性问题。人们通常把平等原则看作是法律达致正义的途径，但凯尔森认为这二者之间没有任何关系。"平等"作为一种理念，无法被证成。他以马克思的平等观为例：马克思在把平等原则应用于产品关系时，认为"等量劳动产生等量产品"。但凯尔森反驳说这让"不平等者受到了平等对待，如果弱者取得了等量产品，那么等量产品就意涵了某种不等量劳动的意义"[1]。实际上，人的智力、体力和才情总是有差异的，法国大革命也向我们证实了，绝对的平等往往会产生"暴民"，危及社会和法律秩序。[2] 所以，衍生于启蒙并被人们广泛接受的平等观念，也无法成为一种可以在现代统驭人们意志的一元观念。

在各种一元道德观念被一一拒斥之后，是否就意味着法律规范与道德规范没有任何关系呢？凯尔森的回答是否定的。他认为法律规范和道德规范是相互关联的，但对这种关联性必须予以厘清。首先，这种关联不是内容，而是形式上的关系。或者说道德规范与法律规范之间只存在一种关系形式——这就好比一个独立的孩子和其父母的关系，父母不再规定孩子的行为及其意义，但这并不意味着父母和孩子没有关系，他（她）们仍然是一种父子和母子关系。其次，道德规范仍然可以通过自己的实质性内容对法律规范进行指引，法律规范也一定要在道德规范的指引下构建才能达致某种正义。但前提是道德和正义

---

[1]   Hans Kelsen, *What Is Justice?: Justice, Law and Politics in the Mirror of Science*, p. 185.

[2]   参见〔美〕汉娜·阿伦特：《极权主义的起源》，林骧华译，读书·生活·新知三联书店 2008 年版，第 161—174 页。

的相对化，法律规范只接受被其认定的相对道德的指引，并且在正义追求方面，其所要达到的也只是在这种相对道德下的相对正义。按照凯尔森的看法，道德规范被相对化的同时也缩小了自身的范围，从而更具有了在相对化中走向具体和客观的可能性，使自身更能与实在法体系相配合，形成一种指引的对应关系。如父母不能让"博爱"作为孩子的行动指引，但是可以告诉孩子要"爱邻居""爱小孩""爱动物"。在这种相对且具体化之"爱"的观念指引下，孩子将更容易理解"爱"的含义，并根据这种相对化的含义制定自己的行动策略。最后，法律规范不因为道德规范的指引而失去其独立性。实在法体系是否需要通过道德规范予以确认不是法律规范和道德规范区分的标志。法律科学作为一种描述"应当"的规范，必然内涵某种价值判断，但是法律科学的任务不是要针对法律的主体做出某种价值评判，而是要去了解和描述法律。[1]

凯尔森从来没有否认，我们必须努力创造值得尊敬的人类秩序：一种有权要求合法化和具有权威性的人类秩序。为此，我们必须赞赏建立有价值的社会秩序的事业、赞赏法律秩序在社会关系的人道化方

---

[1] 参见 Hans Kelsen, *Pure Theory of Law*, pp. 68–69。应当引起注意的是，凯尔森特别强调纯粹法理论的"描述性"特征。他曾反复强调纯粹法是一种描述性的实在法。这给实证主义法学家带来了巨大的困扰，而被困扰者之一就包括被认为达到了分析实证主义法学高峰的哈特。哈特于 1961 年 11 月在加利福尼亚大学法学院与凯尔森进行过一次面对面的对话。在对话之前，哈特曾就自己疑惑的问题列了一个提纲。提纲的第一个问题就是："如何理解凯尔森的'法律规则是描述性的'这一表述。"对话结束后，哈特认为自己并没有从凯尔森那里获得对这一最为关键问题的答案。相反，当凯尔森澄清"法律规则"与"法律规范"的等同性后，"描述性"这一说法给哈特所造成的疑惑甚至比他们没有"对话"之前还大（参见 H. L. A. Hart, "Kelsen Visited"）。当凯尔森坚定地把"法律规范"归属为描述性的时候，他是在"法律科学"意义上使用"描述"一词的。这一点与"纯粹法是实在法"是相对应的。但从纯粹法理论的目的考察，"规范"一定是规范性的。很多分析实证主义阵营的法学家——包括哈特——的困惑，源于没有进行这种理论维度的甄别和区分。

面的作用。但同时，为了那种秩序的客观可欲性，我们自己必须与该过程保持一种批判性距离。换句话说，如果不确定一种使更复杂的人际互动成为可能的具体法律秩序结构，那么有关社会道德和正义的历史和现实探究都将变得不可能。道德判断相对于法律结构的内部结构和构造而言必须被清除出去。尽管凯尔森不否认道德和正义的作用，但是它们一定不是在法律秩序之内发挥作用。为了法律秩序的达致，必须把法律塑造为一种工具，一种社会控制的特殊技术。① 为此必须保证其内部的"纯粹"，从而把法律规范和社会规范区分开来成为纯粹法理论构建的重要前提。实在法依靠自己设定的"规范"使自身成为自由意志的独立领域，这一独立领域自身所依靠的是自身所具备的效力逻辑和独立的规范体系结构。

（三）"规范"自身的"纯粹"

凯尔森反对自然法主要不是出于道德与法律的分离命题，而主要是为了成就"规范"的独立性，不让它受到屹立千年之自然法的支配。凯尔森拒绝把法律规范性的来源归于柏拉图和亚里士多德意义上的"善"，同时也拒绝让这种"善"的观念高于人的行为意义，即凯尔森拒绝让作为自然法化身的上帝、自然或理性来界定规范的内容。因为作为外在于人的压制力量，它们不会给人的意志和意志指引下的行动留下足够的自由空间。凯尔森试图通过"纯粹"让"规范"处于一种没有实质内容的"真空"状态，即成为一种纯粹形式性的呈现形态。实现道德与法律分离的背后蕴含着如下纯粹法理论的构建意图：一方面让"规范"避免受到外在力量的影响和决定，另一方面通

---

① 参见 Hans Kelsen, "The Law as a Specific Social Technique", p. 75。

过排除"神圣意志",为人类自身的意志留下地盘。与此同时,凯尔森从启蒙时期蒙田等人"自然规范"的推导逻辑中受到启发,他意识到:"自然法的规范,就像道德规范一样,是由一个基本规范推导而来的,这个基本规范的内容——如神的意志、自然或纯粹理性的生发——是不证自明的。"①

在一个法律实证与形式理性占主导的时代,凯尔森仿佛要与他的时代背道而驰——试图通过重构法律秩序的实质正当性而重拾人对法律和社会的信心。② 凯尔森反对把法律的对象看作是"社会事实"的社会学,不是因为他不认为法律可以被化约为事实性命题,而是认为法律的规范性维度不能通过事实来予以解读。由此,凯尔森明确反对任何以事实为基础的实证主义,同时也反对立基于主权者命令和人们习惯性服从之规则治理的法律实证主义。③ 纯粹法理论由此必须寻找新的立基,以寻求让法律站在更坚实的基础上。通过对社会学、自然法和奥斯丁传统实证法学的批评,可以看到凯尔森要寻找之法律立基必须满足这样几个条件:一是这一立基不能有外在的来源——如上帝的命令或理性等;二是这一立基不能威胁到人的本质属性——意志自由。对于第二个条件而言,启蒙以来被康德明确篆刻在"墓碑"上的

---

① Hans Kelsen, *Introduction to the Problems of Legal Theory*, p. 56.

② 参见 Hans Kelsen, *General Theory of Law and State*, p. 445。凯尔森曾非常明确地强调了社会紊乱状态以及这种紊乱可能造成之社会信心的缺失。

③ 对于"实证主义",如果从其提出者孔德以及孔德的践行者涂尔干对"实证"的理解来看,凯尔森同另外一位社会学创始人韦伯一样都可以被划到"反实证主义者"的阵营。关于"法律实证主义",鲍尔森曾给出过非常有意义的区分,他区分了经验简化论的实证主义(empirico-reductive positivism)和未化约的实证主义(non-reductive positivism),前者以奥斯丁的理论为代表,后者则基于社会事实对法律的规范性给出解释(参见 Stanley L. Paulson, "The Neo-Kantian Dimension of Kelsen's Pure Theory of Law", pp. 322–332)。很显然,凯尔森认为这两种实证主义对于法律科学独立性的构建而言都不够"纯粹",其"纯粹法理论"由此呈现出另一种"法实证主义"的面向,或者从某种程度上说,凯尔森的"纯粹法理论"改写并重新界定了现代"法实证主义"的概念。

一个观念是"意志只能服从于意志"。① 由此，如果法律要想成为对人之意志而言不具压制性的东西，它就不能是外在强制的产物，而只能是人自身的产物。即它只能来自人自身的意志。

凯尔森通过其方法论二元论强调了法律系统不能被化约为社会或自然事实。"规范和事实、理想和自然的二元概念，反映了凯尔森对人类自由的深切关注。同时他通过这种二元赋予了人们在必然的偶然性王国中进行自己伦理判断的权利。"② 尽管凯尔森主张法律应该通过其内部的规范系统证成自身的合法性和独立性，但作为法律系统本身，他主张让实证法接受道德、伦理和政治的批评，经由这种办法，凯尔森把评判实证法的权利掌握在了人的手中。

但当凯尔森这样做的时候，权威的概念在其法理论体系中就因为没有被预留位置而出现了问题。因为凯尔森只关注规范的自我生产和成就，"从而也就排除了通过法律主体对法律权威的承认来解释法律权威的可能性"。即法律的权威不依赖于主体的承认。但凯尔森在《纯粹法理论》第二版的一个注脚中，对于这种解释所造成的困扰给出了说明，他解释说："基础规范的原则与承认的原则在很多时候被错误地理解。根据承认的原则，实证法体系只有被个体承认并愿意遵从以后才有效，这意味着（法体系下）的这些个体同意一个人应当根据实证法规范所要求的去行为。这种承认，据说可以真实地发生，但如果它不能被证明，那么它就作为一个默会的承认被以虚构的方式假定。承

---

① 参见 Immanuel Kant, *An Answer to the Question: "What Is Enlightenment?"*; Immanuel Kant, *Critique of Pure Reason*。

② Peter C. Caldwell, *Popular Sovereignty and the Crisis of German Constitutional Law: The Theory and Practice of Weimar Constitutionalism*, Durham, NC: Duke University Press, 1997, p. 89.

认理论有意或无意地预设了自我决定之个体自由的理想，即个体'应当'遵从的规范只是他们愿意遵从的规范。这是这一理论的基础规范。它与实证法秩序的基础规范理论的不同，正是纯粹法学的一个命题。"①

从上面我们看到凯尔森清晰地意识到了纯粹法理论在法律权威方面可能被误解的地方。从奥斯丁的实证法学传统来看，"主权者的命令""服从"等概念一直是法律权威的核心，也是实证主义法学成就自身实证性的核心。在传统"服从"观念中涉及个体对法律（规范）的承认问题。从亚里士多德以来一个一直被公认的事实是：一个法体系要有效必须被个体（公民）普遍遵从，而遵从的基础就是承认。凯尔森认识到这是传统实证法学的一个基础性预设。或者说"承认"的原则构成了传统实证法学的"基础规范"，他把其界定为"承认的基础规范"。很显然"承认"涉及了公民的实践，属于一种"事实"或"现象"，让"规范"直接与之发生关联正是纯粹法理论所要"纯粹"掉的重要方面。纯粹法理论认为法律不依赖于任何"公民实践""事实"或"现象"证成自身，法律就是"规范"的化身，规范以及规范性成就了法律有效性的理由，这明显与传统的实证法理论所秉持的权威理念不同，这一差异构成了纯粹法理论的一个创新性特征。

权威和承认都关涉到个体的自由意志问题，凯尔森在"说明"中特别提到"承认理论"自觉或不自觉地关涉到个体自决和自由的问题，即个体应当承认和遵从的，实际上也就是他们愿意或想要承认或遵从的。但历史和理论逻辑都已经证明，这种出于个人自由和意志尊重的承认理论，通过个体承认来评判法律的合法性进而认定法律本

---

① Hans Kelsen, *Pure Theory of Law*, p. 218.

身，最后会因为个体意志或自由的情绪化、变动性、偶然性和暂时性
而让法律合法性的标准以及法律体系都处于不稳定的状态。甚至在个
体意志突然以一种拟制的情绪"集体爆发"的情况下，会导致法律的
破坏和自由的危殆——法国大革命提供了很好的历史例证；而二战前
法西斯的上台和其在二战中的残暴则提供了法律在个体承认下被专制
者绑架，最终造成自由被践踏的另一个例证。这一点正是凯尔森试图
通过纯粹法理论所欲构建之规范法律结构极力避免的。他尝试用康德
的先验范畴使法律、政治等因素与个人意志的实质内容脱钩，而只是
一种规范的形式呈现——这种规范的形式又不能完全不关乎人的自由
和生活意义内容，相反，它要能做到对这些人类珍贵价值的守护。从
通常的视角审视纯粹法理论的这一理论问题，会发觉它制造了一个内
在的二律背反——努力让法律守护自己极力排斥的东西。

　　凯尔森不仅试图使法律成为一门真正的科学——这一点通过纯粹
法理论独特的认识论和方法论予以保证；而且要通过规范的形式拯救
法律的内容——人类的意志。各种社会价值都是人类意志的产物，如
果人类的意志有了庇护所，那它的产物诸如平等、自由、宽容等获得
人类意志承认并珍视的价值也将通过一种全新的法律形式得以证
护——这一点构成了纯粹法理论的核心理论问题。这一问题曾是困扰
凯尔森的前人狄尔泰、文德尔班、施塔姆勒、李凯尔特、拉德布鲁
赫、齐美尔和韦伯等伟大思想家的难题。他们都曾努力寻找该难题的
答案，但最终都没有找到合适的路径。凯尔森继承了这一问题传统，
通过纯粹法理论为化解这一现代理论难题进行了一次伟大的理论尝
试。纯粹法理论中方法论和理论问题两条进路的交叉纠葛，是该理论
被认为晦涩难懂并造成了诸多误解的主要原因。同时这两条进路的推
进对应着纯粹法理论的"双重纯粹"。

二、"规范"作为"意志"的"庇护所"

(一)"规范"与行为意义

根据纯粹法理论，"应当"是法律预设的特殊意义，正如"是"是自然科学假设的特殊意义一样。纯粹法理论没有明确陈述法律规范体系中的"应当"与违法和制裁之间的关联。但它肯认了如下一点：法律是由人制定，以人类语言的形式表达，并需经由内在于法律的方法来进行解释。① 这种法秩序构建是人的产物，这不同于依照"社会事实"构建起来的法秩序，任何事实性存在，除了人类通过科学或逻辑赋予它意义，它自身没有任何意义。而经过纯粹法理论改造的法律因为人的参与而具有了内在意志意义，并且该意义伴随着法秩序和法律规范的产生而产生，先于一个潜在法理学对它的给定。法律的内在意义是由立法者给予的。对于法律的这一内在意义，其相对于法律的呈现形式而言是先验的。②

凯尔森把纯粹法理论的立基建在个人意志自由这一人文主义自由观念之上。对于人而言，他们总是通过自己的行为选择来展现自由。关于这一观点，韦伯的理论为凯尔森提供了一个很好的样板。在韦伯看来，尽管现代实证主义法律越来越成为理性化和形式化的特殊技术，但人的意志及其意义仍然是现代法律的基础。基于此，韦伯的法社会学以两点作为自己理论假设的开端：第一，人的行为要由行为者的目的和意图来说明；第二，行为者追求的目的无论如何都不是外部强加给他们的，而是行为者自己选择和意愿的，即目的总

---

① 凯尔森假定了法律的客观意义，并以之区别它的主观意义。这是纯粹法理论之所以可以宣称为实证法的关键，即假定或论证了规范的客观性。

② Helen Silving, "Analytical Limits of the Pure Theory of Law", p. 4.

是行为者自我意志选择的后果，是非理性的意志的产物，并总是以某种意义呈现。由此，法律分析的对象也就只能涉及这样的材料：可以通过"逻辑的意义分析"或"抽象的意义解释"而加以识别的法律意义。①

同韦伯一样，凯尔森将自己的纯粹法理论建立在行为者的意志基础之上，他试图通过自己的理论让法律成为多元主义意志选择空间的证护者。所以和其他"意志主义"理论②（如马克斯·韦伯的理论）一样，凯尔森从理性行动的个人行为入手，认为这种行动之所以能作为社会科学的基础，不是因为它作为一个社会事实的客观存在，而在于其首先是一种承载着理性人主观意义的行动。他说："人总是理性地行动，并且行动总是与特定的意义关联，这种意义以某种方式表达自身并总能为其他人所理解……尽管有时候主观意义与客观意义并不一致，但无论如何，行为承载意义是人所独有的。一棵植物不能告诉我们任何东西……人类的行为确实承载着某种法律的自我解释，这种解释往往包含着行为的某种法律意义。"③

行为的意义是人类意志的表达，这种意义尽管在人际交往中作为某种客观性的东西，可以被客观感知，但当我们以语言或文字形式对表达出来的意义进行解读时，还是会流于主观，从而使得对意义理解

---

① Anthony T. Kronman, *Max Weber*, London：Edward Arnold, 1983, pp. 85-92.

② 关于"意志"的理论可以参见 Patrick Riley, *Will and Political Legitimacy: A Critical Exposition of Social Contract Theory in Hobbes, Locke, Rousseau, Kant and Hegel*, Cambridge, MA：Harvard University Press, 1982；Robert J. Richman, *God, Free Will and Morality*, Dordrecht, Netherlands：Springer, 1983；Albrecht Dihle, *The Theory of Will in Classical Antiquity*, Berkeley：University of California Press, 1982；Brian O'Shaughnessy, *The Will: A Dual Aspect Theory (Volume 1)*, Cambridge：Cambridge University Press, 2008；Duncan Ivison & Paul Patton & Will Sanders, *Political Theory and the Rights of Indigenous Peoples*, Cambridge：Cambridge University Press, 2000。

③ Hans Kelsen, *Pure Theory of Law*, p. 3.

和解释的行为呈现出随意性。法律要想把人行为的意义纳入规范体系或法理学的考量中，首先要解决的就是如何让主观意义被客观而稳定地把握。为了达致这一目的，凯尔森引入了"规范"。他把"规范"当成一种人类行动意义的稳定呈现形式，这种形式一旦形成（被预设、承认或认定），则立即可以作为评判行为意义是合法还是非法的客观性框架。即"某种合法的意义可以从其内容指向行动的'规范'中导出。规范赋予行动以合法的意义，合法行动的意义也可以通过规范获得解读"①。至此，判断行为和发布合法"命令"的任务就被赋予了法律规范，而那些需要考察因果关系的行为事实则被赋予了社会学。②

假设立法者成功地给出了反映他意图之正确且明确的意义表达，从逻辑-语法解释的角度看没有歧义，并且这种解释符合立法者的意图。即立法者试图表达的意志意义与他的真实表达一致，那么意义就可以通过逻辑-语法的解释获得。由此立法者所要表达的意图不仅在内容上而且在立法者想要法律被理解的逻辑形式上都能被控制，即意

---

① Hans Kelsen, *Pure Theory of Law*, p. 4.
② 在开始自己理论之旅前，有证据表明凯尔森已经从社会学那里获得构建理论问题的智识资源，尽管对这些资源凯尔森持反对意见，但正是这种"不赞成"性的对话在某种程度上构成了纯粹法理论构建的内在动力。凯尔森在构建纯粹法理论时把同属于社会科学领域的社会学看作是假想敌。因为从涂尔干以降，为了抵御哲学形而上和心理学等学科方法对社会科学研究方法的腐蚀，诸多社会学家按照涂尔干的思路——坚定地把"社会事实"当成社会学的研究对象和理论构建基点。社会学家们努力寻找不同"社会事实"的关联性，并试图以此为基础在多变的社会现实中找到并把握住社会的规律（关于社会学方法的经典论述，参见 Emile Durkheim, *The Rules of Sociological Method*）。但值得注意的是，凯尔森对社会学可能有比较深的误解，首先，涂尔干的理论脉络中不是一味关注社会事实，"社会事实"只是围绕特定研究问题收集资料时的变量承载体。涂尔干本人对道德问题的关注远远甚于其对"社会事实"的重视（参见 Emile Durkheim, *The Division of Labor in Society*, New York: The Free Press, 2014）。其次，涂尔干只是代表社会学研究的一个脉络，社会学另一位奠基者马克斯·韦伯开创的"理解社会学"实际上和凯尔森一样，是从行动及其意义入手构建其理论体系的。从行动的意义入手并以之为起点构建理论，也是凯尔森采用的进路。这一点凯尔森与韦伯不仅在思路上，而且在论述上都有惊人的相似性。具体参见第二章关于韦伯理论构建的论述。

义通过"规范"的中介获得了能被客观理解的稳定性。至此，立法者通过规范进行的表达也具备了构成法律"意义"之客观条件。对法律的功能（实效）而言，意义也发挥着举足轻重的作用。比如，立法者在订立法律时最常使用这样的陈述——"无论谁盗窃，都将受到处罚"。如果要通过法律科学给出解释，那么他所传达的意图是：现在制定的法律，应当适用将来所有的案件。立法者的陈述暗含了某种威胁，其意图是要促成人类的某些行为，而避免他们从事特定行为。这些威胁被以规范陈述的方式表述出来，其所内含的规范性就是"应当"。至此，通过对立法者陈述意义（意图）的明确认定，纯粹法理论通过法律规范中内含的"应当"对行为的意义和方向给出了限定。

实际上，所有法秩序下的司法实践都表明，有限的法律规范无法与千差万别的具体案件（社会事实）形成对应的涵摄关系。立法者关于法律规范可以被适用于将来可能发生之所有案件的理想，必然会遭到司法实践的否定。这就造成了法律规范体系和法秩序与案件（社会事实）的张力：一方面立法者要求其制定的法律规范被普遍无差别适用；另一方面任何普遍性法律规范都不可能涵盖所有具体性案件而被统一或无差别地适用。但在纯粹法理论看来，我们不能据此反驳立法者的意图。相反我们必须假定立法者通过法律规范陈述所表达的意义要求法律在将来适用于所有可以建立涵摄关系的案件。而立法者的意图必须在实践中经由法官或政府官员的解释才能被适用的问题，是一个对规范进行解释的实践或技术问题，它不是纯粹法理论关注的重点。法律规范与案例判决之间的张力，折射的不过是"是"与"应当"的二元。正如凯尔森经常提及的：某人没有从事某一行为，并不与该人应当从事该行为相矛盾。在凯尔森看来，某人从事某一行为是"是"的范畴，而他应当从事该行为属"应当"的范畴。

凯尔森纯粹法理论把法律的稳定性寄托在规范结构的稳定性之上。与此同时，它要构筑的法律规范结构必须能容纳人行动的意图和意义。基于此，凯尔森反复强调，法律体系的规范不是自然界强加给我们的某个模板，当法学家们开始研究法律的结构时，法律不可能被像某种有结构的非人的外部天然事物那样被研究。他说："从一个规范'存在'这一陈述中并不能推论说，它如同现实的存在事物那样作为某一外在于人的天然事物存在着。这样的陈述只是在说，一个规范是有效力的，它是人类行为创造出来的，而这一点就意味着一个规范是一个人类行为的特殊意义。"①

从某种程度上可以说，凯尔森的纯粹法理论的创建是出于对奥斯丁实证分析法理学的核心要素——"主权者命令"和"制裁"——所导致之人类自由和意志可能被扼杀的警觉。作为分析实证主义法学的开创者，奥斯丁把法学理论建立在经验的基础上，因此他只在经验的可观察和可感知层面追求法律是什么，而最终他观察到的是外在于人类生活之"主权者""权力"和"强制"。在凯尔森看来，奥斯丁由此让自己构建的法理论与政治因素关联而不再"纯粹"，同时也不再具有法律应该具有的稳定性。"纯粹"的法律科学必须能让具有主观能动性和自由意志性的人，通过自身的能动和意志与他人意志一起参与到法律的创建和运行过程中。具体就是通过立法和展开具体法律解释活动而让人之主观主体性和自由意志性得以施展。只有这样才能把法律构建为一种内在于人且同时具有强制性的命令（规则或规范）结构，并把有关人的意志的规则、权利、责任和义务都内化于规范的命

———————

① Hans Kelsen, *What is Justice?: Justice, Law and Politics in the Mirror of Science*, pp. 179–180.

令，通过司法行政官员获得执行。在奥斯丁那里，法律科学的工作就是以经验的方法记录和描述主权者的活动，即"他被习惯性地服从，他不服从于任何其他人，他命令那些习惯性服从于他的国民"① 得以发生的过程和程序。对凯尔森而言，在法律中引入主权者的命令以及与之相关的强制，无异于把自然法的上帝及其命令搬到了人间。实际上，从对现代人之自由的保护方面看，前者很多时候可能还赶不上后者，因为上帝总是以一副温和的面孔示人，并且作为一种外在的约束是相对恒定的，但主权者的意志及其命令却可能是随意、偶然甚至是专横和残暴的。

另外，"命令"及其产生的"义务"等都是一些实事。主权者的命令尽管也是一种意志表达，但它作为"至高无上者"无法被他人的意志认定。法律要处理的是人的意志及其意义，奥斯丁主权者的命令一旦成为一种蕴含特定意志意义的"是"，那必将扼杀现代多元可能性，并可能通过不宽容而威胁自由。凯尔森认为："自然作为根据因果法彼此相连的一系列事实，没有意志，也不能明确地规定人类行为。即从事实性的存在或实际的行为，不可能推论出应当是什么或应当做什么。"② 法律作为一种研究人行为的科学，其关注的应该是涉及意志及其意义的"应当"。而规定一个人"应当"如何的陈述就是一个规范，所以法律科学是涉及法律规范的科学。其要处理的是法律秩序的规范性材料。在一个实存的法律体系中，有一些我们可以通过观察和感知获得的事实——规则和行为，但还有一些属于我们观察不

---

① 这是奥斯丁对主权者的界定，在奥斯丁那里，主权者是法律制定和执行的主体。参见 John Austin, *The Province of Jurisprudence Determined*, pp. 25-40。

② Hans Kelsen, *What Is Justice?: Justice, Law and Politics in the Mirror of Science*, p. 20。

到，但为了使观察到的经验事实具有人类的意志意义而必须由其加以处理的事实，这一"事实"就是规范——一些关于"应当"的叙述。规范是法律秩序中不能以观察或感知的经验方法把握的关于人意志及其意义的东西，这些蕴含着人类意志和行为意义的规范体系才构成了法律秩序的实质。人们通过应当做或应当不做某事的规范规定彰显人类意志对规范的创造。反过来，这些经由人创造，并蕴含人类意志表达之行为意义的规范①又赋予人类行为以意义，并通过这些规范来给我们每个人施加义务并指导人类自身的行为。由此，法律成为人自身所制定并用来实现人之意志的人的技术。通过"规范"概念的重新界定和使用，凯尔森坚定地把法律自由意志的表达权赋予且仅赋予了人自身。

（二）"规范"与"意志"及其客观化

1. 以"规范"承载"意志"

如果把法律科学建立在只关乎事实的因果律基础上，那么就会发现以前立法者所订立的法律不可能被后世适用。以现实社会中因果律为判断标准，很多法律的意义随着社会的发展变动会发生变动和改变。建立在因果律基础上的法社会学认为法律规范来源于社会规范。在具体案件的判决中，作为社会规范的习俗、传统、文化等往往发挥着决定性的作用。由此，当社会规范发生变迁时，法律自然也要随之发生变迁。这种思路是凯尔森所不能接受的，因为他坚信，即使不能适用的法律也是法律，法律规范所具有的强制性主要体现在立法者的意图必须通过解释被落实和适用方面。尽管对法律

---

① 法律规范是规范的一种，它是规定了强制制裁的规范。这一点在下一章中将做出区分，在此所强调的只是规范的"意义性"，所以没有对法律规范和规范进行区分。

规范的解释适用属于与纯粹法理论关系不大的实践范畴，但要达致某种法秩序，法律规范的解释适用在司法判决中至关重要。与此同时，在法律规范的解释适用中不可避免会发生某些解释对立法者本意的偏离，当这种偏离发生时，法律规范是否仍有对人类行为的约束和指导意义？如果解释可以有很多种，我们应该让哪一种得以实施和适用？在多种解释中被选中而适用的那种解释是否可能正好符合了法官自身的性情、倾向或爱好，或正好折射他的主观决断或某种价值而与立法者的意图无关？通过与法社会学的对话，这些实践性问题因为关乎法律规范的稳定性，故成为凯尔森纯粹法理论必须给出说明的问题。

　　凯尔森纯粹法理论关于法律体系或法秩序稳定性的难题可以最终通过其基础概念"规范"呈现出来：规范既然是人的主观意义的表示，那如何让这些主观意义客观化？法律规范如何成为可以指导人行为之具有客观性的规范，而不仅仅是一些主观意志的表达？为了回答这些问题，凯尔森引入了效力这一概念。法律规范如果具有效力，即它是关于人们应当如何行为的规定，那人就要遵照其要求行动，这种效力和行为的联结直接让法律规范由一种主观的意志转化为一种客观的效力形式。但问题是，在所有法律规范中，不仅指向行为的规范需要具有客观性，所有的法律规范都需要具有客观性。按照法律规范的等级效力链条往上追索，一个法秩序的第一个规范——宪法如何保证其客观性？它如何产出其他具有客观性的规范，或其他规范的客观性是否依赖于"基础规范"的客观性？对于这些关键性问题，凯尔森解答的思路是：我们可以预设一种"想法"或想法的表达，它们是主观意志表示，但是这种主观意志表示可以赋予遵从它而制定的规范以有效性，则这种有效性本身也就具有了客观性。为了更清晰地表达这一思路，凯尔森举了一个例子：有这样一种想法或表达，即"一个人应当听从上帝的命令"，而上帝又规定"孩子应当服从父母的命令"。第一个规定不是来自任何人或权威①，但它可能来自这样的宗教伦理：人们出于对上帝的信仰听从上帝的命令。② 但这种宗教伦理不是意志表示，也不能产生一个意志行为。对于非意志的意义或非意志的行为，凯尔森在其纯粹法理论中都坚决予以拒斥。由此，"一个人应该听从上帝的命令"就成为其他有关上帝的人的意志行为的一个最高宣示。而这一宣示不依赖任何意志的存在而存在，并且它赋予"孩子应当服从父母的命令"以效力。这样孩子如果提问"我为什么要听父母的命令"的时候，"孩子应当服从父母的命令"就成为一个有效力的客观的意志表示。而其之所以成为客观的，是因为一个非意志的想法——"一个人应当听从上帝的命令"——赋予了它客观效力。这样，通过排除外在的经验事实，凯尔森让法律成为人之行为的意义解释框架。他的这一处理方法，"纯粹"掉了人在生活中鲜活的互动，通过把人互动多样性、现实性、情感性等诸多因素"纯粹"掉，让法律成为一种意志意义承载的容器，进而获得某种法律规范体系和法秩序的稳定性。

对于纯粹法理论而言，法律的规范形式不是立法者颁布的法律规则，而是经由法理论而设计产生并呈现为客观性事实的观念（应当）形式。至此，立法者的"意图"通过"应当"被"融化"于规范之中，以至于规范可以被当作某种客观形式被看待和使用。既然社会事实不具有它自身的意志意义，那么法理学就可以自由给它们分配一个个"应当"的形式。仅仅从这种意义上我们才可以说"应当"是法律唯

---

① 上帝不可能自己做出这样的规定，如果上帝这样规定，那就成了"上帝规定人必须听从上帝的命令"，这就形成了一种同义反复，在逻辑上将危害服从的合法性。

② 参见 Hans Kelsen, *Pure Theory of Law*, p. 203。

一的意义可能性。以这种规范"可能性"为前提，我们才可能理解法治或某种法秩序。也因此，我们才能理解在法律规范体系或法秩序下由立法者发布之法律规范社会性转化的成果。规范中"应当"的稳定性赋予了规范体系的稳定可期，进而使得法治社会和法秩序成为人类社会可期和值得追求的对象。

作为纯粹法理论构建基石的"规范"蕴含人的行为意义，但并不因此而必然蕴含人类的价值判断。对于自然科学而言，通常进行这样的陈述：数值随着速度的增加而增加是一种真。但纯粹法理论的陈述是：法律规范是有效力的，因此窃贼应当被惩罚。对前者而言，当陈述认为是"真"的时候，已经预设了一种价值；对后者而言，效力本身已经隐含了一种对"应当"这种以客观性呈现之主观预设的肯认。两种陈述都建立在某种客观性之上，前者的客观性基础是客观事实，它依赖于可检验性，依赖于感官、感觉和经历、体验等；但后者——规范——的客观事实却仅仅依赖于呈现为语言和陈述之被肯认的预设。

在理论构建上，凯尔森借鉴了自奥斯丁以来的分析法学的思路。他把法律当成是一种强制性的结构，一种以等级方式组织起来，排除了道德、自然法则、政治意识形态和心理学考量的规范体系结构。这一规范结构规定了法官和政府官员以及国家机构代理人依靠法律规范执行制裁的条件。凯尔森与分析实证主义法学的区别在于，他构建纯粹法理论，不仅仅是为了给法律治理的合法性提供权威理由，更是要为人的自由意志搭建一个可以容身，不再受诸如权力意志、上帝意志、道德意志、政治意志侵袭的"庇护所"。这一"庇护所"不仅让人及其自由意志可以容身于其中，而且人及其自由意志恰是这一堡垒的建造者和主人。

2. "应当"与意志的客观化

凯尔森从康德那里认识到,"应当"从来不对人类行为漠视不理,它最终总要指向人类行为。在"应当"指向人类行为之前,一个以"应当"为基础,围绕"规范"等法学概念之一致性的法理论必须被构建完成。这种构建完成的理论最终指向人类行为的意义,而其对人行为的解释或构建能力,直接成为自身完成度的评估。一个理论构建的目的,往往也构成其理论问题。纯粹法理论很显然关乎人类行为,但同时它又是凯尔森所独有的对其所生活之时代问题和价值的回应。即对凯尔森而言,纯粹法理论的概念、结构和逻辑呈现只是技术性的工作,它作为一个已经完成的整体最终要服务于发生在现代性下的人类行为——这就好比人类改建房屋的整个过程全是技术性的工作,但等房屋盖建完成之后,其所要服务之人的目的才真正构成房屋存在的价值。在社会科学中,理论构建的价值一定关乎对特定人类行为意义或价值的证护。"应当"中包含着人类意义,这种意义是人自身意志的表达,而意志表征的是人的自由。由此我们可以用假设的方式提出:凯尔森纯粹法理论是希望通过被完美设计的法律规范体系证护人类的自由意志。

规范的意志以立法者命令的方式呈现,而一个命令的陈述意味着有一种内在心灵现象——一个意志——被归于特定的人类行为。但人类行为被一个法律规范制定、规定或限定,并没有意志的心灵行为参与。法律应当被界定为一种"祛心理"的命令。正确的描述应该是,一个人"应当"按照法律的行为行事,此处"应当"的概念揭示了规范概念中蕴含的人类信念。"一个规范是一个人应当按照特定方式行为的陈述,此行为中不包含任何人的真实意志。"① 只有当一个

---

① Hans Kelsen, "The Pure Theory of Law and Analytical Jurisprudence", p. 56.

"命令"被假定为是一个具有约束力的"命令"时，立法者制定的"命令"才能被称为法律。而一旦一个命令具有了约束力，那它就已经成了一个规范。凯尔森认为，离开了规范的概念，法律就只能借助于虚妄。"奥斯丁把法律规则宣称为'命令'是一个关于立法者或国家'意志'的多余而危险的虚构。"①

规范既然涉及人的主观意志意义，那作为对人行为"应当"的规定，它如何保证自己的客观性？对这一问题的回答涉及规范作为纯粹法理论的基础概念能否成立的问题。也就是说，如果一个规范只代表某种主观的意义，那纯粹法理论实际上还是无法做到把法律从依赖于个别人、某个主权者或某个有权力制定规范之机构的主观随意性中解救出来，法律也就仍然是自然法、理性和政治意识形态要处理和争夺的对象。对此，凯尔森给出的逻辑论述是这样的：人类行为的法律意义是一种外在的事实，尽管它们不能像硬度、重量等物理特性一样通过观察测量被掌握，但不能否认的是，人类总是理性地行为，并且把这种行为和特定的意义相关联，它们被以特定方式予以表达，最后让他人认知，而他人对这些行动的意义也总能很好地理解和认知。这一点本身就足以说明人类行为的主观意义背后总是有一种可以被人稳定地理解和认知的客观性存在，它构成人类主观认知和决定的基础。②

"意志"通过"规范"的客观化与"应当"这一纯粹法理学的关键性要素有关，也构成法律规范的效力合法性的形式实质性

---

① Hans Kelsen, "The Pure Theory of Law and Analytical Jurisprudence", p. 57.
② Hans Kelsen, *Pure Theory of Law*, p. 3.

来源。① 其不仅意指在法律的一个规范中所表达之"法律的意义",更主要的是它是来自社会事实的参照,即该法律规则的效力。效力的属性是一种基于社会决定的观念。从纯粹法构建的角度看,效力首先是"应当",即法律规范就是"应当"的法理再生产;它是特定存在的"应当",是"应当之是"②。因为效力的第一种功能预设了一种"是"(实效),也就意涵了后面一种"应当之是"的功能。只有在实证法中,把法律看作是一种"是",才会有"应当是"的形式。由此"规范"的客观化变相促成了意志的客观化。

凯尔森认为任何人类行为总是携带着某种合法性(规范性)的自我主观解释。一些行为,我们把其界定为合法或违法,不是这些行为真的"合法"或"违法",而是因为我们通过一种具有客观性的意义解释,把这些行为"解释"为"合法"或"违法"。而在使用解释的时候,意义的客观性就来自"规范"。"规范"的内容指向"理想类型化"的人类行为意义,但是规范并非行为意义本身,它只是以"理想

---

① 笔者认为"形式实质性"这一说法最能体现"应当"的特性。按照凯尔森的说法,他不想让"应当"有实质性内容,但"应当"显然也不是一种形式。它就如同追问一个人为何做一件事,最终把理由追溯到上帝那里一样。当"上帝"不能被作为理由被追问的时候,不是因为上帝的形式合法性,也不是因为他提供了什么实质内容,规范的效力只是因为发布者是上帝。按照这种思路,凯尔森认为"应当"的效力只是源于它是"应当"——一个在其之上不能再进行理由追溯的"应当";"应当"从人愿意遵从角度看具有实质内容,而从人们不假思索地予以信任的角度看又具有形式特质。凯尔森关于"应当"比较清晰详细的论述可以参见 Hans Kelsen, *Introduction to the Problem of Legal Theory*。

② 这是柯亨在其《道德观》(*Ethik Des Reinen Willens*, 1904)中的观点。把"应当"转化为"是"构成了凯尔森纯粹法理论最为突出的特色,同时也是最让人难以理解的难点。鲍尔森教授认为这种转化是在康德二律背反命题上进一步推进而来的,具体参见 S. L. Paulson, "The Neo-Kantian Dimension of Kelsen's Pure Theory of Law"。但很多学者认为凯尔森的这种转化有更为直接的来源,即它更为直接的来源是柯亨的"应当之是"。参见 Geert Edel, "The Hypothesis of the Basic Norm: Hans Kelsen and Hermann Cohen", pp. 209-210; Sylvie Delacroix, *Legal Norms and Normativity*, 2006。

类型化"行为意义的客观形式。一旦这种客观形式被预设，它就构成人类行为意义的客观解释框架。法律规范体系建立之后，人类行为的法律意义就只能从"规范"中导出，法律规范赋予特定法秩序中的人类行为以意义。规范的内容是"应当"，"应当"蕴含人类行为的意志意义，但并不与它们等同。规范为了保证自身的稳定性，不能以具体的内容指向标示自身。由此，蕴含"应当"的规范被设定为一种"应当之是"，一种蕴含主观的客观形式。法律规范的这一特性注定了它只能以蕴含人类意义的行为作为自身的处理对象。因此，特定人类行为只有经由意义解释的主观处理后，才能与法律规范产生归责关系。但根据康德的观点，只有人的意志才能处理意志。[①] 凯尔森谨守此项原则，法律规范要能够处理蕴含意志之有意义的人类行为，它就必须首先被构建为一种关涉人行动及其意义的意志体系，但是这种意志体系只能是一个不包含任何经验性和事实性意志内容的纯粹形式性意志体系。该体系中作为客观性外显的意志形式单元——规范，是被先验地设定的。其设定的理据来自"基础规范"。

　　关于凯尔森的"规范"，我们从康德的认识论中能找到其确切来源。[②] 凯尔森是一个新康德主义者，其"规范"明显就是一个先验的范畴。先验的综合性判断或者叫先验结构。先验结构是康德用来沟通休谟的"是"与"应当"间沟壑而创造的一个概念，它被认为是一种人特有的知性结构。客观事物——"是"——通过人的这一特有知性结构与"应当"发生关联，产生人能理解的意义。凯尔森使用了康德认识论中的先验结构，直接把规范看作是不能观察的知性认知结构

---

① 参见〔德〕康德：《实践理性批判》，韩水法译，商务印书馆1999年版。
② 凯尔森自己承认："纯粹法理论并不是以康德的法哲学，而是以他的知识论为基础的。"参见 Hans Kelsen, *General Theory of Law and State*, p. 444。

或形式，把其认定为一种先验的范畴。面对休谟提出不能从"实然"推导出"应然"的怀疑，康德提出了自己的解决办法。他认为在某种必然的因果关联中，如果假定了原因 A 而不同时假定 B，就会产生矛盾，然而人们可以转换一下思维，A 与 B 作为经验中的现象必然以某种方式(比如时间关系中)相互连接，不能分离，否则就会与这个经验借以可能的那种联结相矛盾，而它们只有在这种经验里才是对象，才能被认识。康德认为这时候就可以采用一个办法：基于经验对象原因概念的客观实在性，并且利用对象自身所具备的连接必然性，将这种关系演绎为一个先天的概念，一个无需经验性根源而从纯粹知性阐明其可能性的概念。当这样做的时候，实际上就是为现实经验对象预设了某种范畴。这些范畴具有客观实在性和独立性，并且这种特性永远不会受到其所处理的客体的影响。借助这种范畴，人们虽然不能先天地决定客体，但是可以"思想"客体。① 凯尔森纯粹法理论中"应当"与意志的客观化所借助的正是康德的这一思路。

(三)"规范"：意志的存在的形式

对凯尔森而言，规则是规范系统的可观察特征。因此，规则是法律特征的表象，而规范才是它的内在本质。这些规范可能源于意志、议会或法官对习俗采纳的行为，但无论如何它们都以独立的方式存在，其效力不依赖于某些命令者的意志："一个规范就是一个关于一个个体应当以某种方式行为的陈述，但它并不表明这种行为是某人真实意志的表达。"② 在一个真实的法律规范体系中，对于其中的规则和行为可以进行经验性观察，但规范却是属于不可观察而只能理解的部

① 参见〔德〕康德：《实践理性批判》，第57—58页。
② Hans Kelsen, *Essays in Legal and Moral Philosophy*, p. 273.

分，是法律秩序的本质部分。它不是通过因果逻辑，而是通过效力和归责赋予并厘清法律体系内部规范以及规范和案件之意义和关系的。因此，理解纯粹法理论的关键是要分析并把握规范及规范的性质。当法秩序对人施加义务时，这些义务实际上是一些"应当的提议"。这些提议不能来自自然秩序，只能来自人类的某个意志行为，而这种意志行为被以规范的形式表达。

在凯尔森看来："自然作为一个事实系统，各事实间依照因果律实现联结，在其中没有意志活动，因此不能对人的行为进行明确的规定。从事实，即从'是'或真实发生的事件是无法推论出'应当'或应当的事件的。就'自然法学说'试图从人类行为的自然规范中进行演绎来看，它实际上犯了一种逻辑谬误。在关于人类理性方面也是如此，对人类行为做出规定的规范只能关乎人类的意志行为，而处理与意志或人类意义无关的事实。因此，关于人类应当按照某种方式行为的陈述，只有在满足此条件——人类已经通过自身的意志确立了一条规定该行为的规范——后才能成为一条能被人类理性理解的陈述。人类理性能理解并描述这一行为，但无法对其做出规定。从人类理性中发现人类行为的规范与从自然中推论出它们一样荒谬。"①

人通过表明什么事情应当做，什么事情应当克制这样的意志行为创制了规范，但规范一旦建立，在之后的法律秩序中就不再依赖于意

① Hans Kelsen, *What is Justice?: Justice, Law and Politics in the Mirror of Science*, pp. 20-21.

志,而保持一种独立的存在。① 那么规范中"应当"的意涵到底是什么呢?"应当"是否意味着一种道德诉求?法律规范一经存在是否就意味着人有对它有遵从的义务?在凯尔森的纯粹法理论中,"应当"是一种法律"应当"而不是道德"应当"。把法秩序当成一系列"应当议题"进行描述与把其说成法律应当如何或一种值得的道德面向,其意涵是截然不同的。这种区分再一次表明了凯尔森相对主义和多元化的立场。

凯尔森把康德先验范畴逻辑实践性地使用在了法律规范及其体系的创制上,他参照韦尔赫姆·温德伯格(Wilhelm Windelband)和社会学家齐美尔对康德的解读,用"应当"为法律开辟出了一片自治的领域。② 正如他所说:"一个规范是一个规则,它规定一个人应当以某种方式行为,但并不声称这一行为是任何人的实际意志。"③ 由此,"规范"成了一个如同规则一样可以被实在法研究的对象,它为人的行为设定了标准,是表征着人类意志的"应当",但同时又不代表任何人实际的意志。"规范"是意志的形式,即在特定法秩序中,人的意志往往以规范形式呈现。在纯粹法理论中,凯尔森清晰地表达了这样的思想:不能像理解道德规范那样,按照传统理论的路径把法律规范理

---

① 凯尔森熟知柏拉图(参见 Hans Kelsen, "Plato and the Doctrine of Natural Law", pp. 23-64),但并不是一位柏拉图理念论的现代推行者。因为很显然,他并不想探究规范的本质,其正义理论的目的不是对规范结构理想类型的探寻,即规范结构对凯尔森来说尽管应该完美,但其对规范结构作为形式以及对这种形式的"完美"追求,是以形式作为工具理性的产物为前提的。凯尔森纯粹法理论的任务具有工具和法理价值诉求的双重性,其纯粹法理论对规范结构的构建和完善性追求只具有工具理性而没有价值理性的探寻目的,凯尔森关于正义的实质理性的目的是蕴含在他纯粹法理论的目的追求或其纯粹法理论的法理学中的。

② Sylvie Delacroix, *Legal Norms and Normativity*, p. 35.

③ Hans Kelsen, *Essays in Legal and Moral Philosophy*, p. 273.

解为命令，而应把法律规范理解为一种假设性判断，其所表达的不是因果关联，而是在一种先验范畴中事实性条件和后果性条件的一个连接。其表达形式是"如果 A，则 B 应当"，由此，"'应当'就成为一种指向实际行为的先验范畴"①。

　　"规范"到底是谁的意志，或说"规范"被谁创制出来？这成为纯粹法理论不能回避的问题。凯尔森说："赋予一个行为合法性和非法性意义的规范来自一个行为，这一行为从另外一个规范那里获得合法性意义。"② 凯尔森对规范的来源问题与其说是给出了答案，不如说是给出了一种说明。这种说明是循环的，或者用凯尔森的话说是动态的。③ 规范有其内容，这些内容可以是一些关于犯罪描述的法条，但这些内容并不是规范，也就是说，规范不能以其内容标示自身。"行动的意义构成规范，而（称之为）规范的行动是一种含有人的意志的行动。"④ 人类的有意义的意志行动是规范成为规范的前提和基础。既然规范是通过某些"事件"而产生，则这些"事件"必定要具备人的意志成分，这是一个前提。拉兹认为："只有能满足下列四个条件的事件才是规范所需要的事件。它们必须是人的行为，自愿的行为，有特定目的的行为，以通常的方式所表现的行为。人的行为是凯尔森关于规范的根本理论的基本含义，即行为必须是有意志的行为。"⑤

　　把规范塑造为意志的形式充分展示了凯尔森纯粹法理论对韦伯新

① Hans Kelsen, *Introduction to the Problems of Legal Theory*, p. 24.
② Hans Kelsen, *Pure Theory of Law*, p. 4.
③ 参见 Hans Kelsen, *General Theory of Norms*。
④ Hans Kelsen, *Pure Theory of Law*, p. 5.
⑤ 〔英〕约瑟夫·拉兹：《法律体系的概念》，吴玉章译，中国法制出版社 2003 年版，第 75 页。

康德主义社会学法理论中所呈现问题和方法的继承与回应。自韦伯以降，人们开始清晰地意识到法律形式理性和实质理性的内在张力，① 在二者的关系方面，表征着伦理-政治意涵之法律的实质内容越来越受制于一个可以被观察、研究，并从创制、运行到结果的产出都程序化、形式化的法律体系。这种法律实质内容的萎缩和形式理性扩张的后果有两个：一是通过把法律构建为一个可见的形式结构体系，可以使之摆脱伦理、政治、神学等因素的影响，为其独立创造了条件，并同时使之成为可以展开实证分析的对象；但第二个结果是法律通过高度形式化在排除了其关乎人的伦理-政治等因素之后，逐渐成为一个不关乎人之意志和意义的纯粹逻辑存在——人的情感、激情、同情、怜悯等情感，甚至启蒙以降被康德发扬的被认为人之属性的自由，也成为法律毫不关心的异己的存在。人本来借助于法律实现的这些关乎人的价值诉求，最后因为法律的高度形式化被法律本身排除了，人不管是不是信任这种形式，不管人关于自身属性之自由和正义的情感是否能通过这种形式获得满足，他们都要高度依赖于这种形式，并听命于它的裁决。正如韦伯所说的，高度形式化的法律成了一个人自身制造的"铁的牢笼"。② 现代法律的这两个现代性的后果，是凯尔森必须面对的。一方面，他要通过"纯粹"让真正纯粹的法律形式得以呈现；另一方面它要让这种形式不能异化于人，转而成为损害人之为人的属性，甚至成为让人异化的存在。他的纯粹法理论承担

----

① 关于法律理性化及其内在张力的内容，参见 Max Weber, *Economy and Society: An Outline of Interpretive Sociology*。

② 参见 Max Rheinstein（ed.）, *Max Weber on Law in Economy and Society*, pp. 176-180。

着这样的双重任务。①

三、法律规范体系和法律要素结构构建

（一）概念关联与结构构建

1."意志""命令"与"应当"的关联与结构构建

"意志"表征着某种实质性内容，但凯尔森构建的纯粹法理必须符合法律科学客观、稳定、透明和程序化的要求。由此，"意志"——主要是表征个体自由的个体意志，因为其不稳定性和主观性无法直接让其成为法律科学的对象。所以凯尔森必须小心处理意志的抽象化并把其与"应当"区分开来。他曾说："意志的意义构成规范……（但）意志代表的是'是'，而规范却表示'应当'……这样前面的（两人互动）就可以被描述为：一个个体（意志）意图另外一个个体按照'应当'的要求以某种特定的方式行动。这个句子前一部分表示的是'意志行动'事实，而后面部分表示的行动的意义，是一个规范。"② 即"应当"只有进入规范才能成为具有合法性的命令，否则它就只是一个具有个体性的意志命令。

在凯尔森的纯粹法理论中，"应当"虽然作为一种规范内容被与作为事实内容的意志区分开来，但是"应当"是以"意志"的主观

①　对于凯尔森而言，他的第二个使命是蕴含在第一个使命之中的，即如果他按照特定的目的和功能构建法律，并且让其如所设计的那样在实践中完美地发挥这种功能，则第二个任务的实现决定性地取决于第一个任务完成的完美性。也许正是基于这样的考虑，凯尔森把大部分时间和精力用于构建法律的"纯粹形式"。也因此，我们都把凯尔森的"纯粹"理解为是对内容的排斥，是实现法律的祛伦理-政治工作，但正如海伦·西尔温教授所言，法律从来都是一个伦理-政治的实体。凯尔森实现法律形式的纯粹，是为了让人的行为内容，或者说伦理和政治有一个更好的容身之地。参见 Helen Silving，"Analytical Limits of the Pure Theory of Law"，pp. 7-9.

②　Hans Kelsen，*Pure Theory of Law*，p. 5.

意义为基础的。"应当"是人的主观意志的"理想类型化"或者类比于涂尔干的说法，它是一种"集体意志"的存在形态。由此，"应当"这种普遍性(集体性)、抽象性意志就具备了客观特性，成了某种"主观的客观"的存在形态，或说一种具有实质内容的形式。由此以"应当"作为自身内容的规范就被形塑成了一种蕴含实质形式的形式。"行为并且以合理方式行为的人，将某种意图与其行为相结合，此意图以这种或那种方式表示出来，并且为他人所理解。这就是我们所说的行为的主观意图。"[1] "'应当'是一个人的意志行为的主观含义，这个人在此意图支配下力求获得他人的某种行为。"[2] 即当"应当"仅仅停留于个体意志而无法成为规范中的"应当"时，它就无法成为一种具有合法强制性的意志表示。在法律规范中，"应当"不直接表征某个个体的具体意志，它通过规范的客观化表征了一种抽象意志，成为对每一个人都有效的"应当"。由此，"应当"发展成为一种命令、禁止或授权的标识。而按照"应当"的要求行为也就合法性地可以作为每一个体的义务。这种义务源于作为"应当"呈现的抽象意志对每一个体意志的命令。

　　凯尔森强调应在"应当"的意志范畴内构建实在法体系，其目的是把实在法建构成一种能指导人类行为的意义解释框架。同时通过在法律规范体系内的意志传达，让法律发挥治理社会的功能。为了让在法律上承载人之自由意志的"规范"更加具体，抱持一种个体自由主义的立场，凯尔森从两个相对的个人出发做出了说明。他说如果一个

---

[1]　Hans Kelsen, *Pure Theory of Law*, p. 3.
[2]　Ibid., p. 13.

作为个体的个人①通过其行为表达了一个指向另外一个行为的意志，他如果通过此行为表示了自己的命令、禁止和授权的主观意义，则这种意志不能促成另外一个人按照这种意志去做某事的某种事实，而仅仅是一种认为对方"应当"去做的意志。而规范中的"应当"却不同，规范中"应当"表征的意志代表一种命令、禁止或授权的意向。而对于命令、禁止或授权指向的人，这种意志把他引向了"应当"。此处的"应当"，凯尔森把其界定为"指向他人的规范性意义的表达"②。当"应当"被以规范的客观形式表达时，其所传达的是一种"命令"。当法律规范表达为"偷盗应当被处罚"这样的陈述时，它实际上在向法官或政府官员发布命令。由此，呈现在规范中的"应当"是一种意志命令。

凯尔森也关注行动及行动的意义，但是他的纯粹法理论和韦伯关注行动及其意义的法律社会学理论的不同之处是：韦伯出于自身新康德主义自由主义的立场，把行动及其意义作为自身理论构建的起点，但随着其对人类理性能力的怀疑，他逐渐看到了极端理性化的法律走向了极端形式化，进而让人的行动意义不再有容身之地；凯尔森尽管也把行动及其意义作为自己理论的起点，但他并没有走向对理性的怀疑和悲观，相反他试图依靠现代逻辑理性和康德知识资源，完成对现代法律的结构性构建。他构建法律结构和体系的目的不是发挥行动者

---

①　此处凯尔森使用了"individual"一词，而不是"person"。前者代表的是单个的个体，后者表示一种抽象人的概念。"一个单个个体发出某种命令"和"一个人发出某种命令"是有区别的，前者强调命令的个体性，而后者强调的是命令的"属人"性。凯尔森这两个词的使用目的在于分辨个体性意志与抽象意志。法律规范的"命令"意涵只适用抽象意志而不适用个体性意志。对这一点我们在解读凯尔森的纯粹法理论时，应当给予充分的关注。

②　Hans Kelsen, *Pure Theory of Law*, p. 5.

的自主性，让他们在法律中拥有独立意志和人格，而是试图把人行动的意志及其意义"镶嵌"在法律这一形式性框架中。所以其在构建纯粹法理论的一开始就把法律先验地预定为一种"意义解释的框架"，而不是行动者的行动及其意义塑造出来的框架。①

凯尔森把"权力"和"命令"从奥斯丁的"主权者"那里收了回来，把其重新赋予人的意志。他认为："命令是一个人之以另一个人的行为为客体的意志(或愿望)表示。如果我想要(或意愿)某个人在一定方式下行为，而且如果我在一个特殊方式下向别人表示了我这种意志(或愿望)，那么，我的这种意志(或愿望)表示便构成了一个命令。"② 但是这样的命令用凯尔森的比喻就好比一个成年人命令一个儿童从事某一行为，不论这一成年人在权力上拥有多大的优越感，这都不是一个有约束力的命令。一个命令要成为一个有约束力的命令要看发出命令的人是否"被授权"。凯尔森也经常列举关于匪徒的例子，他说一个匪徒命令人交出钱财尽管也是一种意志的表达，但是因为其没有"被授权"，所以其对接受其意愿表达的人来说只是一种威胁意志，而不是一种有约束力的意志。一个命令的约束力必须由法律规范赋予。人们之所以会服从一个命令，一定是因为这一命令是有约束力，而这一命令之所以有约束力，是因为发布命令的人有来自法律规范的授权。由此，凯尔森把"命令"与"服从"都当成了一种法律授权下的意志活动。人的意志由此依靠法律规范这一框架的保护，彻底从"主权者"的强力威胁下被解放了出来。

追寻凯尔森意志性法律规范的构建逻辑，我们能看到在他的纯粹

---

① 参见 Hans Kelsen, *Pure Theory of Law*, pp. 3–10。
② Hans Kelsen, *General Theory of Law and State*, p. 31.

法理论构建中"习惯"使用的一种理论构建方法:批判一个理论,在认为其不成立之后推出自己的预设。既然自己的预设是在对先前理论批判的基础上被推出,肯定吸收了对方的长处并有所发展,即使经不起论证,在某些方面一定也是优于被批判的对象的。所以,和韦伯的支配社会学理论相比,凯尔森的纯粹法理论中关于意志、权力、命令和法律规范的论述缺乏理论逻辑的证成。具体来看,他以奥斯丁关于命令和强制的理论为批判对象,陈述了奥斯丁关于命令的论述:"一个命令不同于其他愿望表示在于它具有这样的特点,即命令所指向的一方,在违背愿望时就应受另一方所施加的惩罚。如果我违背你所表示的希望就要受你所施加的惩罚,那么我就受你的命令的约束或负有义务。"① 凯尔森认为奥斯丁把"命令"和"有约束力的命令"这两个概念混淆了。从而在对"命令"和"约束力"的理解上是错误的。完成了这种批判之后,凯尔森直接在批判基础上给出了自己的"理解":"一个命令之所以有约束力,并不是因为命令人在权力上有实际优势,而是因为他'被授权'或'被赋予权力'发出有约束力的命令。而他之所以'被授权'或'被赋予权力',只是由于一个预定有约束力的规范性命令授予他这种能力,即发出有约束力命令的权限。"②

从理论构架的功能来看,"应当"是一个比"规范"更具基础性的概念,它帮助纯粹法理论完成了其统一性。这种统一性呈现为这样的事实:"应当"贯穿纯粹法理论的所有陈述,这样以"应当"表述的句子之间就被假定不会相互矛盾,法律作为一个知识系统(一个逻

---

① John Austin, *The Province of Jurisprudence Determined*, p. 23.
② Hans Kelsen, *General Theory of Law and State*, pp. 31-32.

辑系统）的统一性就获得保证。法律作为一个统一的知识体系在知识预设上的成立，同时促成了它伦理-政治预设的成立——作为统一性的法律知识不可能是伦理-政治性的，伦理-政治性涉及的只是作为知识的伦理-政治预设本身。前者为意志在法律中容身提供了认识论基础，后者为命令的贯彻提供了合法性基础。从中我们不难看出，纯粹法理论关涉的是一种纯粹的法理论构建、一种纯粹的理论形式。

2. "义务""强制"与"应当"的关联与结构

凯尔森把"义务""违法""归责"和"强制"这些概念放到崭新的纯粹法理论语境和关系中重新进行了界定。这些概念的内涵型塑了纯粹法理论法律规范的功能与结构。凯尔森在 20 世纪 40 年代在对奥斯丁的研究中曾极力维护这样的观点：真正的法律系统必然意味着在合法性意义上对强力使用的垄断。[1] 受法律义务约束的主体应该避免从事规范所规定之能构成惩罚条件的行为。由此，我们可以达致这样的理解：规范规定法律义务，而法律义务只是做或不做某事的义务，违背这一义务去做或不做某事则构成一种过错，但这种过错不直接对应于惩罚，而只是构成了惩罚启动的条件。这样，是否"违法"与是否被惩罚就没有了直接关联。不履行义务构成"过错"或"违法"，法律规范规定对这种"过错"或"违法"实施惩罚的条件。而惩罚则是一个事实。即法律规范并不负责法律义务的执行。但有的学者认为，凯尔森的描述让其规范分成了两种：一种是授权义务的执行，另一种是在不履行义务的情况下实施惩罚。[2] 尽管凯尔森对这种

---

[1] 参见 Hans Kelsen, *Peace Through Law*, Chapel Hill, NC: University of North Carolina Press, 1943, p. 3; Hans Kelsen, *Principles of International Law*, New York: Rinehart & Company, 1952, pp. 13-15, 17-18。

[2] 参见 Lars Vinx, "Austin, Kelsen, and the Model of Sovereignty", p. 477。

二分"出于法律认知的便利"表示过认可。①但很显然，他的这种认可是出于沟通理解的"便利"，而不是出于对纯粹法理论论证的精确。对纯粹法理论而言："法律从根本上说就是规范，它预设了制裁……但制裁只是'应当'被执行。"②

从凯尔森纯粹法理论中比"规范"更为基础的"应当"来看，它既不必然指向过失，也不必然指向制裁；它只是规范性地指称人类行为。在诉讼过程中，制裁不是被施加于法官的行为，而是法官行为的内容。法官并没有被惩罚。"应当"指称的是一个抽象的实体，是规范的内容，而不是人类行为。

凯尔森对外在于法律之外的规则强制和发生于法律之内的规范强制进行了区分。凯尔森把法社会学的法律观念看作是一种法律之外的规则观念。这些规则尽管在规制和指导人们的行为时有效，但却是非法律的。他认为法律是人们实际行为时所依据的规则或规则的总和。然而并不是人们实际行为所依据的每一条规则都是法律规则。法律并不对人的每一个行为或者人的所有行为都做出安排，那种认为法律是对人类行为进行安排的观点是社会学的而不是法学的观点。凯尔森坚定地以强制性制裁作为法律规则的根本特征，把法律定义为"一种特定的技术，为共同体每个成员分配义务从而决定他在共同体中的地位；它规定一种强制行为，对不履行义务的共同体成员加以制裁，如果我们忽视法律的这一因素，我们就无法将法律秩序与其他社会秩序区分开来"③。因此，凯尔森主张法律应该排除外部社会性因素的影响，通过规范从内部构筑自己独立而封闭的体系。这可以看作凯尔森

---

①　参见 Hans Kelsen, *General Theory of Law and State*, p. 61。

②　Ibid., pp. III-IV.

③　Ibid., p. 28.

在其纯粹法理论中所作的反对决定论的一种努力。

尽管如此，纯粹法理论中的"应当"从某种意义上讲带有康德形而上学和社会学的意涵，因为它仿佛能基于形而上学意义上"良善"的愿望要求，或社会学意义上某种"共同意志"（集体良知）①来为每个生活于其中的人提出某种义务的要求，或为他们规定义务的"命令"。但如果"应当"真的具有每个人必须承担之"义务"的意涵，那无疑等于重新把形而上学强调的自然法、上帝、理性②和社会学中强调的社会事实带回到了法律之中。因为，如果"规范"表征着"应当"，那么"应当"能被人们认可和遵从必然有其原因：如果这种原因来自自然法和理性，那么法律就被引向了形而上学；如果这种原因来自历史、习俗、传统等"社会事实"，那么法律就被引向了社会学的因果律。但这两者都是纯粹法理论要竭力排斥和反对的。所以凯尔

---

① 社会学创始人之一的涂尔干试图为现代社会秩序寻找新的道德立基，并且他试图让这种作为社会秩序基础的道德能被作为一种"社会事实"予以实证地研究。最后他创造性地把这种基础性道德称为"集体良知"（collective consciousness），并以之作为现代道德构建成为可能的基础和源泉。关于涂尔干"集体良知"概念的构建过程可参见 Emile Durkheim, *The Division of Labor in Society*; Robert K. Merton, "Durkheim's Division of Labor in Society", *American Journal of Sociology*, Vol. 40, No. 3 (November 1934), pp. 319-328; Roger Cotterrell, "Justice, Dignity, Torture, Headscarves: Can Durkheim's Sociology Clarify Legal Values?", *Social and Legal Studies*, Vol. 20, No. 1 (March 2011), pp. 3-20; Roger Cotterrell, "Durkheim on Legal Development and Social Solidarity", *British Journal of Law and Society*, Vol. 4, No. 2 (Winter 1977), pp. 241-252。

② 康德认为笛卡尔以来的理性以及其所强调的观察、试验等实证主义方法，只能为我们提供一些逻辑形式和经验材料，无法提供"知识对我们而言如何可能？"这一问题的答案。由此，理性并不必然能构成现代社会科学的基础。基于此他对理性展开了批判性审视，试图为现代社会科学构建新的形而上学基础。延续启蒙传统，他认为"上帝的命令"可以作为一种纯粹的预设而发挥其现代科学形而上学的基础性功能。参见 Immanuel Kant, *Critique of Pure Reason*。凯尔森作为一位新康德主义者延续了这种质疑。他认为，既然法律是人制定的产品，基于人的缺陷，"主权者的命令"并不比"上帝的命令"更加优越，因而它也就无法向我们提供"法律对我们而言如何可能？"这一问题的答案。由此，他把康德关于"上帝命令"的纯粹预设，转化成了关于"基础规范"的预设。

森一方面要用"应当"为法律设定"实质性"义务，另一方面又不能让这种"实质性"义务成为某个可以在实证主义意义上被明确感知和把握的"命令"或"社会事实"。由此，凯尔森在其纯粹法理论中进行了"应当"的链条式结构构建——一个"应当"只应来自另外一个"应当"的"命令"，即一个法律规范之所以具有强制力或发布"命令"，是因为它产生于另外一个更高的规范。凯尔森的纯粹法理论构建起来的"命令"（意志传达）逻辑和结构可以看成是规范按照"上下级"传递的链条式结构。按照这一链条的规范传导，最后总会有一个不能再继续追溯的规范，这一规范就构成了凯尔森纯粹法理论的"基础规范"。

　　凯尔森的纯粹法理论认为，"应当"除了表明一种与"是"的不同联结，不表征任何东西，即"应当"通过联结"违法"与"惩罚"，使之成为不同于"是"的存在。凯尔森此处的"应当"与康德哲学中所说的"应当"部分重合。① 康德曾说："有时候，按照某种观点，我们的意志行为，感觉它符合于理性，但另一些时候，则发现它处于自然倾向的影响之下。因此，实际上两者没有矛盾，其中所反映的只不过是倾向与理性命令的对立。"② 尤为关键但也被研究纯粹法

————————

① 作为一位新康德主义者，凯尔森毫无疑问是康德哲学在法学理论领域的代言人。康德对他的影响是全方位的，总体可以归纳为三个方面：第一，凯尔森把科学方法引入具体社会科学（法学）的思路与康德让哲学去形而上学化而成为科学的思路相同，或者说，他是康德知识领域科学化在法学领域的实践者。第二，在认识论方面，仿效康德的提问——"知识如何可能"，凯尔森提出了"法律如何可能"的认识论问题。他的"规范"概念，核心是围绕法律认知而构建的，由此，纯粹法理论对法理学的冲击和改造首先从认识论开始。第三，在方法论方面，康德用"先验结构"来联结主观和客观，凯尔森把康德的"先验结构"转换成了"规范"，他的"基础规范"就是一个先验预设，这种方法是对康德方法的直接"移植"。

② Immanuel Kant, *The Philosophy of Kant: As Contained in Extracts from His Own Writings* (trans. by John Watson), Glasgow: Jackson, Wylie & Co., 1927, p. 242.

理论的学者所忽视的是，康德关于意志的看法对凯尔森有很大的影响。康德曾说："自由使得我成为可理解世界中的一员。如果我不是其他世界的一员，那么我的行为作为一种事实要符合意志的自治。"①

　　法律具有强制性这既是一个普通常识，也是任何法学理论无法回避且必须做出解释的一个核心问题。法律体系是一个简单强制结构，一个按照等级构建起来的规范系统，它通过设定一些条件，授权国家代理人实施制裁。纯粹法理论在此问题上与奥斯丁以降的"主权命令"理论对话，认为如果把强制的权力交给类似君主这样的主权者，尽管可以保证法律被执行时的意志性，保证法律作为人造物的特性，但这样的做法无法克服人意志的任意和偶然性，由此让法律的稳定性受到威胁。凯尔森按照一贯的做法，他不想把强制交给外界的某个人或事实，而是交由"应当"。"应当"是一种能被每个人的意志认同的命令，但同时它又不属于任何个体的人。由此，法律的强制如果立基于"应当"，它也就有了被执行的合法性，立基于这种合法性之上具体强制如何被规定呢？凯尔森认为"应当"的体现形式——规范——可以规定具体的强制，进而让强制成为可以被执行的形式，他认为："强制在特定条件下以特定方式被执行，即，它要么在第一部宪法中被制宪者所规定，要么被适当授权的机构所规定。"② 至此，强制源于"规范"自身，而所有"规范"都有一个来源，那就是"基础规范"。由此，基础规范构成了整个法系统中所有规范有效性的基础，也成为强制的来源。

① Immanuel Kant, *The Philosophy of Kant: As Contained in Extracts from His Own Writings*, p. 255.
② Hans Kelsen, *Pure Theory of Law*, p. 108.

3."违法""归责"与"应当"

凯尔森紧接着把法治与自然法,自然科学与法理学进行了对比。他认为法治在描述的意义上类似于自然法,都是把某个特定的结果附着于一个特定的条件。它们的不同在于结果与条件之间的关联程度。自然法宣称一个原因必然伴随着一个结果,但法治所使用的描述性术语是:如果一个人按照特定的方式行为,另一个人也要按照同样的方式行为。自然科学与法理学的区别不在于它们用以描述对象的逻辑结构,而在于其对象本身,在于描述的意义。自然科学描述的对象——自然——是以"是"的方式呈现的;法理学描述的对象——法律——是以"应当"的方式呈现的。① 由此,法律作为一种被以法理学的方式描述的理论是一种规范性的理论。它是以一种描述性方式被呈现的理论,只不过所描述的对象不是"是"而是"应当"。由此,规范性法理学所描述的对象可以概括为是关于"应当性陈述"的意义。这种"意义"必然是人类行为的意义,它们不能按照自然科学的因果律,而只能根据效力和归责建立起结构性关联。

凯尔森以和因果关系类比的方式介绍规范归责,他认为:"正如自然法则把特定事实材料以因果律实现联结一样,实证法(在基础规范的基础上)把法律结果和法律原因联结起来(结果是指那些不法行为)。如果联结自然事实的是因果律,那么联结法律原因与其后果的就是归责。"② 在面对怀疑主义者质疑的过程中,凯尔森必须使用康德"强版本"的先验论,即认定一些已经被认可的结论为真,而不是再从经验性材料出发展开论述。但这显然是怀疑主义者所无法接受的,

---

① 参见 Hans Kelsen, "The Pure Theory of Law and Analytical Jurisprudence", pp. 51-52。

② Hans Kelsen, *Introduction to the Problems of Legal Theory*, § 11 (b).

所以能拯救规范主义的就只能是归责范畴了。

康德认为所有客体的知识都有赖于形式(范畴)作为对其进行理论认知的条件,正如他所说:"没有内容的概念是空洞的,没有概念(形式)的直观是盲目的。"① 因此,客体被蕴含人类意志的概念形式或范畴所甄别、选择和决定。在康德那里经验性的客体通过各种范畴形成认知,而这些经验性客体被凯尔森替换成了"应当"(ought)。这些"应当"在法律中进入了"规范"的形式,进而"规范"作为一种蕴含着"应当"之意志意义的客观形式,成为凯尔森纯粹法理论认知的经验性材料。仿效康德,凯尔森进行了一种主观的客观化操作——让内涵主观意志之"应当"以"规范"的客观形式呈现,进而使得"规范"成为可以进行经验和实证性操作的客体材料。因为任何"规范"都是由"应当"构成,那些对"应当"的违背就构成对规范的违犯,从而也构成了被归责的前提。一旦归责程序启动,则人的具体行为作为事实性材料进入"应当"的范畴,接受"应当"之规范性——完全有别于因果性——的甄别、选择和评判。与归责对应的惩罚直接关联于不法行为。由此,某一不法行为被惩罚,不是因为其行为与所造成后果之因果性,而是因为不法行为违反了"应当"之规范性。②

在凯尔森的纯粹法理论中,"应当"被看作是对事物认知的具体化——用康德式语言可以陈述为:它是使事物成为可能的知识。而在法律领域,事物又从属于归责之功能发挥。由此,"应当"—归责之功能发挥—归责—具体事务或行为,就构成了"规范性"在法律中具

---

① 〔美〕约翰·麦克道威尔:《心灵与世界》,韩林合译,中国人民大学出版社 2014年版,第 122 页。

② 参见 Hans Kelsen, *Introduction to the Problems of Legal Theory*, p. 24。

体展开和运行的链条。"应当"作为一个范畴总是空洞的,除非有某种客体能填充其内。基础规范所宣誓的并不简单是一个无条件的有效条件,也不仅仅是一个预设或法科学中归责的先验范畴。它背后真正隐含着的是规范的自我证成。一个要把法律科学看成是有效规范科学的人,必须要假定规范的有效性。康德的先验范畴使得对自然客体的认识成为可能,它能容纳经验的成分,而且必须通过经验成分成就自身的认知功能。凯尔森的基础规范尽管也想仿效康德建立这样一个不可置疑且无条件的预设作为法律认知的前提,但它却无法借助内在于心灵的"先验结构"容纳任何经验的内容,最后只能以"规范"来作为自然和经验客体的"拟制",从而创造一个关于规范客体的实证法科学。在凯尔森纯粹法理论视野中,规范作为法律科学的对象并不是如实证主义所理解的那样,是某种可被感知的真实存在,毋宁说,它(们)仅仅是"假想的对象(客体)",是一种理论"拟制"。

凯尔森从纯粹法理学的角度,通过"违法"和"归责"建立了一个法律作为规范体系可以独立运作的框架机制。但这并不意味着这是关于法律运作的唯一机制。他认为法社会学理论对效力的考察同样适用于法律运作机制,只是它与纯粹法学关注的重点有所区别而已。"规范法理学要处理的是法律的效力问题;社会学法理学要处理的是实效问题。"但因为效力和实效的相关性,导致规范性法理学与社会学法理学必然有不能否认的关联。在凯尔森看来,社会学法理学因为把社会事实作为自身的研究对象,所以它无法把"法律"的研究对象从其他社会事实中区分开来。当社会学法理学根据对事实性行为的归纳创制法律的时候,它需要一个规范法理学的预设。因此,社会学法理学与规范法理学不是水火不容,而是构成规范法理学的一个补充。它们命题的意义存在差别,规范法理学是要决定法庭如何根据法律规范有效地做出自己的决定;社会学法理学对法律运行的预测准确度与规范法理学所描述之功能程度成正比。为了达到预测的目的,社会学法理学必须考察立法者和执法者的行为,甚至要考察影响他们的各种意识形态和观念。由此,观念的意识形态批判分析成为社会学法理学最重要的任务。

(二)"基础规范"与法律规范结构构建

1. "预设"与"应用":"基础规范"与"承认规则"之争

哈特代表实证主义法学对凯尔森的纯粹理论进行质疑,主要集中于三点:第一,他认为凯尔森对"规范是描述性"的说辞是一种混乱和误导。从实证主义的观点看,只有一个可感知的东西才能被描述,规范作为一种"意志创制",它不可能承担"描述"的功能。第二,关于实证法与道德性问题。纯粹法的"规范"的基础是"应当","基础规范"作为特定法秩序的最高规范必然要蕴含一个"应当",如果它只是一个不含有"应当"的预设,那么也就无法充当其他规范的"应当"来源。第三,法律是关于规则的应用,一个仅仅停留于理论和预设的"基础规范"是没有使用价值的。① 因此,他创制"承认规范",试图"纠正"凯尔森基础规范现实应用性不足的问题。

凯尔森坚决主张把道德"纯粹"出法律规范体系,为此他不惜把"基础规范"设置为一种不包含任何情感和道德成分的逻辑性预设。但在哈特看来,只要承认规则能为整个法律体系提供一个运作的规范性基础,那么其中是否涉及道德是无关紧要的。他坚持认为在一个法

---

① 这三点是笔者根据哈特与凯尔森争论所写回顾性文章进行的概括,具体参见 H. L. A. Hart, "Kelsen Visited"。

官对一个承认规则的接受中不包含道德的成分是不可能的，因为将导致法官在需要做出关涉道德的判断时无法定位他的工作并适用法律。① 根据哈特的看法，一旦一个法官成为一名法官，他自然就会面对一个"完全可以确定的裁决实践"。这一实践要求他以一种特定的方式应用被甄别出来的法律规范。这一实践成为他职业的核心责任。② 法官的职业仿佛给了他们这样做的先天倾向，以至于他们不会把政绩因素考虑在内。③ 按照哈特的理论逻辑，只要满足了两个条件就可以断定一个法律体系真实存在：第一是法律官员从内部观点看待承认规则；第二是公民遵守法律。④ 在哈特看来，官员们对法律的自愿承认是其具有权威的必要条件，如果没有这一条件，法律将无法树立起实施惩罚的权威。法官的内部观点对法律的证成至关重要，但普通公民则与这种证成关系不大，公民们无须采用内部观点，他们可能有各种遵从的理由，甚至可能只是源于对惩罚的惧怕而守法。⑤

　　哈特试图在实证主义法学框架内解决法律的规范性问题，按照凯尔森所提出法律科学化的要求，法律要分析的概念不能有道德的成分，那么哈特的承认规则是如何处理道德成分的？承认规则是否能比基础规范更好地解决法律规范性所面对的问题？明晰这些问题对更好地理解凯尔森纯粹法关于法律的规范性具有比较澄清的意义。富勒坚

---

　　① 参见 H. L. A. Hart, *Essays on Bentham: Jurisprudence and Political Philosophy*, p. 158。

　　② Ibid.

　　③ Ibid., pp. 158-159.

　　④ 参见 H. L. A. Hart, *The Concept of Law*, New York: Oxford University Press, 1961, pp. 59-60, 109-114。

　　⑤ Ibid., pp. 196-197.

持认为，承认规则一定是一个道德规则，因为它必须"从一个最终扎根于善和必要性的总体性承认"那里引申出它的实效。① 即，除非那些官员从道德出发同意承认规则，否则承认规则就无法成为他们遵从和批判的标准。由此，在富勒看来，哈特的"内部观点"实际上是一个道德观点，承认规则本身也是一个道德规则。但如果这样，很显然作为法律基础规范的承认规则违背了实证主义法学道德无涉的原则。

相较"基础规范"，"承认规则"的理论构建性作用是非常有限的。在承认规则与整个法律体系的关系上，承认规则作为一个官员们的内部观点很难在法律体系或法律秩序之前产生。即官员们是通过自己生活于其下的法律系统才能形成对承认规则的态度。如果整个法律体系是非道德的，那人们将如何产生承认规则，以及承认规则这时候是否将单独承担起构建一个大家认为具有道德性之法律体系的重任？或我们可以提问：承认规则是否能成为一种法律体系重新构建的新起点？其中的逻辑哈特没有论述。按照哈特的观点，他构建承认规则的初衷只是为了使用而不是描述。② 从这个角度看，哈特承认规则概念是一个出于实践应用而创制的概念，它不能离开一个既有正常运作之法秩序而单独存在，也离不开官员们对该法秩序道德性的认知而存在。相较于哈特的承认规则，凯尔森的基础规范却是理论构建性的。它不依赖于任何既有法秩序，也不依赖于任何人，其自身作为整个纯粹法理论构建的地基而存在。由此，基础规范的主要功能是理论构建，而承认规则主要关注现实适用。从中我们可以看到这两个概念尽

---

① 参见 Lon L. Fuller, "Positivism and the Fidelity to Law: A Reply to Professor Hart", *Harvard Law Review*, Vol. 71, No. 4 (February 1958), p. 639。另外也可以参见 D. Jeffrey Goldsworth, "The Self-Destruction of Legal Positivism", *Oxford Journal of Legal Studies*, Vol. 10, No. 4 (Winter 1990), p. 460。

② 参见 H. L. A. Hart, "Kelsen Visited"。

管都关注法律的规范性，但其在各自理论中位置和功能的差异决定了二者在很大程度上不具有可比性。

哈特认为承认规则不是人们受到约束或道德内生的产物，它是长期利益考量、他人对利益的漠视、没有显露的内在和传统态度或仅仅是人们意愿的产物。[①] 这也就是哈特所说的承认规则作为一个社会规则的内涵。他把社会因素通过承认规则引入法律，这让法律规则在社会因素（社会事实）之上得以证成。而拒绝社会因素对法律规范的证成，让法律规范成为自我证成的存在，正是凯尔森以一个预设的基础规范作为法律规范性基础的原因——为了法律的科学化和独立性，他要"纯粹"掉可能的社会因素对法理论构建的影响。

拉兹没有如哈特那样在批判"基础规范"的基础上进行理论构建，而是继续沿着哈特"实用"的路径对凯尔森的"基础规范"进行了解读和"修正"。他从基础规范所发挥作用的实践应用角度来理解基础规范，通过实践中一个可能存在之"法律人"的举例，来审视基础规范的作用。在拉兹看来，基础规范只有从"法律人"的视角被认为发挥作用，它才能成为整个法律体系效力的基础——即使在一个匪帮中也是如此。但如果从"法律人"的视角，人们并不认可它，那基础规范也就不能作为整个法律体系有效性的基础。这很显然构成了对凯尔森的误读。凯尔森的确说过：任何一个有兴趣认定法律是一个规范系统的人——法官、律师、法律学者或普通公民，都可以但是不必然要设定基础规范。但凯尔森这话很显然包含了理论构建和实践应用两层意涵。从理论构建方面考察，一个人可以探究基础规范的"由

---

① 参见 H. L. A. Hart, *The Concept of Law*, pp. 198-199。

来",并在此过程中自由做出选择——预设抑或不预设它。即使是在一个匪帮统治的特定领地中,只要有某种法秩序存在,为了这种现实存在的法秩序能够被认知,就一定要有一个基础规范的预设。即,基础规范在理论上是获得法律认知所必需的;但在实践中并不是每个人都要认知这样一个基础规范,因为对多数人而言,他们感知到的只是作为整体法秩序的存在,对基础规范的认知并不是必要的。拉兹把凯尔森的这种理论认知的需要下降到实践层面的功能考察,认为基础规范既然只是发挥理论认知功能,那在实践应用层面自然也就没有被预设的必要。凯尔森所要表达的意思恰好相反——一个有实效的法律秩序一定存在一个基础规范,不管人们对他是否"预设"或"认知",它都以一种实证法体系"客观"存在的面目处于法律规范的最高处。

不论哈特基于"实用"的"承认规则"构建还是拉兹基于"实用"对凯尔森"基础规范"的解读,都呈现出了对凯尔森"基础规范"理解的偏差。这种偏差主要源于两点:第一,以"实用诉求"混淆了"基础规范"理论构建功能;第二,只在逻辑构建层面考察"基础规范",没能结合纯粹法理论的目的对"基础规范"予以定位。

2. 凯尔森的"基础规范"与法"效力"构建

"基础规范"在凯尔森纯粹法学理论中只是一个思维设定,其功能就是用来让法律规范成为一种"主观的客观"性存在,并最终让独立的法律科学和法秩序成为可能。它是一个"后天"的先天预设。凯尔森这种康德式的预设是和孔德以来的实证主义路径不相符合的,或者从某种程度上是反实证主义的。在纯粹法理论中,凯尔森根据自己理论的内在逻辑,认为"法律渊源"的说法是含糊不清的,没有什么用处。① 因为纯粹法理论中的规范是一个有等级的规范体系，每一个高级规范都可以是一个低级规范的渊源，宪法是法律体系中其他规范的渊源。由此，"渊源"一词就显得没有什么意义。但是如果我们从渊源是法律的某种基础，没有它法律规范就无法成立这个角度出发，纯粹法理论中的"基础规范"是可以被当作法律体系的终极渊源来看待的。凯尔森向我们展示了一个规范的等级链条，他之所以这样做，是因为他意识到，涉及人的意志意义的"应当"与涉及经验事实的"是"应该严格区分。人的意志意义不可能从外部的经验事实中获得。按照这一思路，既然法律是关涉人之意志的"应当"体系，那么它的自足就不仅要表现在功能上，还要表现在自我创制上。即规范不可能产生自规范之外的经验事实，而只能由规范意志自身创制。

对于纯粹法理论而言，在法科学中一些事实必须被预设为是规范性的，其方法是把法规范"虚拟"或"拟制"为事实性（客观性）的意义表达。当凯尔森以这样的方式来界定"规范"的意义时，意味着他纯粹法理论发生了一次大转向——从依据康德认识论和方法论构建规范体系向论证理论问题的可能性、实现路径和逻辑论证转向。凯尔森纯粹法理论把实证法看作是归责范畴得以发挥功能的主体性空间。法科学的"事实"——规范——被界定成一系列归责的范畴。法律科学中的"规范"的效力都需要基础规范的认定，那基础规范如何认定作为拟制性事实的法规范呢？凯尔森给出了两个认定标准："一是法律必须是经由特定的方法通过有资格的行为制定；二是法律必须保证一定程度的有效性。"② 基础规范被用以认定规范事实，也就是认定那

---

① Hans Kelsen, *General Theory of Law and State*, p. 146.

② Stanley L. Paulson & Bonnie Litschewski Paulson（eds.）, *Normativity and Norms: Critical Perspectives on Kelsenian Themes*, p. 189.

些指向他人之具体行为的意志行为，这些意志行为同时也呈现为一种被预设之"应当"判断的形式并且其大部分应该是有效力的。行为的规范性引入是源于某种意志的创造。这样行为事实就与"应当"发生了关联。创制了"应当"联结之特定规范的效力，将呈现为附着某意志行为之更高一级规范的法律后果。一个法律规范的体系结构由此建立起来。每一个规范都可以追溯到其授权机构，这正如在自然科学中每一经验性事实作为一个结果都可以追溯到一个原因。

　　基础规范是作为实证法律科学认知的必要条件而发挥功能的。从归责的规范序列来看，基础规范被认为是法科学的必备条件。但从实践使用角度看，基础规范对法秩序运行而言并不能构成具有决定性的必须。这正如拉兹所看到的，它成了一个空泛无物的范畴。关于规范与人这一主体的关系，构成凯尔森纯粹法理论的核心。他自我提问道："规范是如何被给予？或如何被认知的？它们如何能成为认知的客体？进而成为能被用语言描述并具有判断特性的客体？很显然规范的给予方式不可以用感觉感知，它与真实存在的事实迥然有异。"[①] 从凯尔森把规范与事实的对比中我们可以看到，他继承康德传统，并没有把规范当成真实存在的事实，而只是把它们看成一些先验性的预设，但如果这样，紧接着必须澄明的问题是：实证主义且不具有形而上学之法科学的特性如何靠具有先验性的规范维持？一个被预设出来的事实"影像"（形式）如何保存作为实证法学研究对象的质料？[②] 对凯尔森而言，既然其理论基础是规范，那么对这些问题所给出的也必

---

　　① Hans Kelsen, "On the Basis of Legal Validity" (trans. by Stanley L. Paulson), *American Journal of Jurisprudence*, Vol. 26, No. 1 (January 1981), p. 180.

　　② Stanley L. Paulson & Bonnie Litschewski Paulson (eds.), *Normativity and Norms: Critical Perspectives on Kelsenian Themes*, p. 189.

定要是规范性的解释，而解释的规范性通过人之意志意义中蕴含的"应当"予以保证。

凯尔森从开始构建纯粹法理论就以一个假设的前提代替了康德先验的必要性。任何人如果想把法律看成是规范性的，那么他预设一个基础规范就立即可以达成心愿。基础规范只是一个预设，它是用来通过其中内含的"应当"给出判断的规范性范畴。"基础规范的理论来源于柯亨的预设方法，基础规范是对这一问题的回应：'我们通过什么样的预设可以对能被称为法律行为的材料性事实给出解释'，即根据这些行为，让规范得以发布和实施。这一问题构成先验逻辑最真实的灵魂……。凯尔森纯粹法理论把人的概念当成是一个实质性概念，正如伦理政治预设中的'自由'和'财产'概念一样，对这一概念的处理处在康德哲学的核心位置，在这一概念面前，其他实体都退居（次要的）功能性位置。"①

3. 凯尔森法规范体系结构背后的"价值"考量

凯尔森纯粹法理论把法律构建为一个简单的强制结构，一个按照等级构建起来的规范系统，它通过设定一些条件，授权国家代理人实施制裁。很多法理学家按照逻辑实证主义理解凯尔森纯粹法理论，仅仅把其看作是规范等级或规范逻辑，而把其中对人的关怀剔除。实际上，凯尔森一直坚信人才是推动法律运行的唯一动力。凯尔森纯粹法理论的目的就是拯救人之意志和自由。凯尔森采用的关键步骤是承继康德的命题，把人确认为自由的存在，即把自由作为标识人之存在的基本属性。正如他所说，社会科学曾经把一个法律或自由人的形象作

① Geert Edel, "The Hypothesis of the Basic Norm: Hans Kelsen and Hermann Cohen", p. 207.

为它的主体。①

通过凯尔森与哈特的对话我们看到，既然规范成为人类的对象同时又是人类的"产品"，那么它自然可以作为一种客观性的东西被研究和描述，也因此分析实证主义方法同样可以适用于"规范"概念本身。这种研究和分析自然也可以被称为"描述性"的。② 这种现象

_____

① 拉斯基教授所说之凯尔森在哲学上的深邃体现在他阅读的广泛性和知识的系统性上，这可能是他那个年代以及他之前时代的德国学者的一个特点。凯尔森不仅熟悉现代经验主义和实证逻辑，而且对人类学、社会学、历史等学科多有涉猎——凯尔森的《社会与自然》(*Society and Nature: A Sociological Inquiry*) 就是涉及人类学、社会学和自然方法论的一部著作。他对柏拉图的爱、柏拉图的真理和柏拉图的正义等论述曾长期驻足，参见 Hans Kelsen, "Platonic Justice", pp. 367-400; Hans Kelsen, "Plato and the Doctrine of Natural Law"。其中关于"柏拉图的爱"的研究可以参见英文译本 Hans Kelsen, "Platonic Love" (trans. by George B. Wilbur), *American Imago*, Vol. 3, No. 1/2 (April 1942), pp. 3-100。凯尔森对亚里士多德(参见 Hans Kelsen, *What Is Justice?: Justice, Law and Politics in the Mirror of Science*, pp. 110-136, 380-384; Hans Kelsen, "The Foundations of the Theory of Natural Law", in Hans Kelsen, *Essays in Legal and Moral Philosophy*)和阿奎那(参见 "Natural Law Theory")也有过深入的探讨。而在古希腊到中世纪的古典传统知识脉络中，自然、法律和人是浑然一体的，其哲学或知识所关注的重点是如何在一种关于社会、法律、自然和人的整全性中审视人，寻找人的位置。那时人在面对宇宙、自然和社会时，没有成为"主宰"，但也没有成为"附庸"和"旁观者"；启蒙以来的思想强调了人对世界的主宰地位，但自然科学的实证思维却让人完全成为世界的"旁观者"。对于熟悉古典的凯尔森来说，他生活在古典思想向现代巨变的转型期。在古典整全性完全丧失的情况下，如何在多元社会中维护人的地位，把其从"旁观者"甚至被异化的处境中拯救出来，成为他所有法律、政治、社会和道德关注的焦点。我们可以推定，凯尔森纯粹法理论的问题意识来自他对古典关于法律、人与自由天然融合的审视和反思。

② 纯粹法理论的基础概念是"规范"，"规范"的意涵只有结合凯尔森关于人类命题的思考才能被把握。规范是有内容的，其内容蕴含在凯尔森对人类时代命运的思考中。但与此同时，就一种法律构建的概念技术而言，"规范"又是形式性的，它承负着搭建纯粹法等级性规范结构的使命。正是"规范"这两种在技术上可以分离，而在人类命题上却不可分的特性，决定了凯尔森在使用"描述性"来说明规范的对象特点时，其所使用的是现象学意义上的描述，而不真的是实证主义那种基于观察的"描写""记述"或"陈述"。凯尔森的"描述性"概念对理解"规范"非常关键，但大多凯尔森的研究者只关注了"描述性"的实证意涵，而没有意识到其中蕴含的康德传统和现象学使用意涵。在此基础上对凯尔森纯粹法理论的不正确批评，进一步增强了该理论的"晦涩性"。在诸多关于凯尔森"描述性"的误解和批评者中，哈特是最具典型的一位。他在与凯尔森唯一一次面对面的访谈中，事先列了三个问题，第一个就是"如何理解凯尔森的 （转下页）

学意义上的"描述",其意图或目的是要揭示法律秩序中内在的人性本质,而规范中所蕴含的规范性恰恰是这种人性的体现。①

凯尔森致力于建立一个值得人尊重的人类秩序,在这一秩序中"应当"立基于合法性和权威诉求。同时他也清楚地意识到,纯粹法理论的构建必须与建立有价值的人类生活,让法律秩序在人类关系中发挥人性化的作用这一目的保持批判性的距离,这一点至关重要。如果不首先建立起某种以形式呈现,并可以让复杂的人类交往成为可能的法律秩序框架,那么人类就缺乏找寻正义的有力工具。即在凯尔森看来,应当通过纯粹法理论首先让法律秩序成为一种纯然的,不涉及任何权力和正义的结构、框架或形式。"纯粹"的应有之义就是不能让法律秩序成为人类社会权力和正义的体现或形式,并且这种"纯粹"从某种意义上也是针对实证主义法律而言的。在实证主义观念下,人们把法律当成一种法律规则的治理,它被用来分配权力、权利和义务。久而久之,人们逐渐开始把这种规则治理的过程解读成一种权利实现过程。由此,法律的运作具有了一种如历史主义和自然法中的半神秘力量。法律规则一旦建立并运行,它就像一台在某种力量下驱动的机器设备或某种机制一样,人们只要把自己的诉求输入,则某种被认为反映了权利和正义的结果就会自然被这台"机器"像产品一样制造出来。原来被认为正义维护者的法官,在被认为形式完备而又

(接上页)'法律规则是描述性的'这一表述"。但到访谈结束以及他形成回忆性文章后,哈特仍然认为凯尔森规范的"描述性"是他所主张的"非描述性",由此,凯尔森关于规范是"描述性"的坚持让他感觉很不可思议。究其原因,哈特只关注了"规范"(或法律规则,凯尔森自己认为这两个概念可以通用)的技术性层面,对其关于人之意义,其作为表征人之特征的哲学现象学层面却没能深入理解。具体参见 H. L. A. Hart, "Kelsen Visited"。

① 参见 Wayne Morrison, *Jurisprudence: From the Greeks to Post-Modernity*, p. 326.

不反映任何内容的"法律机器"面前，除了按照法律所要求的或命令的进行宣读，不能对法律进行任何实质性的解读，不能有任何属于他个人的思考，不能同情和怜悯，也不能有所谓正义的"偏见"。

于是，最终法律实证主义所涉及的法律规制治理的框架，不再仅仅是一种程序或规则结构，而是成了一种信仰，进而成了正义的化身。这是历史神秘主义决定论和自然法通过实证主义法律的复苏。宣称排除了道德和政治意识形态而获得独立的法律，实际上重新以实证主义法律规则治理的形式成了一种新的信仰和政治意识形态。实证主义下的法律权威依赖于"主权者"，而主权者往往通过掌握权力的代表发声。于是法律逐渐和政治权威难以分离，最终掌握了权力也就等于拥有了以主权者的命令颁布法律或以法律的形式发布命令的权力。在凯尔森看来，实证主义法律规则治理的神话因此而破灭。

凯尔森所要构建的实证法规范框架和结构，表面看来和法律实证主义并无二致，施米特仿佛看到了纯粹法技术层面的这一缺陷，所以以十分肯定的语气提前宣布了它的破产："我们可以把凯尔森的法理学看作是在变动的政治环境下的律师官僚意识形态，他试图通过形式多样的相对主义权威优势来压制当下的政治权威，同时试图让传递给他的规章制度呈现出系统性秩序。"[1] 把凯尔森纯粹法学与实证主义法学进行对比就会发现，纯粹法学强调所有法律都是人定的，整个法律结构都是人制造的产物，是人的意志和想象力的体现，法律规范体系和法秩序中不具有任何足以左右法律运作的神秘力量。并且整个纯粹法结构的目的直接指向社会关系，指向人间的正义。这种工具理性与

---

① Carl Schmitt, *Political Theology: Four Chapters on the Concept of Sovereignty*, p. 45.

目的理性和价值理性明确二分而又密切相关的特点，恰恰是只强调形式理性的奥斯丁实证法传统所缺乏的。纯粹法所强调的是：为了正义的目的和价值必须要有一个强制的结构，但这一强制的结构为了实现正义首先必须完全独立于正义，它只是正义构成的一个条件，是可以展开实证分析的客观形式存在。这种存在并不是为了限制人性的可能，恰恰相反，它要通过让人类意识到自身知识的局限而摆脱政治意识形态、道德和神学所许给人们的虚假谎言。从中我们可以看到，凯尔森在知识论上继承了苏格拉底传统——当人类只承认自己所知道的，他就会有一种明确的自我意识，就不会被世间的虚妄和幻象所迷惑，而也只有此时，他才是自由的。在这一点上，凯尔森是一位站在现代性立场上维护个体人性的坚定斗士，他曾以激情的语言写道："如果我们是政治舞台上上演着宗教和社会戏剧的演员，那么当我们把脸上的面具摘下时，我们就不再能看到上帝的奖赏和惩罚或国家的谴责和战争。是人自己在强迫同类，不论是 X 先生为战胜了 Y 先生而狂欢抑或是作为一个狂野的兽类被鲜血唤醒。"①

人类摘下面具之后，道德、宗教和政治意识形态不再能对人类发挥作用，但人类并不因此而能获得清晰的自我认知和自由，被现代自然科学裹挟而来的因果规律重新为人类铸造好了枷锁。现代性所教导的信条——按照因果律看待世界，处理人与人之间的关系——重新让人类戴上了面具，进入了另一个自然科学的剧场。如何让人类在现代性剧场上不被自然主义因果律误导和毁灭，如何以一种新的法律科学拯救人类，成为凯尔森的理论命题。这种法律科学必须能折射现代性下多元和相对主义的性质，并能成为多元意志和多样意义整合的一个

① Hans Kelsen, *Essays in Legal and Moral Philosophy*, p. 67

框架。与此同时，它又不能跨越出自身的能力范围，制造出新的幻想。为了处理这一命题，凯尔森采用了形式主义技术手段，首先把法律打造成一种规范形式的框架。

　　根据法律陈述的内容，在特定条件并且仅在这些条件下才能实施一个强制行为。在具体案件中可能体现为惩罚的实施。人们可能对此有疑问：在法律陈述中所预见到的条件——比如犯罪——是否是一种真实的呈现？一个无辜的人是否有可能被国家宣判有罪？法律秩序会由上级法院提供一系列的审判复核，但这种复核是有限度的，最终审判一旦具有法律效力，则不可变更……法律的判决应该立即执行。如果有人偷盗或谋杀，那么他就应该被惩罚，但我们如何确立能判断一个人是否做了某事之绝对真理性的标准呢？对此的回答是：在特定程序下，如果任何一个终审法院假定该人实施了偷盗或谋杀等行为，那么他就应该被惩罚。依据该陈述，（我们可以得出结论说）司法无错误，国家无违法。①

　　通过此种操作，"真理"或绝对的真实最终由一套稳定可预期的程序来决定，因为它们是程序的产物，由此也必然由程序决定。而程序或形式结构是人类的创制，因此，最终人类自身掌握着真理的标准。凯尔森对这种通过形式"拯救"人的做法直言不讳："人类这一具有精神的存在，从他被以上帝的形象造出之后，他就不是肉体的存

———————

　　①　Hans Kelsen, *What Is Justice?: Justice, Law and Politics in the Mirror of Science*, p. 79.

在，而是在一个神学体系中呈现。即他不仅具有动物的官能，同时也具有一个灵魂，因此，法理学所必须强调的是：成为其关注中心的不是作为生物-心理单元的人，而是一个真正的'人'，一个法律体。法理学①按照国家的形象创造了人——法律人。"② 至此，在法律的帮助下，人重新掌握了自我审视、自我控制和自我评判的标准。当然这种真理不是绝对的真理，它具有人类经验的相对性。同时关于真理的寻找可能会有社会学、政治学的不同视角和方法，但凯尔森告诉我们，不论是哪一种方法，都必须以一定的方式在某处终结。在凯尔森那里，由纯粹法理论构建起来的法律规范所提供的司法程序，实际上就是真理断定的程序，并且这种真理无关乎事实的"真"，而只关乎价值判断的"应当"。

---

① 在凯尔森看来，如果纯粹法理论是关于法律的描述，那么法理学则是关于法律主题的言说。那"什么是法理学的主题呢"？他认为法理学的主题就是承认法律是由人创制的。他接着追问"法律的特别呈现是什么"。其答案是不能被简化为经验科学对象之具有人格的人，能为神学提供材料之具有灵魂的人，一个具有法律能力的人，"他"才是法律的主体。参见 Hans Kelsen, "God and the State"。

② Hans Kelsen, *Essays in Legal and Moral Philosophy*, pp. 79-80.

第五章 "规范"与"意志"
互动的动态法律机制构建

凯尔森的纯粹法理论通过"规范"把法律构建成了一个独立且自足的体系。但该体系毕竟要通过与社会、国家、公民和人的行为等要素发生关联并对它们施加影响才能彰显自身的功能。法律规范体系与这些要素互动并发挥功能的过程,也就是法律体系自身动态运行的过程。法律体系的动态运行形成法秩序。在纯粹法理论中由独特的"规范"构成的法体系如何通过动态运行形成法秩序?在此过程中"规范"如何"动"起来,成为纯粹法理论必须面对并解决的问题。

一、"规范"与"意志"相互创生的机制

凯尔森把法律秩序与规范紧密联结起来,他认为:"法律秩序就是认知的客观化,是人类行为的规范秩序,一个规制人们行为的规范的系统。"① 而规范是一种指导他人行为的"应当",指导他人行为的意义也包含在这种应当之中。如果某人被授权拥有颁布一个规范的权力,如果这个人采取了颁布一个规范的行动,则这一行为的意义就是该人以自己的意志行为颁布了一个规范。但应该注意的是,这一颁布的规范一定不是指向某个人的具体行动,或者指向某种具体行动,其

---

① Hans Kelsen, *Pure Theory of Law*, p. 4.

所标示的只是一种指向行动的"应当"的意义。这一"应当"的意义来源于前面那一被授权之人的意志行动，这种主观的意志通过"'应当'的'是'化"被以一种规范的形式确认了。规范一旦形成，就不再代表原来制定人的意志行动，而只代表自身所表达的"应当"的意义。并且这种应当的意义可以被赋予其他的行动，从而让其所赋予的行动具有规范的意志意义，也成为规范调整的内容。

规范因为是指导某个行为指向"应当行为"的意志行动的意义，所以其"应当行为"并不指向任何一个具体的行为。但这并不是说二者没有任何关系。一个具体的行为可以通过和"应当行为"的比较，来对自己进行意义定位——赋予行为以规范的意义。在凯尔森看来，在一个由法律规范确定的法律秩序中，一个实际的行为是无所谓"违法"或"合法"的，因为行为本身，如同自然界的事物一样，只是一个人类发出的客观的行为，属于"是"的范畴。"是"本身是没有"对""错""合法"与"违法"之类意义的。要确定其"违法"抑或"合法"就必须对该行为赋予意义，这一工作是通过法律秩序中的一种"先天综合判断结构"的基本单元——"规范"——来完成的。只有与"规范"在"应当"中承载的意志行动的意义进行比较，一个具体行动的意义——"违法"抑或"合法"才能在法律规范中被确定。

法律规范是通过某个被授权的机关或个人按照一定程序的立法行动创制的。或者概括地说，是行动或立法行动通过特定的立法程序"创制"或"设定"了一个法律规范。在这里很重要的一个问题出现了：一个行动在"创制"或"设定"规范的时候，行为的主体要通过此种"创制"或"设定"行为传达某种主观意义。那"规范"如何承载人的主观意义？如何保证这种意义的客观性？凯尔森在这里又回到了康德，他认为一个行动一旦通过立法程序把自己的行动意义转变成一个表达"应当"的法律规范，则该规范就摆脱了立法行为的个体意志行动的意义而成为一种指向所有行为的客观意义，即法律规范成了一种包含着形式化意志行动意义的意义形式。如同"先验结构"一样，法律规范自身不包含任何实质性意义素材，它只是处理具体质料的意义形式，每一个作为具体"是"（而不是应当）的行动，都可以从法律规范这里被赋予（获得）法律意义，从而获得某种参照，也就是接受法律的指引。由此，法律规范是一个立法行为主观创制的具有客观性的规定。而这一规定作为客观性的存在，又总是由一个行动的主观意志创制或设定，并最终指向意志的行动并赋予其意义。

　　凯尔森在其行文中经常使用到用来说明法律规范的一个例子是匪徒和收税官员的对比。一个匪徒在抢劫时命令一个人交出钱财，这时他的主观意思是"你应当交出你的钱财"；当一个税收官员向一个人收取税费时，其表达的主观意图也是"你应当缴税"。但凯尔森说匪徒的命令不是法律规范，而只是一种主观意志的表达，因为其行为没有被另外一个规范授权；而收税官员要求纳税人缴税时尽管也是一个主观意志表达，但因为其行为被"税法"这一法律规范授权，除了主观性，还具有规范赋予他应当如此的客观意义。[①] 税收官员的行为和命令因此成为合法的；而匪徒的行为没有这样的规范意义，充其量只不过是个人意志的表达，但他的个体性意志行为可以通过"抢劫属于犯罪，应该被判坐牢"这样的规范被赋予一种具有普遍性的意义，即这一规范赋予匪徒的行为以"违法"的意义。由此，作为"意志"处理的"转换器"，法律规范通过归责而不是因果赋予个体性的匪徒意

---

　　① 参见 Hans Kelsen, *Pure Theory of Law*, p. 8。

志以一种因侵权而构成违法之普遍意志。

那么是什么创制了"税法"这样的法律规范呢？凯尔森纯粹法理论认为，"税法"这样的法律规范是因为另外一个法律规范授权的意志行为而产生。那什么产生了授权制定税法行为的规范呢？是一个更高的规范授权的意志行为。这样按照一个链条一直向上追溯，我们就找到了一个国家的最高规范——现行宪法。现行宪法是产生一个现行法律秩序中所有规范的规范。但如果再追问，宪法是如何以及被什么样的规范创制的呢，我们可能会找到一个法律秩序中的第一部宪法。这第一部宪法又是从哪里来的呢？它可能就是某几个人的意志行动的后果了。这样追溯下去这一法律规范的链条将永无止境，所以凯尔森认为第一部宪法之前的某个意志表达形式作为终极的产生宪法的规范不能再往下被追溯了。这个东西，凯尔森把其命名为"基础规范"。"基础规范"赋予整个法律规范体系以效力，只有在一个具有效力的基础规范之下形成的规范等级体系，才能被称为一个法律秩序。下一步，纯粹法理论需要澄清的一个问题就是何以人们要遵守被制定的每一个法律规范？该理论构筑起来的规范体系在现实中的适用逻辑是什么？对此，凯尔森向我们展示了在一个规范等级结构中规范效力传递的动态过程。

二、法规范的效力与法体系运作

（一）法律动力渊源的探讨

1. 由外在"命令"到内部"规范"

凯尔森接受了奥斯丁分析法学的思路，认为法律需要动力渊源。所不同的是他认为奥斯丁的分析实证主义不够"纯粹"。尽管奥斯丁认为："法律的存在是一回事,其优点和缺点是另一回事。它存在或不存在是一种探究;它符合不符合某个假定的标准则是另外一种探究。"① 表面看来,这段话是一个实证主义法学者的典型立场,充分表明了他对法律的"价值中立"主张。但从法律的结构和功能构建来看,奥斯丁并没有真正排除对法律优缺点的探究,也没能真正保持"价值中立"。这源于他分析实证主义法理论的内在缺陷——在探讨法律的动力和动力机制时没能保持法律或法律科学的"纯粹",而是把法律引向了某种政治学说或预设。这样的一个后果是使得他的理论不能对法律的运行和社会功能发挥给出解释。因此,在凯尔森看来,一种对静态的法律结构具有驱动能力,能让其在现实中运作并充分发挥功能的力量必须被重新引入法律。

之所以说奥斯丁的实证主义法律最终没有解决法律动态运行的问题,源于奥斯丁的"价值中立"被其法律理论的功能和目的追求所消弭。尽管他也曾把推动法律运作的力量当成其法理学的任务或使命,以致其实证分析法理论中所使用的"主权者""命令""制裁""习惯性服从"仿佛都是为了法律的动态追求所设置,但它们都来自霍布斯以降的政治学或某种政治预设。即奥斯丁的分析实证主义法理论不仅要描述法律,而且试图以之把握更复杂的社会现象。因此莫里森认为:"奥斯丁不是一个单纯的实证主义者,因为他的实在法一向是一个整体结构(和功能)的重要组成部分。"② 奥斯丁把自己的视野放在了社会和政治世界中,他注意到了人类生活的不确定性,为了克服人类意志的随意和偶然性,他最终主张人的生活质量依赖于政治优势者

---

① John Austin, *Lectures on Jurisprudence or the Philosophy of Positive Law* (revised by Robert Campbell), 4th edition, London: Jonh Murray, 1873, p. 220.

② Wayne Morrison, *Jurisprudence: From the Greeks to Post-Modernity*, p. 232.

所施加之执行理性命令的意志，进而认为现代人为了一种确定性，有赖于这种意志。奥斯丁这样做尽管通过依靠"外力"解决了法律体系运作所需的动力问题，但却向"主权者"的任性和随意敞开了大门。这是亲身经历并见证了一战和二战历史的凯尔森所无法接受的。在法律的动力机制上，他试图通过其纯粹法理论重新为法律找到一个基础性的力量。这一力量不仅不能对个体意志具有压制性——寻求个体的习惯性服从——而且它本身就应该是人意志的产物。也只有这样，法律的运作动力才能源于人自身并服务于人。

奥斯丁的实证分析法理学在凯尔森看来加入了太多社会和政治的成分，对实在法体系而言，构成一种不纯粹，由此他界定说："纯粹法是实在法的理论。作为一种理论，它只关心其主题事项的精确定义。它努力回答的问题是'法律是什么'，而不是'它应当是什么'。它是一门法律科学而不是关于法律的政治学。"① 所以，凯尔森把纯粹法学的理论使命界定在使法律成为一个更封闭(独立)、更有效，且能证成自我的形式结构方面。这种法律体系和结构与奥斯丁理论所构建之法律体系和结构的最重大的区别是：凯尔森纯粹法理论在关于法律运作动力及其来源方面没有如奥斯丁那样向社会和政治权力开放，而是让其产生于封闭的法体系和结构自身。

奥斯丁的分析实证主义法理论把法律看作是等待适用之完整的规则体系，他没有考虑规则的创制过程。按照凯尔森纯粹法理论来审视，他的实证主义法体系是一个静态的体系。凯尔森意识到必须用一个蕴含动态机制的法理论对奥斯丁的静态法理学进行补足，即必须阐

① Hans Kelsen, "The Pure Theory of Law: Its Method and Fundamental Concepts: Part I", *Law Quarterly Review*, Vol. 50 (1934), pp. 265-281.

明规则创制的过程。他最终认为，法律不同于其他规范系统之处在
于，它规定自我创制。在纯粹法理论中，一个规范被创制的过程被另
外一个规范规定。这一规范往往不仅决定程序的创制而且决定其他规
范内容的创制。由此，宪法不仅规定各种规章的创制程序，也包含一
些关于内容的规定。如言论、出版和宗教自由不能被法规所限制。涉
及民事和刑事程序的法律规定了指导司法判决做出个体规范的方式；
一个民事或罚金的法令所涉及的个体规范的内容将被一个更具普遍性
的规范所决定。决定创制模式的法规范和决定内容的法规范在法律术
语里被以"程序法"和"实质法"区分开来。

从功能的意义上来说，宪法作为最高规范决定一般性规范的创制
和部分内容。这些一般性规范又控制作为司法决定的个体性规范。在
此我们看到，凯尔森纯粹法理论并不是如哈特所说不具有"实用"
性，它的重要目的之一就是让法律规范成为一种可以在实践中发挥功
能的系统，所以它通过功能发挥考察该法律系统的动态机制，同时给
出理论说明。那些最原初的立法机构和立法程序可以被看作是一个规
范的综合体。其中包含着一些承认传统是法律创制者的规范。这一综
合体内的规范不必通过一个成文的宪法来囊括——它们也可能是通过
习俗创制之未成文宪法的一部分。一个法律规范之所以有效，是因为
它是以另外一个规范所规定的方式产生。这构成了凯尔森所创建之实
证法体系的效力原则。它是一个彻底动态的原则。法律秩序通过这种
动态链接得以实现。

如果人们追问一个司法判决效力的理由，那么答案是：这个判决
被一个个体性规范所指导。举例来说，A 有义务支付 B 一千美元的判
决之所以有效，是因为这一判决是通过对一个具有普遍性的成文或习
惯性法律的适用而获得的。这一法律规范授权法庭以特定的方式决定

一个具体的判决。这一被适用的更具普遍性的规范之所以有效力是因为它是根据宪法创制的。那什么是宪法效力的理由呢? 宪法从其中获得其效力的规范称为一个法秩序的基础规范。这一基础规范对法秩序的统一性负责。

2. "意志"作为规范运作的动力

在上面凯尔森关于匪徒和税收官员的论述中,不仅涉及了规范的产生,同时也涉及了规范效力来源的动力机制问题。从中可以清晰地看到一个规范授权的效力传递链条和基本规范的功能。既然只有规范才能让其他的规范产生效力,那么,只要确定了一个规范在某个规范等级中的位置,就可以确定该规范的效力等级和"推动力"的大小。通过把规范嵌合在一个授权链条中,一个事实性问题则可以以"归责"而不是因果的方式被统摄入这一规范体系中,而后通过"归责"的规范适用,一个事实性问题或事件就具有了规范性法律意义,这使得它们在克服"是/应当"二分的基础上成为法律可以处理的对象。例如一个人饮酒驾驶被警察查获,警察在警告之余对该人进行了罚款。如果没有规范的介入,这只是一个按照一定时间顺序发生的事件,其本身没有什么关涉人的主观意志意义。但是当这一事件被纳入"禁止酒后驾车"这一彰显人类意志的规范之后,"酒后驾驶""予以警告和罚款"这一原来只指征时间顺序的事件就成为一个既有主观意志,也包含着客观标准的法律规范判断(裁定)。由此,如果我们在法律规范体系(法秩序)中对这一事件进行考察,会揭示这样的动力(动态)逻辑:有一个"禁止酒后驾驶"的法律规范,其中蕴含着人类"应当"的规范性意志,当一个行为(事实或事件)——酒后驾驶——被发现后,按照这一规范(人的规范性意志的呈现形式),该行为应该受到处罚。但为什么该规范有效呢? 因为它是经由被授权的国家行政机关(其内部工作人员)依据"应当"(规范性意志)创制的。

为何制定该规范的国家行政机关或其工作人员所创制的该规范对处于该规范体系下的所有人及其行为具有普遍性效力呢？原因在于该国家机关制定这一规范的行动(意志表达)是经由另外一个规范授权的。在这一上溯的过程中，我们总是能找到一个包容特殊规范的一般规范。当我们不再能进一步沿着效力链条追溯时，最后会遇到一个不能再继续追溯的基础规范，即达到了不能再对法律规范的效力进一步追问的某个地方。法律规范的效力必然涉及法律的运行动力及其终极权威来源的考察，如果在此问题上不能给出解释和论证，那必将威胁到整个法律规范体系结构的合理性，并且会在实践中被认为不具有适用性，这对法律这样一门应用性科学而言是致命的。由此，凯尔森的纯粹法理论仿佛遇到了一个无法跨越的瓶颈。在最为关键的一环上，凯尔森回到了康德，不仅使用了康德用以克服主/客二元对立的先验预设思维，而且使用了他的循环论证方法。他说："寻找一个规范之效力理由的活动不能无限进行下去。它必须终止于一个规范，该规范……是被预设的。之所以预设它，是因为它的效力和资格不能依赖于更高规范权威的'创制'……我们称这种规范为基础规范。那些其效力能够追溯到同一基础规范的全部规范构成了一个规范体系、一个规范秩序。基础规范是属于同一秩序的全部规范的共同效力来源——它是它们的理由。"①

凯尔森经常使用一段父亲命令儿子的对话来形象地解说基础规范可以作为法律规范效力和动力来源的理由：

---

① Hans Kelsen, *Pure Theory of Law*, pp. 194-195.

子："为什么我要上学？"

父："因为你要听父母的话。"

子："我为什么要听父母的话？"

父："因为上帝命令孩子要服从父母。"

子："为什么人们应当服从上帝？"①

　　在孩子的追问下，父亲遭遇了一个终极性问题，即使上帝是万能的造物主，即使人们对此深信不疑，但是信仰上帝和为什么一定要听从上帝的命令是两个不同的问题。一个人信仰上帝是源于他内心对上帝的信仰，即信仰是因为信仰。这尽管是一个循环论证，但却可以自我证成；但人们为何要听从上帝的命令却超出了人所能回答之问题的范围，因为这一问题需要对上帝命令给出效力说明。这对生活于有限性中的人来说显然是不可能的。凯尔森继承康德，对人理性的无限性持怀疑态度，主张人应该止步于自己有限理性的边界，即康德所说的人类要为信仰留下地盘。② 该父子间对话中孩子最后对遵从上帝权威的追问必然涉及对上帝的描述和证成，这一点显然超出了人理性的界限。人对上帝权威的信服只能借助于信仰，按照同样的逻辑，人类对法律权威的信服也只能借助于信仰。③

　　"信仰"先天与上帝关联，对纯粹法理论而言，它的一个关键性任务就是排除"上帝命令"作为法律运作的终极动力和权威来源，让法学成为一门科学独立的学科。因此，"信仰"必须被改造，"信仰"

---

　　① Hans Kelsen, *Pure Theory of Law*, p. 203.

　　② 参见 Immanuel Kant, *Critique of Pure Reason*。

　　③ 伯尔曼曾说"法律必须被信仰，否则它将形同虚设"，其中所意含的就是这个道理。参见〔美〕伯尔曼：《法律与宗教》，梁治平译，中国政法大学出版社 2003 年版。

中上帝的意志必须被替换成人自身的意志。因为对于人而言，他的意志只能服从于自身的意志，即所谓的意志只能服从于意志。凯尔森纯粹法理论通过"规范"和"规范性"的引入实现了这种改造。所以，在法律的终极动力和权威来源上，按照同样的逻辑，"信仰"必须被承载着人类自身意志的"规范"所替代。既然上帝以及对上帝的信仰已经构成了人类理性的极限，上帝的权威是不能被人类描述、解释和证成的。按照同样的逻辑，在凯尔森看来，如果不给法律的权威来源设置一个边界，而一味在人类理性之外寻求它的终极动力和权威来源是无法实现的。既然法律是人类意志和理性的产物，那它只能经由人依靠自身的有限理性为其"预设"某个边界。"基础规范"正是在人类理性的边界处法律规范预设。因为这一预设不再可能被其他东西证成，形成了其不能被描述、解释、追问和证成而只能被预设的独特性质。

正如信仰"虚无缥缈"没有任何经验性实质内容，但却能为每一个心怀信仰的人在内心深处奠定一个牢固的"上帝"权威根基一样，"基础规范"这一预设尽管不含有任何经验性的实质性内容，只是纯粹法理论的"假设"或"预设"，但人们一旦相信这种"预设"，法律科学也就具有了无比坚定的根基。由此，我们可以毫不讳言地说，凯尔森的纯粹法理论最终是一个说服的事业——说服人们相信"基础规范"这一预设，一旦人们被说服并相信，则法律将被从上帝的天国带回到人自己的世间，成为一个为人的意志所创制并服务于人之意志实现的体系。由此，人类以意志表征的自由也就获得了一个稳定而坚固的"庇护所"。

凯尔森认为对于父子问答中儿子最后的终极问题，按照纯粹法理论的逻辑可以给出这样的回答："因为，作为一个信仰上帝的人，人们假设人'应当'服从上帝的命令。即一个规范的效力陈述，实际上是建立在信徒确立宗教性道德规范的效力，并把其作为一种深信不疑预设之基础上的。"① 至此，基础规范构成了整个法律秩序效力和权威的终极来源，一旦一个法秩序中基础规范被确立，则整个法律体系动态运行和功能发挥的效力和权威也就被确立起来。这一被预设出来的基本规范不具有任何经验的特性，但其一旦被预设出来就必然成为表征着人类意志主观性的客观性存在，并且由其效力所产生的所有"下位"规范都具有这样的特性。离开了基础规范的终极效力和权威预设，人类的客观事实性的行为就无法进入一种意义系统，也就无法成为人根据其意志处理的对象。对此凯尔森曾说："基本规范并非——如同一个实在法规那样——因为是被一个法律行为以某种方式创造出来而有效的……它因为被预设为有效而有效。如果没有这种预设，任何人类行为都不可能被解释为法律行为。"② 至此，整个法体系的适用和动态运行，由于基础规范的创制而获得了"第一推动力"。最终，一个既能保证法律的独立性，又可以让法律真正做到在自己独立意志领域里处理人类行为的崭新法律体系就经由纯粹法理论被构建起来。

3. 强制："规范"对行为（事实）的意义重塑机制

"如果纯粹法理论假定强制是法律的基本要素，那是因为它也仔细检视了人类历史上社会秩序中关于'法律'的界定，进而呈现一个对社会生活而言极为重要而且可以通约的要素：它们都规定了一个与裁决相伴的强制。在把'法律'的概念界定为一个强制秩序时，即在规定了强制作为裁决实现的条件时，纯粹法理论不过只是接受了人类

---

①   Hans Kelsen, *Pure Theory of Law*, p. 203.

②   Hans Kelsen, *General Theory of Law and State*, p. 116.

历史上关于'法律'术语的意义。在把法律界定为强制秩序的过程中，纯粹法理论把法律看作是一种特殊的社会技术。这种技术的特点是通过对其相反行为实施强制性制裁，而产生让立法者认为合意的特定人类行为。"①

凯尔森纯粹法理论中的规范要素通过强调强制的真实性和官员的作用，真正实现了奥斯丁没有实现之法律的社会型塑功能。一个法律规范就是在特定情形下引导官员实施制裁的一个"应当命题"。总的看来，在发生了与法律所要求相反的行为时，法律包含了要求官员实施制裁的指示。然而法律也并不总是禁止性的，它也允许人们构建健全的关系，重塑交易——比如在遗嘱的创制过程中。法律是一种既赋予义务同时也授权官员实施制裁的社会控制形式。法律科学关注把法律规范背后规范的主观性转化为法律秩序中的客观性。比如把"偷窃应该被惩罚"转换为"如果某人实施了盗窃，那么法律官员就要对其实施相应的制裁"。严格来说，法律规范并不指向一个普通公民，如果一个公民做了什么，即使在一个官员看来达到了足以让他实施制裁的地步，该公民实际上并没有做什么与规范相反的事，也不应受到制裁。这种公民行为在凯尔森看来只是"过错"，该"过错"是事实性行为，与"规范"无关。"规范"只会在"盗窃法案"中规定构成盗窃罪的条件，并规定盗窃行为一旦发生，盗窃者应承担的责任和被判定有罪后应受到的制裁。法律系统不会"主观地"说"人不应该偷盗"，但它会客观地陈述说："如果一个人实施了偷盗，那么他将被惩罚。"

---

① Hans Kelsen, *What is Justice?: Justice, Law and Politics in the Mirror of Science*, p. 289.

　　如果一个法律科学家试图理解一个保护财产的政策或一个阻止偷盗的法律如何运行，那么他会注意到，法律体系中并不会提及"一个人不应该偷盗"。凯尔森认为与特定法律或强制规范有关的主观意志——如"一个人不应当偷盗"——只能隐藏于法律秩序的客观性之后。① 一个法律秩序可以通过法律规范的客观性使之凌驾于道德相对主义之上。如果法律成为道德的"应当"，那就等于要把法律构建为替某种绝对价值服务的结构；但如果把法律当成具有各种可能，可以反映各种人之诉求的"应当命题"，则"法律规范可以容纳任何内容，人类行为不会再因为某种'本质'的存在而不能进入规范，法律规范允许人类行为以权利和义务的形式融入"②。凯尔森把社会或道德规范称为"次级规范"，而把真正的法律规范作为"初级规范"。用凯尔森的话说："法律是初级规范，它规定了惩罚，这一规范并不与主体的过失相矛盾，相反，它们构成惩罚的条件。"③

　　不仅面对法律科学的独立性，而且面向实践，凯尔森让纯粹法理学下的实在法排除了"权力""道德""社会经验事实"和"自然法"的侵扰，而成为一个关于"应当"规范的自治领域。每一个关于"应当"的陈述都被当成一个先天蕴含"应当"规范。法律规范在一个基础规范之下形成了一个效力等级，下一级规范来自上一级规范，是根据上一级规范对法律的再创制和适用。这样一级级下来，最后和人类

　　　① 这就是所谓"客观的主观化"和"主观的客观化"。主客观在"规范"中获致统一，是凯尔森纯粹法理论的一个典型特质。"规范"蕴含"应当议题"的主观性，但这种主观性隐含在"规范"作为一种法律"规则"这一客观呈现的背后。"规范"对事实条件的规定或假定，构成其具有"是"性质的客观内容。被构建之后的规范之"是"并不指称真实的事件或人类行为，而是一种被假定的事件或人类行为类型，是一种具有客观性的假定事实。

　　　② Hans Kelsen, *General Theory of Law and State*, p. 116.

　　　③ Ibid., p. 61.

行为发生直接关系的是司法行政机关对最低一级规范的适用。但是这种适用实际上也是司法行政机关对规范的解释，规范解释作为一种"拟制"的法律规范，不会因为人的经验性活动而在效力程度和范围上发生改变。也就是说，即使经过解释的法律规范仍不受人行为的影响，而人的"违法行为"却构成规范规定实施惩罚的条件。由此，凯尔森的纯粹法理论让法律体系成了一个完全封闭的体系。它不受外界侵扰，即使在直接和经验实践型的人之行为发生互动时，它也是"我行我素"，完全以人的意志的应当规范形式做出对行为的"评判"和裁决。

　　在找寻法律系统运行动力机制过程中，凯尔森把官员与法律机构的作用与实证观察联结起来。法律机构和官员通过适用法律程序和程序性的证据技术，来判定一个有争议的事实是否违法：跟随这一法律步骤，则进入法律规范被适用的阶段。有时候——如同在错误的判决中发生的一样——社会的真实与法律规范会发生矛盾，尽管如此，这仍是法律运行的方式。在此处，凯尔森对法律运行的方式和法律产生的后果进行了"分离处理"，即法律运行和法律产生的后果被看作是两个不同的问题。他曾说："如果某人被有效判决判定为偷盗，而事实上他并没有偷盗，一般的实证法规范会规定——'不论谁实施了盗窃都应受到惩罚'——在该审判中显然没有被实现，但即使如此却不能说'法律'不存在。"① 凯尔森试图通过使用法律规则与法律行为分析相结合的方法寻找隐藏于法律结构下的深层动力。为此，他就必须假定在所有法律之下隐藏着一个具有同一性的深层动力机制，并把其描述为一个在特定情形下以各种形式向官员发布制裁指示的一套规

———————————

① Hans Kelsen, *Essays in Legal and Moral Philosophy*, p. 48.

范。通过界定"描述意义上的法律规则"与法律规范，凯尔森主张法律科学不能仅限于教义分析。教义的方法把法律定义为"描述意义上的法律规则"，比如1925年权利法案的各部分，或者各种来自判例法的各种规则。但在凯尔森看来，这些只是对真实法律的部分描述。这些是指向官员的法规范或"应当命题"。法律科学的任务是将法律权威制造的所有原材料转录成描述法律规范的陈述形式。换言之，一个法律的描述要求所有法律都应被转化为如下的陈述形式："如果一个人做了 X，那么一位官员 Y 就应当实施一个 Z 制裁。"这一过程不是静态的，而是一个"官员"或"法学家"与人类实践行为互构的过程。

（二）法律的效力、实效与强制："规范"与"意志"动力学的进一步证成

1."动力源"的转换：由"主权者"到"基础规范"

奥斯丁认为法律是一些人(作为社会事实性的一些存在者)对另一些人(作为社会事实性存在的另一些存在者)设定的，是那些政治优势者对劣势者发布的命令。在一个主权国家中则是由行使最高统治权的人对处于从属地位的人所制定的规则和发布的命令。他甚至认为"每个最高政府在法律意义上都是专制的"，而且"主权者的权力是不能受法律限制的……受实在法限制的最高权力在用语上是一个明显的矛盾"。[①] 在奥斯丁的实证法理论下，人们服从的不是法律，而是权力上的优势者或主权者，并且这种服从是无条件的，因为"一个给定的社会，如果其大部分成员都没有服从一个确定的共同优势者的习惯，那

---

① John Austin, *Lectures on Jurisprudence or the Philosophy of Positive Law*, p. 270.

么，它就不是一个政治社会"①。由此，在奥斯丁那里法律的适用和动态运行首先有赖于两个基本因素——主权者（权力优势者）和服从者（劣势者）。在奥斯丁的法理论中，社会必然性地被分化为精英和普通臣民两个部分，而精英不对任何他人的命令表示习惯性服从，"在大多数社会中，主权权力被整体中的单个成员独占，或者被其成员的少数排斥性地分享：即使在一个政府很受欢迎的实际政治社会中，主权者人数也是整个政治共同体的微小部分。受其自己统治，或由整个共同体构成的主权团体统治的独立政治社会，不是不可能存在，但是相当罕见"②。

奥斯丁法理学所构建起的法律体系，假设了在一个独立的政治社会中，其成员都是理智成熟的人，从而具备先天习惯性服从的秉性。如果一个社会中的人不具备这种理性的禀赋，那人们将进入权力的争夺，如霍布斯所描述的：人与人的关系，将变成狼与狼的关系。③ 在斗争之后优势者掌握了权力，将重新依据自己优势者的身份以"命令"的方式制定法律，从而"一条法律，按照在使用它的字面意义时获得的最一般、最广泛的认同，可以被说成是一条规则，是为了指引一个理智人（服从）而由一个对他有权力的理智人设定的"④。

由此，在奥斯丁那里，法律成了少数人统治多数人的特殊技术或工具。多数人所需要的只是培养自己对法律（命令）的服从习惯就可以了。这种具有结构强制性的法律体系设置，让人的主体性和意志在法律面前没有任何自由余地，他们无法根据法律进行自由选择，更无法根据法律对自己的生活世界给出裁决和判断。这是作为启蒙后裔之新

---

① John Austin, *Lectures on Jurisprudence or the Philosophy of Positive Law*, p. 228.
② Ibid., p. 243.
③ 参见 Thomas Hobbes, *Leviathan*。
④ John Austin, *The Province of Jurisprudence Determined*, p. 3.

康德主义者的凯尔森所坚决不能接受的。奥斯丁实证法理论内部在处理主权者命令和道德评判的关系上也存在张力：他一方面认为没有什么东西能左右主权者发布命令，但另一方面又认为主权者应该接受道德评判并对批判性道德负责。① 这一点使得他的法学理论向道德、自然法、理性以及政治意识形态敞开了大门。这就使得法律的独立地位岌岌可危。凯尔森清晰地意识到了奥斯丁法理学中的这一张力，他的纯粹法理论关于法律规范效力和实效的严格区分和论证说明，正是对奥斯丁法理论张力所造成之体系和结构性漏洞的填补和修正。

凯尔森纯粹法学理论一个很重要的方法论立基就是"是"与"应当"的区分。"应当"是法律规范本身固有的属性，也是规范之所以成为规范的必要条件。凯尔森把这种方法论贯彻到了其理论的每一方面，效力和实效的区分是这一方法论在法律动态运行方面的具体贯彻。在纯粹法理论中，法律的效力和实效都只关涉法律规范和体系本身，与任何外部力量（权力）的运行和行使无关。效力和实效的明确区分，把奥斯丁法理学中那个可能让法律挥之不去的法律制定、发布和被服从者——主权者——彻底排除出了法律秩序之外，这是凯尔森对奥斯丁实证法学的推进和进一步澄清。

在凯尔森纯粹法理论中，每一个法律规范的效力都可以说是一种预设。之所以这样说是因为它们的效力都来自一个被预设的基础规范。此处凯尔森很显然走了一条可以被称为实证的逻辑主义论证之路，他认为："基础规范之所以有效力是因为它被假定为有效力，它之所以被假定为有效力，是因为如果没有这样一个假定，我们每个人

① 参见 John Austin, *Lectures on Jurisprudence or the Philosophy of Positive Law*, pp. 518-519。

的意志性行为就无法被认定为一个法律行为(而只是一个事实性行为——笔者注)。"① 凯尔森的论证从逻辑上看是一个明显具有目的论性质的循环论证:基础规范之所以有效力是因为我们假定其有效力,因为我们假定了其有效力,所以其就有效力,因为如果不遵循目的论和循环论进行这样的假定,那纯粹法学的目的——把人类的意志行为纳入法律框架之内让其获得解释——就会落空。由此,凯尔森意识到,纯粹法理论要获得成功,就一定要让基础规范只保持自己的权威且"闭口不言"。②

这样按照从高到低的效力等级序列,基础规范授权某一意志行为创制一个规范,这一规范包含着人的意志——因其是意志行为所创立,而这一行为所创制的规范又授权一个行为进行规范的创制。这一系列规范之所以有效力,是因为它们都来自一个共同的基础规范。而每一个具体的规范之所以能产生,是因为其被另外一个规范授权的行为所创制,一个规范效力的理由始终是一个规范,而不是一个事实。这样最后效力的来源总是会回到基础规范。

2. 法律规范"效力"与"实效"的相互证成

对凯尔森而言,在一个基础规范下并因其而具有效力的法律规范

① Hans Kelsen, *General Theory of Law and State*, p.116.

② 凯尔森只承认基础规范作为一种具有权威终极预设的存在,他甚至只把它认定为一种思维中的存在。这一点正好又回到了康德,一种先验的结构只能是一种形式结构——用来处理主观(人的思想)和客观(外部能观察到的事物)的形式性结构,其本身不可能包含任何内容。凯尔森基础规范面临的诸多非难主要涉及对其基础规范"空洞"的质疑。但从我们对纯粹法理论的问题和方法论考察中可知,要求基础规范包含特定的实质内容,无疑又会让法律退回到奥斯丁的"主权者"或自然法那里去。因为基础规范内容的规定意味着法律和外部某些事实的连接,意味着让法律立基于某些事实之上。而这一点正是纯粹法理论所要极力反对的。所以,基础规范的"闭口不言"正是纯粹法理论对传统实证分析法学的超越之处。关于对凯尔森基础规范的批评,参见 Stanley L. Paulson & Bonnie Litschewski Paulson (eds.), *Normativity and Norms: Critical Perspectives on Kelsenian Themes*, pp.47-69。

体系在特定领土上是"有实效"的。正如他所说:"全部法律秩序的实效是该秩序的每一单个规范效力的必要条件,是一个非此不可的条件,但不是使其(规范的效力)成为可能的条件。整个法律秩序的实效是其成员规范(每一个在基础规范下的规范)的效力条件而不是效力理由。"① 从中我们可以推断,一个法律秩序的效力要依靠它的实效,也就是说一个法律秩序中要有一套有效的用以指导其官员使用制裁的指示,该法律体系的效力才能被现实性地彰显和证成,但与此同时,一套有实效的使用制裁的命令之有效运行并不必然意味着相应法律体系的有效性,甚至这种法律运作的实效根本不能指涉法律体系中的规范效力本身。为了更好地说明这个问题,凯尔森又讲述了一个关于匪帮的故事:

一群匪徒占据了一个地方,他们建立起了自己内部的组织制度,一种类似于官僚体制的有效但却可憎的制度,并利用这套制度进行自我管理,进而在严格自我管理所产出之制度性高效的基础上对占领地的人民实行抢劫和奴役。他们命令那里的人民为他们劳动,剥夺他们的自由。人民出于被迫害的恐惧,默默忍受着这群匪徒的统治并久而久之形成了一种习惯性的服从。② 这群匪徒的命令无疑通过高效的恐吓建立起来的习惯性服从被很好地执行,即他们的统治取得了很好的实效。但凯尔森追问道:这样一个有实效的命令体系是一个法律规范体系吗?很显然答案是否定的。但与此相反,在一个设定的基础规范下创制的一个法律规范体系,对于其中的规范人们能明显感觉到不公正(比如规范规定征收的税费过高),并且无法形成一种习惯性服从,这

① Hans Kelsen, *General Theory of Law and State*, p. 119.
② 参见 Hans Kelsen, *Pure Theory of Law*, pp. 209−210。

样一些规范是否仍然具有效力？凯尔森认为人们的不服从——法律规范没有实效性的表现——不能证成法律规范无效力，也无法证成法律体系无效力。如果每一规范都是按照规范产生的程序产生的话，那么法律规范的这种效力就是一种"应当"的范畴，是一个独立的范畴。而实效却是一个"是"的范畴。我们显然无法用"是"的表现来评判"应当"的有效与否。

"整个法秩序的实效是该秩序中单个规范具有效力的一个必要条件……但并不是组成它的规范具有效力的原因。"① 法效力与法律实效的关系，体现了法秩序的动态现实性特征。首先，一个不能否认的事实是，在一个特定的社会中存在一套有效运行的规范，即一套指引官员在特定情形下实施制裁的指示，但这并不能保证在该社会中有一套有效力的法律。② 我们所能观察到的事实就是效力事实——官员实施制裁与公民过错行为之间的因果关系——而并不能向我们提供一套有效规范的知识。换言之，有效的事实并不意味着效力；效力需要对系统中规范进行效力预设。其次，既然凯尔森认为实效是效力的一个必要条件，那就意味着我们只能假定具有实效的规范秩序是有效力的，进而我们推论，一旦一个法律体系失去实效，无论如何想假定它是有

---

① Hans Kelsen, *General Theory of Law and State*, p. 119.
② 对于法律科学家而言，他并不能确定在某一领域是否存在一个正在运行的法律体系。对于凯尔森纯粹法理论我们可以分为几个维度予以考察：第一个维度是其法理学维度，该维度是关于"法律是什么""正义是什么"以及"法律与正义关系"等诸多理论问题的思考，它是法学家的任务；第二个维度关涉法律科学构建，该维度关注"法律科学如何可能""法律科学的'纯粹'"等问题(该维度也可以细分为认识论和知识论维度以及"纯粹"的方法论维度)，它也是法学家的任务；第三个维度是实践维度，关注纯粹法理论如何围绕"法律规范"运行的问题。在研究凯尔森纯粹法理论的过程中，必须时刻关注他的这几个维度区分，因为不同的维度面临不同的问题，具有不同的目的。哈特、拉兹和其他研究凯尔森的法学家对纯粹法理论的疑惑和误读，大多都源于对纯粹法理论中不同维度的混淆。

效力的都将不可能。一个法律规范要失去其效力，那么它所从属的法秩序最终必将失去实效。对此我们如何判断呢？凯尔森的回答是：如果一个法秩序不再值得一个学术研究花时间对其先前体制的法律进行研究，那么他就失去了效力。① 简而言之，一个规范可以在没有效力的情况下仍有实效，但不能在没有实效的情况下具有效力。因此，实效是效力的必要而非充分条件。

　　基础规范保证同一法律秩序下其他规范的一致性和有效性，同时赋予它们以"意义"，它们共同服务于解释意义的一致性。用凯尔森的话说就是："一致不冲突的原则必须被置于法律观念下予以理解，没有了它合法性的概念将被破坏，这一蕴含于基础规范中的预设，允许法律认知为法律材料（事实对象）提供一个有意义的解释。"② 在两个规范发生矛盾的情况下，其中一个必须被宣布无效。这时我们可以采用后制定法律有效，而前者无效的原则。当两个冲突的规范在时间上无法区分，而又在内容上有冲突，那么就需要通过对两个实在法规定的解释进行取舍。要么两者都有效，要么两者都无效。

　　只要一个基础规范在，法律体系的效力就是存在的。但这并不意味着每一个别的法律规范不需要接受实效的考察。如果某一个别规范长期没有实效，那么它的效力就会逐渐丧失。法律规范的实效是效力的必要条件而不是其成立的理由。法律的效力是一个法律规范的属

---

① "效力"与"实效"的关系，特别是法律的"实效"一般被理解为直接关涉法律的实际运行。由此，在判断一个法律规范体系是否仍然有效的问题上，研究者大多关注现实性标准的给定。但凯尔森在此处直接进行了"维度转换"——把大家都认为应该在实践中给出实效判定标准的任务直接交付给了法学家，即如果法学家认为某一法律体系不再值得他们研究，则它就逐渐不再具有实效。参见 Hans Kelsen, *General Theory of Law and State*。

② Hans Kelsen, *General Theory of Law and State*, p. 406.

性，但是这种属性毕竟要依靠法律的实效来予以保证，既然这样，从法律规范的效力到与该法律规范相对应的法律实效之间就需要有一个沟通的桥梁——让法律规范的效力转化为一种相应实效的外显，即法律规范的效力需要某种实效性的外部呈现。凯尔森认为"强制"能承担起连接效力和实效之桥梁的重任。

3. 由"权力强制"到"规范强制"

在传统实证主义法学理论脉络中，法律和权力是一对孪生兄弟，它们时常作为某种权力结构和强制而与暴力联姻，并且强制总是伴随着权力的"命令"而产生。从法学理论的意义上看，这一法律实证主义的传统开始于霍布斯，他赋予主权者意志以权力，把其统治下的臣民全都放在服从的地位；① 奥斯丁把权力交给了政治上的优势者。在这种理论传统中，总是有一个权力的主体通过强制为其臣民创造某种生存和社会生活的条件和结构。人们一直是在权力和命令的强制下被"妥善安置"的。在这一过程中，权力成了法律的主人，法律只是权力的帮手和仆人。凯尔森在纯粹法理论中把法律体系预设为一种为人类生存和生活创造条件的意志活动空间和范畴。他拒绝把法律的权力交给任何一个"主人"，而只留给法律自身——法律规范。② 法律效力的实现和法律规范对现实事件、事实以及人之行为的适用是通过强制，法律就是一系列强制性规范。③ 在纯粹法理论中，法律规范体系

① 参见 Thomas Hobbes, *Leviathan*。
② 很显然在凯尔森纯粹法理论中，法律并不能被简单地化约为法律规范，但同时如果没有法律规范，"法律"也难以成立。法律包括法律行为，行为是一个动态过程，所以法秩序构建也是一个包括法律规范创制的动态过程。从静态考察，法律体系就是通过规范体系呈现出来的，当我们说"一条法律规定"的时候，实际上就是在指称"一个法律规范"。此处从法律静态面向，为了说明的方便把法律等同为法律规范。这一说法很笼统，需要在行文的语境中予以理解。
③ Hans Kelsen, *Introduction to the Problems of Legal Theory*, p. 26.

本身就是一种意志结构，所以法律规范的强制首先是一种意志强制。所谓的"守法"实际上是行为与法律规范所意旨的意志意义的一致性；而"违法"就是行为对法律规范所蕴含之意志意义的违反。

在把强制作为法律的一个外在功能的传统实证主义法理学那里，强制之所以被执行是因为某一种行为作为事实本身就具有不好、不符合某种规范或是邪恶等属性。强制的目的就是实施一种威吓，让人们按照"法律规定"的方式去行为。这样才会达致一种"好"和"善"。这种看待法律的方式，在凯尔森看来需要在法律强制行为被执行之前，首先设定某种外在的衡量标准，而这无疑等于把法律的决定权交给了那个"外部的标准"。

纯粹法理论通过重新界定"违法"，把法律的"外部"决定权收回到了法律内部。凯尔森认为，人的行为一旦发生，其对人而言就和其他外界的事物一样具有事实的特性，它们和人的主观判断无关。由此，认为"某个行为违反了法律"实际上在从"是"推导出"应当"，这在逻辑上是不成立的。只有把法律规范打造为一个类似"先验结构"的范畴，并以之为中介实现一个行为事实与主观判断的连接，才能对一个行为做出"合法"还是"违法"的判定。从而，法律规范就成为人类对客观事实给出主观判定的一个范畴。一个行为只有在能够被法律规范"归责"，并以国家机关施加强制性惩罚作为后果的情况下，才能被称为一种"违法"行为。① 也就是说，法律规范

---

① 凯尔森认为"违法"本身是一个不确切的说法，法律规范作为独立的存在，其不可能被事实性行为所违反，即法律规范作为一个独立的客观存在，不可能被违反。以此类推，合法行为只不过是在说某一行为与法律规范所要求的意志性指向相一致。

"应当"的方式描述了某种"理想类型"式的"行为方式",① 并且对这些"行为方式"可能产生的后果规定了强制性惩罚的形式。如"禁止醉酒驾车,否则予以刑拘"这样的法律规范。当一个人醉酒驾驶被查获之后,之所以说该行为"违法",不是指醉酒驾驶之行为违法,而是指醉酒驾驶这一行为正好构成了要被处以"刑拘"这一后果的条件。而"刑拘"本身是一种由国家实施的强制行为,做出这一强制行为的依据是法律规范本身,而不是基于对任何外在标准的考量。② 最终法律规范成为人的产品,蕴含了人"应当"的意志,由此成就了人通过意志"管理"和评判自身意志的目的。

至此,强制以及伴随而实施的惩罚成为连接纯粹法理论中"效力"和"实效"的动力机制。法律的"效力"因为规范本身的特性而独立存在,法律是否有"实效"不是法律规范"效力"存在的理由,但是法律"实效"是"效力"的一个条件。一条没有实效的规范会因为其条件的缺乏而逐渐失去效力。从现实实践角度讲,任何法律规范都追求一种实效——尽管规范不以其为存在的根据,而要让规范的效力呈现为某种实效,则中间需要一种力量来实现,这种力量就是国家强制。但这种强制的依据不是国家(主权者)意志,而是规范意志——人所实施的指定规范的意志性行为。只有当一个行为成为法律规范所禁止行为之条件的时候,国家的强制性惩罚才能介入。通过强制性惩罚的实施,规范的禁止性命令(立法者的意志)得以实现。由此,纯粹法理论把霍布斯和奥斯丁那里由主权者实施命令性强制和惩

---

① 法律规范尽管以行为的意义作为其内容,但其自身不指称任何具体的行为。它所规定的行为,只是作为形式的行为。但正是基于此,行为形式具有了指引所有行为的优势和可能。

② 参见 Hans Kelsen, *Introduction to the Problems of Legal Theory*, pp. 26-28。

罚的权力，通过效力和实效的独特关联方式赋予了法律。纯粹法理论既然是一个关于实在法的理论，并且该理论为人类行为创制了一个崭新的法律规范体系。那接下来的问题就是这些法律应该按照什么样的方式，在什么原则的指导下被适用。凯尔森把这个理论说明的任务交给了法律（规范）解释。

（三）法体系的运作：意志性规范效力的解释与适用

1. 法规范运作中"归责"对行为的意志意义限定

很多法理学家按照逻辑实证主义理解凯尔森的纯粹法理论，仅仅把其看作是规范等级或规范逻辑，即把纯粹法理论构建起来的法体系结构当成一个静态的体系。实际上，凯尔森通过继承启蒙和康德的人文关怀，把人及其意志引入纯粹法理论中来，使人成为推动法律运行的唯一动力。他通过承继和发扬康德命题——确认人之作为自由的存在，即把自由作为标识人之存在的基本属性。他认为，社会科学曾经把一个法律或自由人的形象作为它的主体。法律规范是人类意志的产物，那对它们在具体案件或面对某个具体事实时的解释和使用，自然也必须有人意志的参与。因为按照康德的确信，只有意志才能对意志做出"裁判"。

奥斯丁和他的追随者们认为法律的一个显著特点就是具有强力或者是被权威赋予强力。基于此，他们认为法律秩序"命令"人们按照某种行为行事，或者"强迫"人们按照法律秩序规定的特定方式行为。这种为了实现服从而对不服从者施加恶的方式被称为"制裁"。凯尔森认为奥斯丁法理学作为分析实证主义法理学在分析方法上出现了错误。在凯尔森看来，如果我们能够对人类的动机有充分的了解，那么将会发现，宗教和道德促成的动机很多时候比制裁制造的恐惧动机更能让人们从事某些行为。因此，源于制裁而产生的心理强迫并不是法律所独有的一个要素。从心理意义上说，道德和宗教规范都是强迫性的。除此之外，人们从事合法行为的动机出于各种社会因素的影响会超出人的认知的范围，但它们却很可能促成某种法律秩序。但无论如何，这是社会学法理学而不是分析或规范法理学要完成的工作。①

凯尔森承认分析实证主义法学对强制的强调，他也认为法律就是一个强制结构，且它对一个法律体系的运作必不可少。但凯尔森作为一位坚定的康德主义者——也是一位坚定的自由主义者，坚决反对让外在强制左右人的意志和行为。所以，他把纯粹法理论构建的一个重要任务设定为把强制"纯粹"出法律系统。因为按照启蒙和康德传统，任何外在于意志的强制都是对人的奴役和压迫，构成对自由的威胁甚至摧毁。要保证人自由的本性，就只能让强制来自意志自身。既然法律已经是"意志"的产物，那接下来凯尔森要做的工作就是如何提供并论证强制的"内在性"。他站在"反实证主义"的立场，认为人的意志不能影响、左右抑或"强制"外部事件或行为事实，它们之间因为"应当"与"是"的二分而具有不可跨越的鸿沟，它们不能如自然科学那样通过因果律建立起关联，只能通过"归责"，通过人发挥意志的能动性赋予客观外在的事物以意义。法律的强制不能直接指向人，而必须经由法律规范赋予行为以意义这一必不可少的步骤，进而把特定行为的意义设定为实施强制的条件，即法律规定的只是制裁的条件。只有出现了与法律规定相反行为的过失行为时，制裁才可以被实施，但对于那些遵守法律的人而言并没有强制可言。

由此，法律不是权威强制的规则，而是以制裁作为强制措施的规

---

① 参见 Hans Kelsen, "The Pure Theory of Law and Analytical Jurisprudence", p. 57。

范。如果人们只是从奥斯丁意义上把法律理解为命令人们按照法律行为的规范，那么我们就无法理解法律的本质，而更多的是对政治权力和权威的认知。法律是一个暗含着强制措施的命令，它负责对那些被称为"违法"的行为意义进行界定，某些行为的意义被界定为"违法"，进而构成制裁实施的条件。法律规范以描述的形式陈述和规定这一条件，规定它的边界，甚至规定它的实施程序。因为法律规范中蕴含了"应当"，它们是人意志的呈现物。从动态考察，法律的制定、解释、实施都涉及一个运行和动力机制问题。规范制定—过失界定—制裁实施，是法律的动态过程，这一动态过程是围绕纯粹法理论的核心理论关注——"意志"的实现——展开的。

法律规范通过归责与人类行为发生关联，法律规范主要关注两种行为：一是因为过失而"引发"制裁的公民行为；二是根据法律规范授权或委托对过失行为执行强制措施的官员（或机关）行为。对过失行为实施制裁所造成的强制后果是法律规范发挥功能的外显。在社会学法理学看来，法律区别于其他社会机制的一个根本特征在于它引导人们从事社会所希望看到的行为，同时把那些与社会期望不符的行为认定为"过失"或"犯罪"，做出了这些"犯罪"行为的社会个体也被认为参与了某种恶，所以要被施以制裁。而实证分析法理学主要考虑法律规范与过失行为的涵摄（对应）关系，进而对过失与制裁的关联程度展开分析。在凯尔森看来，尽管奥斯丁意识到了制裁对法律的至关重要性，但他的法理学没能界定清楚法律规范的概念。纯粹法理论把法律规范作为一个"应当"的陈述，其中蕴含着人类的意志意义，一个过失行为通过规范内含的意义被认定，进而一个制裁作为界定的后果而出现。在法律规范中联结条件和结果的是"归责"。如果一个人实施了偷窃，他应当受到惩罚；如果一个人没有实施善意侵权损害，那么应当追究他的民事责任。奥斯丁说"责任是权利的基础"①。凯尔森对此也表示认可和赞同。② 如果说一个人有责任从事某种行为,那就意味着相反的行为构成一个过失,法律规范对此规定了一个制裁。从规范意义上讲,制裁是指向一个因为没有履行人类责任而导致"过失"之人的。

在新康德主义看来,我们的观察力是被劈分的。如果我们只是简单观察发生在时空中的真实事件,就没有办法知道这些实践中哪些是应当给予重大关注的,因为孤立的实践或"事实"无法通过自身确定意义的重大性。用康德的术语来说,为了理解这个世界,我们必须依赖于我们用以理解的范畴。对凯尔森纯粹法理论而言,规范被设定为一个范畴。行为或实践的法律意义需要通过规范这一范畴对呈现在我们面前的材料进行解释。对法律科学家和法官而言,这一方法是法律解释。如杀死一个人的行为被法令界定为谋杀。"谋杀"如果被用一系列人类行为进行描述是没有意义的,它无法让我们达致某种理解。当我们提及"谋杀"的时候,它可理解的意义是法律规范通过把自身的某些意志性意义赋予了该行为,即对该行为进行了"归责"。其背后可能是这样一个规范"任何人谋杀他人都应当被处死"。凯尔森解释说:"确定一个行为是执行死刑而不是谋杀,实际上起因于一个思维的进程:起因于该行为与刑法和刑事诉讼法的对抗。"③

2. 法解释:法效力和实效的动力机制

法律是用来被法律机关适用的,这些机关在适用法律时,首先要做的工作就是确定要适用法律规范的意义,即这些适用机关必须首先

---

① John Austin, *The Province of Jurisprudence Determined*, p. 395.

② 参见 Hans Kelsen, "The Pure Theory of Law and Analytical Jurisprudence", pp. 59–60; Hans Kelsen, *General Theory of Law and State*, pp. 65–80。

③ Stanley L. Paulson, "Hans Kelsen's Doctrine of Imputation", p. 57.

"解读"规范。法律的适用意味着由一个高级规范到一个低级规范，或一个低级规范到一个具体判决行为的不断具象化。这个适用的过程类似于一个从抽象到具体的过程——由具体到抽象需要不断对具体进行归纳、化约和单一化，而由抽象到具体则需要不断对抽象进行演绎性"分化"、丰富和多样化。法律规范的适用也是这样，一个规范处在法律规范体系的位置越高，其对意志性行为意义的把握和描述就越笼统。比如宪法规定：人的财产权利不可侵犯。在具体案件中一个人对另一个人实施了财产侵权，法官审判的时候不可能直接根据宪法判决，他要按照法律规范的链条逐级选择规范，直到一个可以被适用的规范出现。所谓可以适用是指该规范能最大限度地在意志意义上涵摄行为的意义。但此时会浮现出两个问题：第一个问题是宪法下面的规范链条上可能有两个规范有同样被适用的理由，那根据什么标准选出要适用的一个？第二个问题是，在针对具体案件进行判决的时候，规范不可能规定每个行为所造成侵害的程度以及适用的刑期，这时候如何做出决定？基于规范在适用时要面对的这两个困难，凯尔森认为法律规范在适用过程中需要被解释，法律适用的过程就是一个法律解释的过程，同时也是一个法律创制的过程。他进而认为法律规范的功能发挥是在法律解释和对解释的适用中完成的。[1]

人类行为的意志性决定了人的行为不可能如同机械一般被规划和预知。在法律适用中总是充满了不确定性，这就注定了要适用蕴含人之意志的规范并通过惩罚指导或规制人类行为，必须经由规范解释。更为清晰的理由可以归纳为如下三点：首先，规范与规范以及规范与行为之间的不对等性导致了法律适用的不确定性，如上级规范与下级

---

① 参见 Hans Kelsen, *Pure Theory of Law*, pp. 351–352。

规范不可能一一对应,即没有哪个上级规范直接指向下级规范所要面对的每一个方面;在规范被执行官员或机关执行的过程中,上级机关也不可能规定下级机关的每一个执行细节。在此处凯尔森举了一个例子:上级向下级发布命令,要求其逮捕某个人,但是在什么时间、采取什么方式、在什么样的场合进行逮捕却是需要下级机关决定的。①

其次,在规范适用过程中对规范进行主观选择的不确定性。面对两个同时可以适用的规范,优先适用哪一个不是规范自身而是适用规范的人通过自己的主观意志来决定的。在选择规范的过程中,不可能完全克服人主观意志的随意和偶然性,并且很多外部的道德、传统、习俗等社会规范也会经常成为影响选择的因素。

最后,语言的不确定性。每一个法律规范都是用文字陈述的,这里会出现两种情况:其一是文字表达的意义可能在不同解读人那里形成不同的意义理解,最终让同一文字陈述开放出几种不同的解释;其二是形成规范的文字和最初创制规范的立法者的意图(意志表达的最初意涵)之间总会有差异,② 这又会形成解释的多样性。

由此,被适用的法律规范在意义上不可能总是与行为形成一一涵摄关系。在纯粹法理论看来,法律规范首先要通过"应当"对人类行为核心或必要意义进行的类型化。"应当"与类型化都具有先验和高度概括的性质,而人类的实践行为却是千差万别,这注定了法律规范必然不能与人类行为意义形成一一对应关系。法律规范体系只不过是

---

① Hans Kelsen, *Pure Theory of Law*, pp. 349-350.

② 这一点在对成文宪法的解释中显得尤为突出,在法学理论上有"原旨主义"和按照规范字面意思解释两种理论倾向的争论。前者认为要按照最初立法者的意图进行解释;后者要求放弃追问立法者意图的努力,而按照法律规定的字面意思给出解读。关于这一理论争论参见〔美〕斯蒂芬·布雷耶:《法官能为民主做什么》,何帆译,法律出版社2012年版。

承载人类行为意义的"应然"的参照框架，是一个法官通过解释让自身的意志（理解）与立法者意志（意图）交流的意志活动空间。这一空间要运作起来，唯一的动力就是不断启动对法律规范的解释。

　　凯尔森通过法律规范被适用时可能呈现的形式进一步说明了法律规范是不包含具体内容的意义框架，因而法律规范与行为的对应总会通过人（意志）的解释呈现出不同的可能性：一个法律行为在适用法律规范时可能会符合一个或几个法律规范承载的意义；可能会被要求和规范的创制权威（意志）保持一致；可能会被要求和规范权威选用的语言保持文字和形式的相符；可能会被要求同时与几个相互矛盾的规范相符；在具体的案例适用中，相互矛盾的规范可能会因为其矛盾性而相互抵消，都不被采用。[1] 法律解释涉及对法律适用的认知，一个基本的认知就是在法律适用过程中没有唯一正确的选择，法律规范体系所提供的只是一个解释框架。适用法律规范的官员或机构要从诸多可能的解释中选出自己认为最合理的解释适用到具体的案例中去。

　　凯尔森站在多元主义的立场上批判了法律实证主义的一元论解释思路。这种思路认为，每一个法律规范都通过文字以文本陈述的形式呈现为一个法律规定，由此经文字和文本规定的实在法在意义（人之意志）表达上就被认为是确定的，由此对该规定一定会有一个唯一正确的解读（解释）。法官的工作就是把这一唯一正确的意义通过对法律规范的解释表达出来，并以此与事实（事件或行为后果）形成涵摄关系，最终做出对行为唯一正确的判断。凯尔森认为这种观点排除了法律规范解释中多元解释的可能性。"唯一正确"是一种主观的虚幻。凯尔森说："在法律框架内追问哪一个被适用的规范解释是'正确的'

---

　　① 参见 Hans Kelsen, *Pure Theory of Law*, p. 351。

根本不是一个有关实在法的认知问题。这样的追问让我们再也无法面对一个法律的理论问题，而是要面对法律政治学。"① 而承认法律规范解释的多元，尽管可能会有不确定性，但是在最大程度上保证了解释的客观，因为这些可能性都是法律规范自身呈现出来之可能意义的可能性，即多元或多面向的解释都是对规范背后"应当"的具体化。

凯尔森的纯粹法理论的"规范"建立于"应当"，尽管"应当"因为指向人类的共性意识而不呈现为具体的实质内容，但毫无疑问作为规范基础的"应当"背后隐含了"理性人"或人的理性预设。② "理性人"和人的理性保证了对法律规范解释呈现多元的情况下，人们仍然可以从它那里获得某种稳定性和可预期性。纯粹法理论在法解释上的多元主义态度不仅不是对人理性的否定，相反是对人理性的肯认。凯尔森纯粹法理论基于对人之理性有限性的认知，通过法律规范解释的多元主义为人理性的发挥留下了余地。那种法实证主义寻找唯一正确司法决定的做法和在宪法框架内制定唯一正确法规的思路一样，是基于一种人类理性无边界的虚幻，它通过把人的理性无限放大而否认了人的理性，甚至把人放到了和上帝一样的位置上。在此基础上制定的法律，很显然将建立在人类无限理性的虚幻上，而不是设定在人类有限理性的意志表达限域内。

凯尔森认为存在于法律或判例中的法律书面形式是作为一个解释的框架而存在并发挥功能的。基础规范赋予法规范特定的形式——经由官员系统实施惩罚的形式。如果把法律规范认定为本质上是指示官员实施惩罚的"应当"意志，那么法律规范的等级性应该被假定为一

---

① Hans Kelsen, *Pure Theory of Law*, p. 351.
② 参见 Hans Kelsen, "The Pure Theory of Law and Analytical Jurisprudence", pp. 46-47.

种让官员实施制裁的指示等级，而具体化的制裁就是一个特定指示指向一个特定的人，让其实施特定的制裁。

凯尔森曾举过一个著名的例子，关于匪徒命令与官员命令的区别："一个要求人交出钱财之匪徒的命令与一名税收官员的命令同样具有主观意义，被命令的人都需要付出钱财。但只有官员的命令，而不是匪徒的命令具有约束个体之有效规范的意义……因为税收官员的行为是经由税法授权的，而匪徒的行为却并没有类似规范的授权。立法行为本身就已经蕴含了一个'应当'的主观意义，同时也具有了一个客观意义，即有效规范的意义。因为宪法已经把这一客观意义授予了立法行为(宪法已经制定了创制有效法律的方法)。在宪法中这一行为的意义不仅是主观的，而且具有客观'应当'的意义，即具有了有约束力规范的特征。在宪法是历史上第一部宪法的情况下，我们在法律思维中，我们假定应当按照宪法所描述的那样行为。"①

法律规范体系作为一种结构性、等级性之"应当"意志的传递体系，为人类行为意义提供了一个解释框架。比如一辆车停靠在路边，几天后发现被罚款了。这样一个事实对我们而言没有什么意义，它需要我们根据合适的法令之解释来确定这一事实行为的意义。我们发现这一处罚是根据一个条例，该条例要求所有人把车停在特定区域。我们检视这一条例，发现这一条例是根据一个政府法令制定的。继续检视这一政府法令，发现它是根据国家法律中规定的一个程序制定的……一个基础规范是一个无法再进行追溯的规范，它使得所有的规范构成一个规范秩序，同时成为所有规范效力的原因，而它自身则是

① Hans Kelsen, *Pure Theory of Law*, p. 8.

一个预设。① 这一规范的不断追溯体系就是纯粹法理论所认为的一个真正的法律科学必须依赖的体系，只有通过这样一个体系，人的行为意义（包括法律官员和法学者的行为意义）才能获得理解。②

3. 意志性预设与效力等级的动态运行

纯粹法理论把法律规范体系在结构上看作是一个规范链条，其运行呈现为规范效力的传递。这一传递必须被一个最高的规范授权或启动。当我们按照效力链条不断往上追溯的时候，最后会找到历史上制定的第一部宪法，而这部宪法可能根据另外一个更早的宪法制定。但很显然不是第一部宪法，而是基础规范才构成一个法体系最初的效力来源。"基础规范表明的是根据历史上第一部宪法所应当的行动，但它不是第一部宪法这一事实。"③ 宪法是一个事实性文件而不是一个规范，所以它不能成为基础规范。基础规范是我们应当预设的一个东西。

"基础规范不像一个实证法规范那样是有效力的，因为它是经由一个特定的法律行为创制而成，但……之所以说它有效力是因为它被预设为有效力，因为如果没有这一预设，任何人类行为都将不能被解释为一个法律行为……基础规范是对任何法律材料进行实证解释所必需的一个预设。"④ 在谁预设了基础规范这一问题上，凯尔森呈现出了一些看似矛盾的陈述，他有时说法律体系内的每一个公民，只要他愿意讨论法律的效力，都可以预设基础规范。但他同时又说是法学家预设了基础规范："基础规范……在法学家把实证法看作是一个效力规范系统而不仅仅是复杂的事实系统的预设时才表达出来。"⑤ 在纯粹法理论中基础规范

---

① Hans Kelsen, *Pure Theory of Law*, pp. 194–195.
② 在此我们可以看到韦伯理解社会学的影子。
③ 参见 Hans Kelsen, "The Pure Theory of Law and Analytical Jurisprudence", pp. 61–63。
④ Hans Kelsen, *General Theory of Law and State*, p. 116.
⑤ Ibid.

为整个法秩序赋予效力，具有举足轻重的作用，但与此同时，凯尔森认为对基础规范的预设并不是必需的，他在和斯通（Stone）教授的辩论中说："作为我理论基础部分的基础规范不是必然需要预设……"①

　　凯尔森认为纯粹法理论可以通过基础规范中预设的"应当"，以及"应当"中蕴含的人类意志对价值问题做出回应："通过视基本规范为理所当然，我们可以将法律价值判断交于基础规范进行客观检测。但对基础规范的预设并非必要。人们完全可以不用法律规范，即用特定人类行为所蕴含的意义来解释人类行为，我们称之为'法律秩序'的所谓规范系统只是一种可能，但并不是进行解释的一个必需的框架……无政府主义者将拒绝价值的规范理论而只接受利益理论。他会对根据人类特定行为所蕴含的意义来规定应当行为之基础规范预设予以拒绝。"② 如果没有一个基础规范，一个法秩序就不能被认定为是具有体系性的法秩序。但如果一个不具体系性的法秩序是可以接受的，我们也就不需要预设一个基础规范。也就是说，基础规范的预设是法秩序体系化的前提。没有了基础规范预设，也就意味着法秩序不可能被体系化理解，由此实证主义法科学也就不可能展开。法律的运行也将遵循另外的逻辑。③

　　在纯粹法理论中法规范是人类意志的产物。对一个立者来说，

----

　　① Hans Kelsen, "Professor Stone and the Pure Theory of Law", *Stanford Law Review*, Vol. 17, No. 6（July 1965），p. 1128.

　　② Hans Kelsen, *Pure Theory of Law*, p. 202.

　　③ 很多评论者在此犯了一个错误，即认为凯尔森假定该法律体系在逻辑上是"正义"的。比如拉兹就曾说："对于一个个体而言，假定基础规范就意味着把法律体系解释为规范的，即'正义的'。"（Joseph Raz, *The Concept of a Legal System*, p. 183.）拉兹的错误可能是无意间把一个有机主义的系统概念按到了凯尔森头上。拉兹曾评论道："对凯尔森而言，所有的价值都需要个体进行背书，他所有的道德观必然形成一个立基于基础规范之上的规范系统。"但实际上凯尔森却呈现了一个貌似机械论的法律系统形象，因为他曾评论并反对过对社会有机论的代表涂尔干。有机论者把整体看作是一个生命体，而凯尔森仅仅把法律看作是没有"生命"的一个结构，在凯尔森那里"生命"是通过社会和政治进程进行呼吸的，而法律通过对"社会事实"和"意识形态"的摒弃和纯粹排斥了所谓的"生命观"。

它根据上级规范的授权按照一定的程序开展立法活动。与此相应，法律适用的过程也是创制法律的过程。一个法官根据一项法律规范的规定，在一个总体的法规范体系框架内按照一定的过程适用法律，该法官实际上通过法律的适用创制了一个单独的规范，因为他在适用规范时必须对规范进行解释性适用。基于规范的性质，每一次解释都是一次法官个人意志的表达，当这种表达被用以对应行为的意义，并对该行为的意义进行评判时，一个新的对应于行为意义的规范也就被创制出来了。正如凯尔森自己所说：法官通过适用规范创制规范是意志的一个功能。[①] 相对于立法者而言，法官作为法律规范的解释适用者，他(们)创制规范的余地要小一些，而立法者因为没有让自己制定之规范受限于人的行为和行为意义，所以显得更加自由。

从中我们能看到，凯尔森对于法官通过司法适用创制法律是非常认可的，这和他试图通过法律证护人之意志自由的关注是吻合的。如果为了寻找一个所谓正确的法律适用而让人的意志在法律规范面前不再能发挥主观能动性，这可能会让纯粹法理论返回到奥斯丁。出于这样的警惕，凯尔森宁愿让法律解释和适用处在相对不稳定的状态下，也不愿意如奥斯丁实证法理论那样，在追求法律稳定性的同时把人的意志排除出法律之外，让法律变成一个和人的自由意志无关的规则系统。在纯粹法理论中，作为规范基础之"应当"的意志性，以及多元和主体指向的法律规范解释与适用，使"意志行为不仅创制了一个低级规范，而且通过法律的适用，也执行了法律规范所规定(意志)的强制行为"[②]。最终，凯尔森在法律规范解释和适用的多元中，为人的意

[①] 参见 Hans Kelsen, *Pure Theory of Law*, p. 353。

[②] Ibid., p. 354.

志及其意义表达开放出了空间，使得人之意志即使在法律规范的最末端——其和行动的衔接处——仍然是法律的"主人"。

三、国家作为一种法秩序的运作

（一）国家作为"意志"的产物

　　凯尔森把其《法与国家的一般理论》①这本书分成了两部分，第一部分是系统陈述纯粹法理论，第二部分则是考察法律与国家的关系。通过第二部分，凯尔森的理论意图是要重新通过法律来界定国家。因为国家作为一个主权的存在，如果不对它和其所创制之法律规范间的关系梳理清楚，甚至让国家作为一个法律之外的独立存在，那么纯粹法理论所建立起来的法律规范体系的功能无疑会受到质疑——毕竟奥斯丁以降的法律实证主义传统都是立基于国家权力和主权之上的。正如纯粹法理论所批判的：很多社会科学理论（包括政治学、法学、社会学等），把国家作为一个至高无上的权力存在，并且是实体性的存在。由此，国家和法律作为两个不同的权力实体巍然屹立在每个人面前。在它们都发布要人们服从的命令时，人到底应该服从哪一个？凯尔森认为大多数社会科学理论最后都会肯认国家对法律的优先权或享有权——让法律成为国家实现其意图的工具。这一理论思路也被延伸到了法律理论之中，甚至法律实证主义的创立者奥斯丁也没有幸免受到这一理论思路的深刻影响。② 奥斯丁的法学理论揭示了一种由知识、权力、命令和服从等要素构成的社会政治构造，为了认识这种构造的

---

　　① 参见 Hans Kelsen, *General Theory of Law and State*。
　　② 参见 John Austin, *The Province of Jurisprudence Determined*; John Austin, *Lectures on Jurisprudence or the Philosophy of Positive Law*; Hans Kelsen, *General Theory of Law and State*。

运行机制和可能效果，就必须对教育、政府、权威和民众（包括其信仰）等进行全面的考察以获得那种政治构造的真理。这样就把法律的命题扩展到了广阔的社会领域。导致了法律科学与其他社会科学在研究对象上的重叠，从而也影响了法学作为一门独立学科的创建。尤为关键的是，国家靠权力推动和运作，如果法律体系只是国家的一部分，那法律体系的动力机制和动力来源也必定是权力——这也是霍布斯和奥斯丁实证法理论构建的路径。凯尔森要挑战这种传统，他要为法律体系寻找新的动力机制和动力来源并对其证成。同时基于纯粹法理论的理论问题，凯尔森必须证明国家也是人意志的产物，并且它内嵌在法律规范体系中而不是相反，否则即使有了法律规范体系的保护，人类的意志自由仍然会受到国家权力的侵扰、腐蚀和奴役。

凯尔森对传统国家与法律关系的界定不以为然，他认为把对国家政治学和社会学的方法、要素和机制引入法学严重损害了法律的纯粹性。这种损害主要呈现为两个方面：其一，法学作为一门独立的学科，如果国家政治学、社会学的要素——命令、权力、责任、义务等——作为一种社会事实被引入法学，进而在方法上按照因果律在各种要素之间建立一种规律性的因果关联，会让法学无论在研究对象还是在研究方法上都无法摆脱政治学和社会学而获得独立，进而让"法律是什么？"这一问题的答案变得更加扑朔迷离；其二，凯尔森认为从政治学和社会学视角展开的国家研究，以及这种研究成果在法学中的应用让法律的目的和功能变得模糊不清。法治之所以能成为社会控制的最佳选择，最重要的一个原因在于法律不抹煞人及其自由意志的存在。权力、社会事实等外部力量以法律的形式对人的控制，都是对人自由的损害——凯尔森坚信只有当人服从于自己的意志时，人才是真正自由的。既然是法律而非其他东西的治理构成达致社会秩序、保障人类自由的最好手段，而国家要素向法学的输入危及了法律目的之实现，让法律变成纯粹统治工具而不再能实现保证人之自由的目的。由此，凯尔森要竭力证成自己纯粹法理论另外一个非常重要的理论预设：国家不外在于法律，国家就是法律，法律秩序就是国家秩序本身。同时凯尔森要立基于自己创立的法律规范揭示二者互动的动力机制，进而让国家也成为人意志的产物而不是外在于人的统治形式。

（二）公法与私法的二分

1. 契约作为私法中"意志"的运行空间

凯尔森曾与社会学家涂尔干有过对话。凯尔森的纯粹法学和涂尔干的法社会学一样，讨论责任和义务，但是他们展开的路径是截然不同的。凯尔森严格坚持用实在法解释责任和义务，坚决维护实在法强制制裁的客观性，主张把道德要素排除出法体系；而涂尔干则把个体的责任和义务放到更加宽广的社会共同体之中，把个体的责任和义务归结为具有道德性的个体为共同体的付出。但无论如何，他们对自由的关注是一致的，并且二人都坚信存在于私法领域的契约是保证现代私人自治的主要法律形式。

凯尔森首先对公法和私法的代表——刑法和民法——进行了对比。在刑事诉讼案件中，审判要由共同体的机关，即公诉人提出动议；而在民法中，只要一方当事人起诉，法院就必须根据一个法律规范决定是否适用制裁。民法作为私法直接赋予个人一些用以调整他们之间行为关系的规范。当事人"由于参与私法行为，他们也就适用了这些一般法律规范。法律秩序由于给予个人以通过私法行为调整其相互关系的可能性，也就承认个人有某种法律上的自治。当事人的所谓'私人自治'就体现在私法行为创造法律的功能中。通过私法行为，人们创造调整当事人相互行为的个别规范，有时甚至是一般规范"①。这样，凯尔森通过其一贯的纯粹法思路来解释私法行为，认为私法行为也是一个根据人的意志创造法律规范的行为。但实际上，按照纯粹法理论的理论构建逻辑，法律规范只能根据上一级规范在规范体系内创造，不可能在法律规范体系之外产生法律规范的创制。凯尔森为了对此做出解释，创造了"次级规范"这一概念。所谓的次级规范就是规定某种行为的制裁条件，并因此而"创制"出新的法律义务和权利的规范。次级规范的一个主要的形式——也是规范现代人日常生活的主要规范形式——是契约。

凯尔森按照构建"规范"的逻辑来重构"契约"，他认为契约如"规范"一样是人与人意志互动的创造物，而且必须是签订契约的人意志表示的产物。契约是主观意志的产物，但是其一经双方的意志确认，就具有了不以人的意志为转移的客观性。契约成立后，能够制约人的不再是人的意志，而是经由自由主观意志创造的具有了客观性的契约形式。但这种契约形式并不足以让契约成为一种法律规范，其成为法律规范必须有一个条件——和经由一个被授权的意志行为产生的法律规范发生关联。举例来说，甲乙两人签订了一个进行买卖的契约，该契约规定了买方和卖方各自的权利和义务，但这种权利和义务不能成为法律规范的对象，其要成为法律规范的对象必须要有某种不法行为发生，从而让这种契约规定的不法行为成为法律规范实施制裁的条件。具体来说，如果甲方作为买方拒绝按规定支付货款，这种行为就可能违背了法律规范中规定的"买方必须按照契约的规定支付货

---

① Hans Kelsen, *General Theory of Law and State*, pp. 227-228; Hans Kelsen, "The Pure Theory of Law and Analytical Jurisprudence", pp. 54-57.

款"这一规定,从而构成了一个根据这一法律规范实施制裁的条件。也就是说,签订契约的当事人双方的意志表示只有进入一个法律程序,并且其意志(意思表示)能为法院在法律适用中确认,契约才能成为一个次级规范,即只有在一个法律程序中被法律规范确认的契约才具有法律意义。

契约要被法律程序确认为一个次级规范,并不意味着契约的内容要被法律规范所规定,契约的内容是签订契约双方当事人意志的表达,法律所决定的是这种意志表达的内容是否构成法律实施制裁的条件。即法律规范只规定某些"违法"的主要形式,而不涉及违法和合法的内容。契约的内容涉及的意志行为只要不构成法律规范实施制裁的条件,则契约就是"合法"的。由此,契约作为规范人们的日常行为的现代主要规则形式,就为人的意志行为的自由提供了活动空间。而这种空间之所以可能,在凯尔森看来是因为有一个法律秩序的存在。凯尔森纯粹法理论按照一种崭新的逻辑重新论证了在一个完全没有道德介入的情况下,契约这种次要规范何以能成为维护现代人意志自由的主要形式。

2. 公法、意志和法律秩序

古今不断出现的集权模式很快便让善于反思的西方社会学法学家认识到了一个公法的理论问题。这一理论问题促使他们在采取某种实践模式的时候非常审慎。他们问:"是否存在一种自国家之上、禁止它做某些事情而要求它做另外一些事情的法治原则? ……如果答案是否定的,那就不存在公法,因为国家的任何作为或不作为都不会触犯法律。要回答这个问题,不是要确定国家的某一个部门是否有义务做或者不做某些事情,而是要了解是否存在一种对国家构成约束的积极或消极的法律义务,这种义务为国家本身所承认,限制着国家各部门

的权力,为国家的各个部门(包括立法部门和行政部门)规定着作为或
不作为的义务。"① 凯尔森认为法社会学对"国家"概念存在误解,
它人为地设定了一种思维的二元,即认为国家是一个不同于法律的实
体性存在或某种社会现实。在这种预设下,法律规范体系之所以能发
挥功能,乃在于其规范与作为"国家"的具体社会事务发生了关联。
这样一来实际上是把国家作为法律之外的一个东西来看待。在纯粹法
理论看来,如果把法律体系理解为一个调节一切人类意志行为及其意
义的框架,那么如果国家行为不在这一框架的调节范围内,那就说明
国家的行为不是人类的行为,而是一个"超意志"的行为。这种想法
在凯尔森看来不仅有损于法律和自由,而且是一种不现实的虚幻。为
何会出现一种把国家看作是一个超现实之存在的虚幻? 这成为纯粹法
理论关注的一个问题。凯尔森从公法与私法运作的动态界分入手来阐
释国家虚幻产生的逻辑,从而通过"纯粹"让国家"祛魅",使之重
新回归法律的框架。

私法与公法的界分是法律的一个古老传统。私法代表的是主体间
合作与平等的关系;而公法代表的则是主体间有高低、隶属的关系,
即在两个主体之间,一方相对于另一方处在一个较高优势者的位置
上——国家(政府)与单个个人主体之间的关系是这种公法关系最典型
的呈现。凯尔森认为,人们习惯于"把平等主体之间的私法关系称为
'法律关系',而把公法关系称为'权力关系'或'统治关系'"②。
这很容易让人们产生一种虚幻的二元预设,即认为私法和公法二分是
人类二元思维的法律呈现,这些二元思维包括"法律"与"非法律"

---

① 〔法〕狄骥:《法律与国家》,冷静译,中国法制出版社 2010 年版,第 2 页。
② Hans Kelsen, *Pure Theory of Law*, p. 281.

二元,"法律"与"权力"二元,"法律"与"国家"二元,等等。这种二元思维往往意味着肯认公法与私法法律创制的来源和方式是不一样的。如果对这些二元思维进一步追问的话,可能会面临这样的问题:公法和私法两者哪一个是政府形式的基础?公法是否能表征着政府或国家的存在形式?对二元思维的虚幻导致的谬误和产生的问题,凯尔森试图根据纯粹法理论中规范创制的动态逻辑重新给出纠正和回答。

按照凯尔森纯粹法理论的逻辑,如果承认公法是法律,则其一定是按照某种程序,在某一法律规范体系里产生的。这些称为"公法"的法律究其实质无非是授权一些有资格的官员以其自身意志表达的方式在一定法秩序内发布命令。凯尔森按照其纯粹法理论向我们展示了这样一个动态逻辑:在一个行政秩序下建立起来的公法关系,无非是一个行政机关或行政机关中的工作人员通过合法的命令让一个人服从某一义务或者是按照某一规定行为。该行政机关或行政机关中的工作人员之所以能这样做,是因为其被授权这样做。授权它(他)的是一个更高的法律规范。这样看来,该行政机关或者行政机关的工作人员在对另外一个主体发布命令的时候,不是因为其处于对另外一个主体而言的优势地位,而是它(他)在更高位阶的法律规范授权下创制了一个个体性的法律规范。在私法领域,以合同的签订为例,一个合同的签订实际上是合同双方主体在平等和参与的基础上,创制了一个对双方都具有法律效力的规范。① 也就是说,公法与私法都是法律创制的一

---

① "合同"或"契约"这种规范被凯尔森称为"次级规范",这种规范是法律规范的一种形式,在这种形式中尽管没有法律授权的国家立法机关参与,但是国家立法机关通过立法的形式已经对这种规范的创立、执行乃至格式等做出了规定。它们的签订尽管是私人的事,但是一旦发生纠纷,违约方将面临根据法律规范的强制制裁。所以"合同"和"契约"是在国家法律规范框架内的,是一个法律秩序的一部分。

个过程和结果，都是法律秩序的一种呈现，他们的不同之处只是法律创制方式的差异。对公法而言，政府机关或其工作人员命令的对象不参与法律创制；而在私法中，合同的双方都参与了规范的创制。由此，凯尔森认为：在次级规范层面，公法与私法都是蕴含着人之意志的法律规范创制，二者的差异只存在于创制主体方面。①

凯尔森认为公法和私法二分的观念，是导致法律与国家二分的重要原因。该观念认为政治统治要受到公法的制约，即要受到宪法和行政法的制约，而私法却和这种政治统治无关。但凯尔森认为在涉及主体权利时，"政治的"和"私人的"区分是一种人为的幻觉，任何私人的权利同时具有政治性，因为每一个体在国家意志的形成中都是一个参与者。在作为平等主体参与合同制定过程中的政治权利意涵，与通过议会或行政机关创制公法而进行"政治统治"的政治权利意涵是一样的，没有哪一个可能有更多的优先权，或者一方可以决定另一方。②

凯尔森关注到了法律规范创制与民主和专制之间的关系，他认为合同参与式的法律创制因为强调参与性和平等性，其核心是个人财产，所以很多国家都围绕个人财产进行法律创制。在这种思路中，因为每个人对自己利益的关注，从而导致了自我决定、自我管理模式下法律创制的增多。与此相应，国家机关或被授权的国家工作人员的个体性立法会相对减少，从而呈现出一种民主的政府形式。如果反过来，国家机关或被授权的国家工作人员之立法行为增多，而个人自治原则下的法律创制行为减少，则往往产生集权或专制的政府形

① 参见 Hans Kelsen, *Pure Theory of Law*, p. 282。
② 参见 Hans Kelsen, *General Theory of Law and State*。

式。① 由此，政府形式或政治体制实际上是由法律创制活动决定的。政府和国家的秩序其实就是法律秩序本身。

（三）法律与国家同一性分析

既然所有的法律都从主权者那里生发出来，那么主权者自身必然不服从于法律。奥斯丁法理学的主要原则是主权者"在法律上不受限制"②。根据奥斯丁法理学，主权者的实质是，被指定的个人或集团一旦成为主权者，就"不会习惯性地服从于一个人类确定的优势者"③。在凯尔森看来，这一描述是社会学或政治学的，而不是法学性质的，但却构成了奥斯丁法理学的一个基本要素。它很容易让人把法律理解为主权者的命令。凯尔森认为在实证法的规范中找不到一个不受法律限制之"主权者"的概念。同时"主权者"和国家之间的关系在奥斯丁法理学中也出现了张力。

纯粹法理论并不否认国家是一个政治社会，但它主张大量的个体只有在秩序的基础上才能被称为一个社会体或"共同体"，即组成政治共同体的要素是秩序。国家是个体的联合，这种联合是规范人们共同行为之秩序的功能。社会共同体只可能存在于这种秩序中。这一共同体是一个政治共同体，而秩序在寻求自身目的之时使用的特定方法是颁布强制措施。由此，这种秩序就是一种强制秩序。纯粹法理论的一个鲜明的成果是，它确立了这样一种认识，即组成了政治共同体——国家——的秩序是一个法律秩序。被称为国家的法律秩序或者国家建立起来的法律秩序，实际上就是国家本身。

---

① 参见 Hans Kelsen, *General Theory of Law and State*。
② John Austin, *The Province of Jurisprudence Determined*, p. 263.
③ Ibid., p. 224.

法律和国家通常被看作两个不同的实体。但是如果认识到这一点：国家本质上说是人类行为的秩序，而这一秩序的一个基本特征——强制，同时又是法律的一个基本要素，那么传统理论中法律与国家二元的幻觉可能就不能维持了。通过把国家的概念归入只能是法律秩序的强制秩序之下，通过放弃从法律概念中甄别出国家概念的思路，纯粹法理论意识到了奥斯丁教义的一个内在趋势，那就是奥斯丁正确意识到了国家的政治概念在法学理论中没有位置，他自己也试图通过自身的法理学构建消解它。但奥斯丁最后用另外一个政治概念"主权者"代替了国家这一政治概念，最终没能建立一个关于国家的法律概念。

在法律与国家的二元中，国家通常被认为是法律的创制者，但凯尔森纯粹法理论认为，此时的"国家"只是一个法律秩序体的拟制，如果以这样的拟制去反对法律，那么国家和法律的关系就成了一种假想的二元虚幻。在凯尔森纯粹法理论看来，既然国家是由人构成的，那么关于法律是否被国家创制这一问题，它给出的回答是人在规范这一范畴基础上创制了法律。创制法律的那批人是国家的一个机构成员。他们之所以成为国家的机构成员是因为他们根据法秩序的授权成了法规范的制定者。如果问人的意志如何被输到国家和法秩序中去，凯尔森纯粹法理论给出的答案是通过立法行为。如果一个法律秩序的规范根据另外一个该法律秩序的规范被创制，那么创制法律的是该法律秩序下的机构或其中的官员。在该意义上说，国家创制了法律，但从规范与意志的关系考察，这实际上在说法律通过人自身的意志规定了它自身的创制。

纯粹法理论反对国家与法律的二元，而把二者看作是一个东西，把国家看作是法律秩序存在的形态。为了更好地论证这一点，凯尔森站在个人主义立场上，采用了"唯名论"① 的方法，认为如果把社会结构构建理解为人类行为的秩序，法律与国家的二元困境就可以得到解决。从常人的观点看，任何国家都是由人口、领土和可以实施强制的权力等诸要素构成。但以纯粹法理论的视角分析，我们可能会发现这些要素本身其实都是经由法律界定的，它们实际上是作为法律秩序的要素而存在的。

第一，人口是由单个的人构成的，但是单个人不是一个自然的存在，他要有归属，总是要属于某个国家，当我们说一个人属于某个国家的时候实际在说他的身份归属，而身份归属是由代表国家的政府及其工作人员按照法律来确定的。另外，在现代社会中，人总是要和他人发生各种行为上的互动，在互动中会产生诸多互动关系类型，有些关系类型可能就是冲突的类型，如在合同中的债权人和债务人，在人身伤害中的伤害方和被伤害方，等等。这时候就需要有一个第三方来化解矛盾，我们习惯上把这个第三方看作国家。② 但实际上这个国家之所以有"权力"让政府机关或其代理人通过强制性执行实施惩罚，

---

① 国家或社会的"唯名论"和"唯实论"是社会科学中对立的两种方法论。前者认为所谓的"国家""政府""企业"都是不存在的，它们只不过是一些名字，真实存在的只有个人，所以"唯名论"者往往是个人主义者。他们一般都把自己的理论建立在个人行为基础上。相反，"唯实论"者则认为"国家""政府""企业"这些东西是独立于个体的真实存在，它们可以作为社会科学的研究对象而直接进入社会科学的研究视阈。在社会学中涂尔干是一个"唯实论"者，而韦伯则是一个"唯名论"者。凯尔森和韦伯一样，他只承认个体行为的存在，这一点在凯尔森和韦伯的理论立基和逻辑展开中看得很清楚，他们具有极大的相似性。

② 此处应该注意，凯尔森特别提到了前现代社会——原始社会，在这种社会中尽管也有国家，但是国家不是集权性质的，而是遵循分权原则的，这主要体现在对人与人之间矛盾关系的化解方式上，如两个人之间的债权债务关系往往需要拥有债权者自己想办法解决；同样，对于人身伤害，社会则认可报复和血亲复仇。之所以这样，是因为当时的法律秩序和现在法律秩序维持秩序的方式不一样——一个是集权，一个是分权，从而导致法律创制和执行存在巨大差异。但"原始"的国家实际上也是一个规范秩序的化身，只不过当时的规范更多是习惯法。参见 Hans Kelsen, *Pure Theory of Law*, pp. 286-287。

是因为它以及它的工作人员获得了法律规范的授权，国家（政府）的行为实际上是法律规范的适用过程。

第二，每一个国家都要有自己的领土和疆域，这往往也被看作是一种自然的存在，但是一片海域或土地可以被不同的国家分享，这不是自然的结果，而是人通过行为界定的结果。这种行为首先是国际法上的承认行为；其次，每个国家内部的法律必须同时对属于自己的疆域做出法律的界定。两个相邻的国家，只有它们各自国内法对边境界定一致的时候才不会出现矛盾，如果不一致则会出现领土纷争，这时候必须依靠国际法作为第三方的调停和重新确认，争端和矛盾才能被化解。由此，国家领土的要素实际上是法律秩序的要素。

第三，我们往往认为权力是国家的典型特征，认为谁拥有了权力谁就可以有更多相对于另外一个人的优势，进而把权力看作是优势者让另外一个人按照自己的意志行为的外部强制。但凯尔森认为："现实中很多权力关系并不依赖于代表国家的政府机关，国家权力和其他权力的区别在于它受到法律规范的规制，即国家机关的成员必须在自己的职责范围内被法律规范授权之后才能通过创制或适用法律规范来行使其权力。由此，国家权力具有规范性特征。"[1] 但是，国家作为"暴力机器"是一个被公认的事实，很多人认为国家可以通过权力的方式展示自身的权力，即它可以通过警察、士兵、堡垒和监狱、枪炮和恐吓来展示和实施自己的权力。纯粹法理论对此是不予肯认的，凯尔森从个人主义唯名论立场上对此予以了反驳，他认为堡垒和监狱、枪炮和恐吓都是一些"客观事实"，是外在于人的东西，它们只不过

---

① Hans Kelsen, *Pure Theory of Law*, p. 289.

是权力的工具，如果没有人的参与，这些工具是无法获得其意义的。① 所以，是警察和士兵对这些工具的使用才让国家的权力呈现出来，但是，这些警察和士兵的行为是在某种法律规范秩序下进行的。由此，国家权力在本质上呈现的恰是法律规范的要求。

（四）国家："意志"创制的"法人"

为了进一步认识国家，凯尔森进一步站在个人主义唯名论的立场上，使用分析法学的方法，深入剖析国家的结构。首先他把国家与公司作了一个对比，认为国家和公司一样，是一个法人的存在。它们的区别是遵循法律规范的水平不一样：公司法人要遵守的是国内的法律规范秩序，而国家要遵守的是国际法律规范秩序。但国家的活动大部分时间不是像公司法人一样无时无刻不受到国内法律秩序的规制，国际法不可能随时规制一个独立国家的行为。那这是否意味着国家是不受国内秩序规制的独立主体呢？凯尔森认为这不可能，他给出的理由是：对一个公司法人而言，其真实的存在只不过是其中的人员根据公司制定的内部规章的活动。离开了公司法人内部的规章、机构以及按照规章行动的人的活动，一个离开了个体的公司法人是永远不会被理解的。对于一个国家也是如此，把国家与国家的法律以及在法律指引下的人的行动区分开来，是永远无法获得对国家的认识的。由此，我们澄清了国家内部法律规范秩序以及在其指引下的人的行为逻辑和结构，我们也就认识了国家。②

凯尔森认为人们往往把国家当成一个实体，这种国家的人格化，

---

① 参见 Hans Kelsen, *Pure Theory of Law*, p. 290。
② Ibid., pp. 290-291.

在比喻的意义上是可以被接受的，但在实际中根本不存在国家这样的实体，因为在所谓的国家中，我们唯一能看到的就是人和人的行动。所以如果问：国家是什么？实际上这一问题本身就错了。要正确地把握和理解国家，应该这样提问："在什么情况下，一个人活动所产生的功能可以被归属于国家？"① 凯尔森的这一观点很显然来自其纯粹法理学的一贯方法。这一方法把法律秩序看作是一个静态和动态并存的等级秩序。如果在此基础上分析国家的结构，国家由两部分构成，第一部分是作为国家代表的政府内部机构设置，第二部分就是这些机构的人员及其活动。这和一个公司法人没有什么区别。第一部分涉及制度、程序、职权等问题，第二部分是第一部分内容的具体化和适用——通过人的行为把国家规定的制度、程序和职权等具体化并适用于生活在一个国家范围内的每一个个人。

国家的工作当然不能要求每个人都去做，它们只能委派给一部分人——国家工作人员，也称为国家的官员。每一个官员不能按照自己的意志行为，其行为必须是根据一个不依赖于其意志的客观意旨——法律规范——来展开。也就是说其行为必须在法律规范授权的范围内才是有效的。每一个工作人员所依赖的那个规范又依赖于另外一个产生规范的行为——有权立法人员的立法行为。立法人员在立法的时候也是不能按照自己的主观意志行为的，它必须根据另外一个规范授权给他的程序，在特定程序和范围内立法。由此，一个人的行为可能发挥的功能或产生的后果要归属于国家，该行为必须是在法律秩序内的行为方才有效，否则就是一种个人的行为。也就是说："只有法律秩

---

① Hans Kelsen, *Pure Theory of Law*, p. 292.

序决定的功能(或后果)才可能是归属于一个国家的功能(或后果)。"① 当我们说一个国家发布命令,只是把国家人格化了,真正发布命令的是被法律授权的国家某机关或是其中的国家工作人员。这些工作人员的个人行为之所以能代表国家的命令,原因在于其行为是按照法律规范的程序在被法律授权的情况下做出的。国家的背后其实没有一个绝对的权威在掌控着一种超人的权力,真正行使国家权力的是国家的机构及其工作人员,而它(他)们的行动一定要在法律规范的指引下并获得其授权才具有能传达命令的权力。这样凯尔森就在纯粹法理论的范域中得出结论:"国家只不过是法律秩序的人格化。"②

由此,被人格化的国家作为一个"行为人"行为的问题,根据上面的逻辑也就变成了一个功能归属的问题,即我们要追问的不是国家如何发布命令,而是要考察哪一些法律规范授权的国家机关或国家机关工作人员的行为需要归属于国家。那些尽管属于国家机关或国家机关工作人员,但是未经法律规范的授权而从事的行为,从其功能来看不归属于国家,因此不能被称为一种国家行为。凯尔森认为那种把国家看作是一个超验实体的观点实际上是自然法思想在实证法学中的残留。自然法学中人为地创造了一个上帝,并且认为上帝及上帝所造的世界处在两个不同的认识域中。上帝既然超然于世界,则身处世界中的人不可能形成对上帝的把握,除非上帝就是世界本身。凯尔森把对这种逻辑的审视推及到国家与法律的关系之中。他认为国家其实就是一个人类根据自然法创造出来的上帝,而法律来自此上帝。当凯尔森通过与自然法的对话对其批驳否定之后,很自然就得出了这样的结

---

① Hans Kelsen, *Pure Theory of Law*, p. 292.
② Ibid.

论：实际上存在的只有法律，国家这一"上帝"只有在法律秩序中才能彰显自身。同时，凯尔森对那种为了使国家控制成为可能的国家"大众心理学"也进行了批判："国家不仅是一种法学上的实体而且是一种社会学上的实体（即独立于法律秩序存在的社会现实）这一断言，只有通过证立属于一个国家的个体构成了一个统一的共同体，并且这种共同体不是由法律秩序而是由与法律毫不相干的要素构成的，才能得到证明。然而，这种能够证立的要素是找不到的。"①

紧接着纯粹法理论又面临一个问题：既然国家就是法律秩序本身，那国家的权利、义务和责任的说法意味着什么？当我们说国家负有义务和责任的时候，不是在暗指一个实体的存在吗？这一问题也直接涉及是否可以把国家看作一个实体，如果对此不能进行有效反驳，那国家的实体观念还是不能被根本撼动。凯尔森认为国家要承担义务这一说法是不准确的。比如国家有维护人人平等的义务、有保护人权的义务、有保护言论自由的义务等。当这样说的时候，真实的情况是如果发生一个违反平等或人权的行为，即这一行为构成了被施加一个强制性制裁的条件，则政府的相关部门或官员根据一个法律规范，对相应构成惩罚条件的行为实施一个强制性制裁，这实际上是法律的适用。所谓的义务只是指负责法律适用的部门或个人有义务根据法律规范实施一个强制制裁。义务的主体是政府部门或相关人员，而不是国家。如果国家是一个实体，那这一强制制裁的过程是国家命令自己实施的。国家命令自己承担一项义务，这构成了一个自相矛盾的说法。

国家的权力实际上也是指政府机关或其工作人员在法律授权的情况下，有适用法律规范的权力。这一权力的行使必须接受法律规范的

---

① Hans Kelsen, *General Theory of Law and State*, p. 183.

指引，而不是说国家具有某种实体性的超验权力。国家的权力也可能属于私法调节的范畴，比如政府机关也可能存在租赁和买卖行为，这时其权利受到租赁或买卖合同的规制，并且权利的性质和单个个体的权利性质一样。

最后，国家会不会因为侵权而承担责任呢？凯尔森认为这种情况是不存在的。因为国家实际上是通过法律规范实施来调节社会关系，在此过程中具体对法律适用的是政府机关或其工作人员，他们被法律授权按照法律规范的意义和程序适用法律，如果他们没有自我意图的不法行为，就不存在侵权行为。如凯尔森所说："根据一条法律陈述的内容，在特定条件下而且只有在这些条件下施加一个强制行为。然而，在一个强制行为（例如惩罚）被实施的具体案件中，是否出现了法律陈述中预见的条件（例如犯罪），国家是否错误判定一个无辜的人有罪？这些都可能是有疑问的。法律秩序规定了上级法官对判决的检验，也可以理解为对这一系列检验设置了限制。终审判决具有法律效力，不能变更。所以，适当地讲，法律陈述不应该是这样的：如果任何人从事了偷盗、杀人等行为，那他就要被惩罚——但关于一个人是否已经做了一件事的真相是无法得到确认的。法律陈述应该是：如果在特定程序中假定一个人已经偷盗或杀人，那么他就应该受到惩罚。对于这一陈述，在国家一方没有审判错误，没有不合法的事。"① 至此，国家应该对某事负责这样的说法在纯粹法理论看来是不存在的。既然国家就是法律秩序本身，那所谓的国家对个人的侵权，实际指称的不过是政府工作人员因为在创制和适用法律的过程中没有按照法律的意志，而是按照自己的个人意志对当事人造成的损害。所谓的国家

---

① Hans Kelsen, "God and the State", p. 67.

赔偿,也只是政府机关因为对其人员创制和执行法律过程监管不严而导致侵权的"监管责任"赔偿。

通过这种论证,国家与法律的二元在纯粹法理论中被清除了。国家由此成为法律秩序的另一称谓。但是在法律作为一种特殊的社会技术是否能被少数人控制,成为某些特定人员或阶层的工具这一问题上,凯尔森坚持马克斯·韦伯价值中立的立场,认为纯粹法理论应该对这样的目的和价值性评判保持沉默。对此问题他曾说:"在拒绝以法律为国家提供论证时,纯粹法并没有暗示说这种证成是不可能的。它只是否认法律科学能担当此角色。确实,它从来都否认把证成某种事物当成法律科学的任务。证成暗含着价值判断,价值判断是伦理学和政治学的事,但不是纯粹知识的事,法律科学只致力于服务于这种知识。"①

凯尔森清晰地认识到,"公平""正义"和"善"都不是法律秩序所追求的,但法律秩序的维持需要"真",他认为国家和人类行为的真相都内在于法律的程序中。法律上有罪或者无罪、有罪或者无罪的归结效力在于符合了正确的程序。程序的目标是确定真实,但绝对真实是永远不能达到的。总是存在某种其他视角和采取某种进一步步

---

① Hans Kelsen, *General Theory of Law and State*, p. 535. 在此处应该注意的是,韦伯在其《社会科学方法论》中曾明确提及,社会科学主张价值中立,但并不意味着它们不涉及价值和价值判断。"价值中立"的含义是指在社会科学研究进行过程中或理论构建过程中不能受价值的影响。但任何社会科学研究和理论一定都是为了某种价值而存在的。这种价值存在于研究或理论之前或者在它们之后。(参见 Max Weber, *The Methodology of the Social Sciences*, Glencoe, IL: The Free Press, 1949.)我们在理解凯尔森纯粹法理论的时候,对于他一再强调的"价值中立"应该如韦伯曾明确澄明的,应一分为二地看待:纯粹法理论的结构要素以及运行过程不含有价值判断,但整个理论,按照韦伯的观点,在其构建之前以及完成构建之后一定预设(蕴含)某种价值目标。这种价值就是凯尔森自己宣称的"自由""公平""宽容"和"正义"。(参见 Hans Kelsen, *Pure Theory of Law*.)最后,凯尔森把实现它们的梦想全都寄托给了"规范"和"意志",寄托给了他的纯粹法理论。

骤的可能性。但是,调查必须在某处终结。由此,凯尔森再次告诉我们,基础规范是任何国家即一个法律秩序得以建立的起点也是终点。人的意志行为必须在法律规范的指引下才成为可能,而法律秩序必须在基础规范的指引下才能确立。基础规范赋予我们的是一个法律规范创制和适用的链条。表面看来,这一链条所揭示的全部是马克斯·韦伯的形式性法律,但凯尔森通过"规范"的创制在其中嵌入了人的"意志"。他通过"规范"之纯粹,为人类"意志"构建了一个可以栖身的形式化庇护所。这正是他对韦伯问题的继承和超越。

参考文献

一、 中文参考文献

（一） 中文著作

邓晓芒：《康德哲学诸问题》，生活·读书·新知三联书店 2006 年版。

洪谦：《论逻辑经验主义》，商务印书馆 1999 年版。

强世功：《法律的现代性剧场：哈特与富勒论战》，法律出版社 2006 年版。

李桂林、徐爱国：《分析实证主义法学》，武汉大学出版社 2000 年版。

李旭东：《法律规范理论之重述——司法解释的角度》，山东人民出版社 2005
    年版。

林文雄：《法实证主义》，元照出版有限公司 1976 年版。

刘放桐等编著：《新编现代西方哲学》，人民出版社 2000 年版。

刘建伟：《新康德主义法学》，法律出版社 2007 年版。

吕世伦主编：《现代西方法学流派》，中国大百科全书出版社 2000 年版。

沈宗灵：《现代西方法理学》，北京大学出版社 1992 年版。

颜厥安：《法与实践理性》，中国政法大学出版社 2003 年版。

孙笑侠：《程序的法理》，商务印书馆 2005 年版。

杨玉成：《奥斯丁：语言现象学与哲学》，商务印书馆 2002 年版。

（二） 中文译著

〔法〕埃米尔·涂尔干：《社会学方法的准则》，狄玉明译，商务印书馆 1995
    年版。

〔法〕埃米尔·涂尔干：《社会分工论》，渠敬东译，生活·读书·新知三联书店

2000 年版。

〔古希腊〕柏拉图：《理想国》，郭斌和、张竹明译，商务印书馆 2010 年版。

〔英〕边沁：《道德与立法原理导论》，时殷弘译，商务印书馆 2000 年版。

〔美〕查尔斯·卡米克等编：《马克斯·韦伯的〈经济与社会〉：评论指针》，王迪
　　译，上海三联书店 2010 年版。

〔法〕狄骥：《法律与国家》，冷静译，中国法制出版社 2010 年版。

〔德〕恩斯特·卡西尔：《人文科学的逻辑》，关子尹译，上海译文出版社 2004
　　年版。

〔奥〕汉斯·凯尔森：《法与国家的一般理论》，沈宗灵译，中国大百科全书出版
　　社 1996 年版。

〔德〕赫尔曼·康特洛维茨：《为法学而斗争：法的定义》，雷磊译，中国法制出
　　版社 2011 年版。

〔英〕H. L. A. 哈特：《法律、自由与道德》，支振锋译，法律出版社 2006
　　年版。

〔美〕杰弗里·C. 亚历山大：《社会学的理论逻辑（第二卷）》，夏光、戴盛中译，
　　商务印书馆 2008 年版。

〔英〕吉拉德·德朗蒂：《当代欧洲社会理论指南》，李康译，上海人民出版社
　　2009 年版。

〔爱尔兰〕J. M. 凯利：《西方法律思想史》，王笑红译，法律出版社 2002 年版。

〔德〕康德：《历史理性批判文集》，何兆武译，商务印书馆 1997 年版。

〔法〕卢梭：《社会契约论》，何兆武译，商务印书馆 2003 年版。

〔美〕罗斯科·庞德：《法理学（第二卷）》，邓正来译，中国政法大学出版社
　　2007 年版。

〔美〕兰德尔·柯林斯、迈克尔·马科夫斯基：《发现社会之旅》，李霞译，中华
　　书局 2006 年版。

〔美〕马丁·P. 戈尔丁：《法律哲学》，齐海滨译，生活·读书·新知三联书店
　　1987 年版。

〔德〕马克斯·韦伯：《社会科学方法论》，韩水法、莫茜译，中央编译出版社
　　2002 年版。

〔德〕马克斯·韦伯：《学术与政治》，冯克利译，生活·读书·新知三联书店

2005 年版。

〔德〕马克斯·韦伯:《批判施塔姆勒》,李荣山译,上海人民出版社 2010 年版。

〔奥〕欧根·埃利希:《法社会学原理》,舒国滢译,中国大百科全书出版社 2009 年版。

〔美〕P. S. 阿蒂亚、R. S. 萨默斯:《英美法中的形式与实质》,金敏等译,中国政法大学出版社 2005 年版。

〔美〕乔治·瑞泽尔:《布莱克维尔社会理论家指南》,凌琪等译,江苏人民出版社 2009 年版。

〔美〕斯蒂芬·布雷耶:《法官能为民主做什么》,何帆译,法律出版社 2012 年版。

〔德〕施塔姆勒:《正义法的理论》,夏彦才译,商务印书馆 2012 年版。

〔古希腊〕亚里士多德:《尼各马可伦理学》,廖申白译,商务印书馆 2003 年版。

〔英〕亚当·斯密:《道德情操论》,蒋自强等译,商务印书馆 1997 年版。

〔美〕希拉里·普特南:《事实与价值二分法的崩溃》,应奇译,东方出版社 2006 年版。

〔德〕伊曼纽尔·康德:《实践理性批判》,韩水法译,商务印书馆 1999 年版。

〔英〕约翰·奥斯丁:《法理学的范围》,刘星译,北京大学出版社 2013 年版。

〔美〕约翰·麦克道威尔:《心灵与世界》,韩林合译,中国人民大学出版社 2014 年版。

〔美〕约翰·罗尔斯:《道德哲学史讲义》,顾肃、刘雪梅译,中国社会科学出版社 2012 年版。

〔英〕约翰·R. 塞尔:《社会实在的构建》,李步楼译,上海世纪出版集团 2008 年版。

〔英〕约瑟夫·拉兹:《法律体系的概念》,吴玉章译,中国法制出版社 2003 年版。

(三) 中文论文(译文)

陈锐:"论法律实证主义的不一致性——以奥斯丁和凯尔森为比较视点",《前沿》2009 年第 3 期。

陈锐:"规范逻辑是否可能——对凯尔森纯粹法哲学基础的反思",《法制与社会发展》2014 年第 2 期。

〔美〕汉斯·凯尔森："法律为何应被遵守"，张书友译，载郑永流编：《法哲学与法社会学论丛》，北京大学出版社 2006 年版。

何雪锋："人的理性为法律立'法'——凯尔森的法律认识论及其现实意义"，《华东政法大学学报》2017 年第 4 期。

胡欣谐："反实证主义的'实证主义'"，《哲学分析》2017 年第 6 期。

雷磊："法律规范冲突的逻辑性质"，《法律科学（西北政法大学学报）》2016 年第 6 期。

刘苏："逻辑适用于规范吗？——凯尔森后期规范逻辑思想初探"，《河南师范大学学报（哲学社会科学版）》2004 年第 1 期。

邱昭继："奥斯丁的言语行为理论与法理学"，《法制与社会发展》2008 年第 2 期。

孙笑侠："法律的外在权威与内在权威"，《学习与探索》1996 年第 4 期。

孙笑侠："法解释理论体系重述"，《中外法学》1995 年第 1 期。

孙笑侠："法律与道德：分离后的结合——重温哈特与富勒的论战对我国法治的启示"，《浙江大学学报》2007 年第 1 期。

王夏昊："法律理念与规范逻辑的背离"，《湖南社会科学》2017 年第 2 期。

颜厥安："规范缝隙初探"，载《法律的分析与解释——杨日然教授纪念论文集》，元照出版公司 2006 年版。

张龑："凯尔森法学思想中的新康德主义探源"，《环球法律评论》2012 年第 2 期。

张翠梅："逻辑能否应用于规范——凯尔森晚期规范逻辑理论的反思"，《法商研究》2017 年第 5 期。

二、 英文参考文献

（一） 英文著作

Albrecht Dihle, *The Theory of Will in Classical Antiquity*, Berkeley：University of California Press, 1982.

Alf Ross, *On Law and Justice*, Berkeley & Los Angeles: University of California Press, 1959.

Anthony T. Kronman, *Max Weber*, London: Edward Arnold, 1983.

Aristotle, *Nicomachean Ethics I*, in Jonathan Barnes (ed.), *The Complete Works of Aristotle*, Vol. II, Princeton, NJ: Princeton University Press, 1984.

Aristotle, *The Politics of Aristotle III* (trans. by Ernest Barker), Oxford: Clarendon, 1946.

Auguste Comte, *The Positive Philosophy of Auguste Comte* (trans. by Harriet Martineau), Cambridge: Cambridge University Press, 1988.

Brian O'Shaughnessy, *The Will: A Dual Aspect Theory (Volume 1)*, Cambridge: Cambridge University Press, 2008.

Carl Schmitt, *The Crisis of Parliamentary Democracy* (trans. by Ellen Kennedy), Cambridge, MA: MIT Press, 1988.

Christine M. Korsgaard, *The Sources of Normativity*, Cambridge: Cambridge University Press, 1996.

D. Beyleveld & R. Brownsword, *Law as a Moral Judgement*, London: Sweet & Maxwell, 1986.

David Hume, *A Treatise of Human Nature* (revised by P. H. Nidditch), Oxford University Press, 1978.

Donald R. Kelley, *History, Law and the Human Sciences: Medieval and Renaissance Perspectives*, London: Variorum Reprints, 1984.

Duncan Ivison & Paul Patton & Will Sanders, *Political Theory and the Rights of Indigenous Peoples*, Cambridge: Cambridge University Press, 2000.

Emil Lask, *Legal Philosophy, in the Legal Philosophies* (trans. by Kurt Wilk), Cambridge, MA: Harvard University Press, 1950.

Emile Durkheim, *The Division of Labor in Society*, New York: The Free Press, 2014.

Emile Durkheim, *The Rules of Sociological Method* (trans. by W. D. Halls), New York: The Free Press, 1982.

Eugenio Bulygin et al. (eds.), *Man, Law and Modern Forms of Life*, Dordrecht,

Holland: D. Reidel, 1985.

Fritz Ringer, *Max Weber's Methodology: The Unification of the Cultural and Social Sciences*, London: Harvard University Press, 1997.

Georg Simmel, *The Sociology of Georg Simmel* (trans. and ed. by Kurt H. Wolff), Glencoe, IL: The Free Press, 1950.

G. Jellinek, *The Declaration of the Rights of Man and of Citizens: A Contribution to Modern Constitutional History*, Whitefish, MT: Kessinger Publishing, 2010.

G. H. von Wright, *Practical Reason*, Oxford: Basil Blackwell, 1983.

Hans Kelsen, *General Theory of Norms*, Oxford: Clarendon Press, 1911.

Hans Kelsen, *The Philosophy of "As If": A System of the Theoretical, Practical and Religious Fictions of Mankind* (trans. by C. K. Ogden), 2nd edition, New York: Harcourt, Brace Co., 1935.

Hans Kelsen, *Society and Nature: A Sociological Inquiry*, Chicago: The University of Chicago Press, 1943.

Hans Kelsen, *Peace Through Law*, Chapel Hill, NC: University of North Carolina Press, 1943.

Hans Kelsen, *General Theory of Law and State* (trans. by Anders Wedberg), Cambridge, MA: Harvard University Press, 1945.

Hans Kelsen, *Principles of International Law*, New York: Rinehart & Company, 1952.

Hans Kelsen, *What Is Justice?: Justice, Law and Politics in the Mirror of Science*, Berkeley: University of California Press, 1957.

Hans Kelsen, *Essays in Legal and Moral Philosophy* (ed. by Ota Weinberger, trans. by Peter Heath), Dordrecht, Holland: D. Reidel, 1973.

Hans Kelsen, *Introduction to the Problems of Legal Theory* (trans. by B. L. Paulson & S. L. Paulson), Oxford: Clarendon Press, 1992.

Hans Kelsen, *Pure Theory of Law* (trans. by Max Knight), Clark, New Jersey: The Lawbook Exchange Ltd., 2005.

Heinrich Rickert, *The Limits of Concept Formation in the Natural Sciences* (trans. by Guy Oakes), Cambridge: Cambridge University Press, 1986.

H. L. A. Hart, *The Concept of Law*, New York: Oxford University Press, 1961.

H. L. A. Hart, *Essays on Bentham: Jurisprudence and Political Philosophy*, New York: Oxford University Press, 1982.

Henry Sidgwick, *Methods of Ethics*, 7th edition, London, 1907.

H. P. Rickman (ed.), *Meaning in History: W. Dilthey's Thoughts on History and Society*, London: George Allen & Unwin, 1961.

Immanuel Kant, *The Philosophy of Kant: As Contained in Extracts from His Own Writings* (trans. by John Watson), Glasgow: Jackson, Wylie & Co., 1927.

Immanuel Kant, *Critique of Pure Reason* (trans. by Norman Kemp Smith), London: Macmillan, 1929.

Immanuel Kant, *Prolegomena to Any Future Metaphysics* (trans. by Peter G. Lucas), Manchester: Manchester University Press, 1953.

Immanuel Kant, *Critique of Practical Reason* (trans. by Werner S. Pluhar), Cambridge, MA: Hackett Publishing Company, Inc., 2002.

Immanuel Kant, *An Answer to the Question: "What is Enlightenment?"*, London: Penguin Book Ltd., 2009.

Immanuel Kant, *Groundwork of the Metaphysics of Morals*, 2nd revised edition, Cambridge: Cambridge University Press, 2019.

John Austin, *Lectures on Jurisprudence or the Philosophy of Positive Law* (revised by Robert Campbell), 4th edition, London: Jonh Murray, 1873.

John Austin, *The Province of Jurisprudence Determined* (ed. by Wilfrid E. Rumble), Cambridge: Cambridge University Press, 1995.

John Stuart Mill, *Auguste Comte and Positivism*, London: Kegan Paul, Trench, Trubner & Co. Ltd., 1907.

John Locke, *Two Treatises of Government*, Cambridge: Cambridge University Press, 1988.

John Locke, *Second Treatise of Government in Two Treatises of Government*, London: J. M. Dent & Sons Ltd., 1924.

Joseph Raz, *The Authority of Law*, New York: Oxford University Press, 1979.

Joseph Raz, *The Concept of Legal System*, 2nd edition, New York: Oxford University Press, 1980.

Jonathan Dancy (ed.), *Normativity*, Malden, MA: Blackwell, 2000.

Keekok Lee, *The Legal-Rational State*, Aldershot: Avebruy, 1990.

Mark DeWolfe Howe (ed.), *Holmes-Laski Letters*, Vol. 2, Cambridge, MA: Harvard University Press, 1953.

Mathieu Deflem, *Sociology of Law: Visions of a Scholarly Tradition*, New York: Cambridge University Press, 2008.

Max Weber, *Critique of Stammler* (trans. by Guy Oakes), New York: The Free Press, 1977.

Max Weber, *Economy and Society: An Outline of Interpretive Sociology* (eds. by Guenther Roth & Claus Wittich), Berkeley: University of California Press, 1978.

Max Weber, *The Methodology of the Social Sciences*, Glencoe, IL: The Free Press, 1949.

Neil MacCormick & Ota Weinberger, *An Institutional Theory of Law*, Dordrecht, Holland: D. Reidel, 1986.

Neil MacCormick, *Legal Reasoning and Legal Theory*, 2nd edition, New York: Oxford University Press, 1994.

Paul Guyer (ed.), *The Cambridge Companion to Kant*, Cambridge: Cambridge University Press, 1992.

Patrick Riley, *Will and Political Legitimacy: A Critical Exposition of Social Contract Theory in Hobbes, Locke, Rousseau, Kant and Hegel*, Cambridge, MA: Harvard University Press, 1982.

Peter C. Caldwell, *Popular Sovereignty and the Crisis of German Constitutional Law: the Theory and Practice of Weimar Constitutionalism*, Durham, NC: Duke University Press, 1997.

Philip Soper, *The Ethics of Deference*, Cambridge: Cambridge University Press, 2002.

Plato, *Plato's Statesman* (trans. by J. B. Skemp), New Haven, CT: Yale University Press, 1952.

Ronald Dworkin, *Taking Rights Seriously*, Cambridge, MA: Harvard University Press, 1978.

Robert J. Richman, *God, Free Will and Morality*, Dordrecht, Netherlands: Springer, 1983.

Richard Tur & William Twining (eds.), *Essays on Kelsen*, Oxford: Clarendon Press, 1986.

S. L. Paulson & B. L. Paulson (eds.), *Normativity and Norms: Critical Perspectives on Kelsenian Themes*, Oxford: Clarendon, 1977.

Stanley L. Paulson & Bonnie Litschewski Paulson (eds.), *Normativity and Norms: Critical Perspectives on Kelsenian Themes*, New York: Oxford University Press, 1998.

Stanley L. Paulson (ed.), *Jurisprudence in Germany and Austria in Selected Modern Themes*, Oxford: Clarendon Press, 1993.

Sylvie Delacroix, *Legal Norms and Normativity*, Oxford: Hart Publishing, 2006.

Talcott Parsons, *The Structure of Social Action: A Study in Social Theory with Special Reference to a Group of Recent European Writers*, New York: The Free Press, 1949.

Thomas Hobbes, *Leviathan* (ed. by C. B. Macpherson), London: Penguin Books, 1968.

Tony Honore, *Making Law Bind*, Oxford: Clarendon Press, 1987.

T. W. Adorno, *The Positivist Dispute in German Sociology*, London: Heinemann, 1976.

Uta Bindreiter, *Why Grundnorm: A Treatise on the Implications of Kelsen's Doctrine*, Dordrecht, Netherlands: Springer, 2010.

Wayne Morrison, *Jurisprudence: From the Greeks to Post-Modernity*, Oxford: Taylor & Francis Group, 1997.

Werner Krawietz, Neil MacCormick and Georg Henrik von Wright (eds.), *Prescriptive Formality and Normative Rationality in Modern Legal Systems*, Berlin: Duncker & Humblot, 1994.

William E. Scheuerman (ed.), *The Rule of Law under Siege*, Berkeley: University of California Press, 1996.

（二） 英文论文

Alida Wilson, "Joseph Raz on Kelsen's Basic Norm", *The American Journal of Jurisprudence*, Vol. 27, No. 1 (January 1982).

Bernard Yack, "Natural Right and Aristotle's Understanding of Justice", *Political Theory*, Vol. 18, No. 2 (1990).

D. Jeffrey Goldsworth, "The Self-Destruction of Legal Positivism", *Oxford Journal of Legal Studies*, Vol. 10, No. 4 (Winter 1990).

David Dyzenhaus, "Now the Machine Runs Itself: Carl Schmitt on Hobbes and Kelsen", *Cardozo Law Review*, Vol. 16, No. 1 (August 1994).

David Lyons, "Moral Aspects of Legal Theory", *Midwest Studies in Philosophy*, Vol. 7, No. 1 (September 1982).

David Trubek, "Max Weber on Law and the Rise of Capitalism", *Wisconsin Law Review*, Vol. 1972, No. 3 (1972).

David Trubek, "Reconstructing Max Weber's Sociology of Law", *Stanford Law Review*, Vol. 37, No. 3 (February 1985).

David Trubek, "Max Weber's Tragic Modernism and the Study of Law in Society", *Law and Society Review*, Vol. 20, No. 4 (1986).

Duncan Kennedy, "From the Will Theory to the Principle of Private Autonomy: Lon Fuller's Consideration and Form", *Columbia L. Rev.*, Vol. 100, No. 1 (January 2000).

Gerhard Luf, "On the Transcendental Import of Kelsen's Basic Norm", in Stanley L. Paulson & Bonnie Litschewski Paulson (eds.), *Normativity and Norms: Critical Perspectives on Kelsenian Themes*, New York: Oxford University Press, 1998.

G. H. von Wright, "Is There a Logic of Norm?", *Ratio Juris*, Vol. 4, No. 3 (December 1991).

Hans Kelsen, "Platonic Justice", *Ethics*, Vol. 48, No. 3 (April 1938).

Hans Kelsen, "Legal Technique in International Law", Vol. 10 (1939).

Hans Kelsen, "The Law as a Specific Social Technique", *University of Chicago Law Review*, Vol. 9, No. 1 (December 1941).

Hans Kelsen, "The Pure Theory of Law and Analytical Jurisprudence", *Harvard Law Review*, Vol. 55, No. 1 (November 1941).

Hans Kelsen, "Platonic Love" (trans. by George B. Wilbur), *American Imago*, Vol. 3, No. 1/2 (April 1942).

Hans Kelsen, "What is the Pure Theory of Law?", *Tulane Law Review*, Vol. 34, No. 1 (December 1959).

Hans Kelsen, "Plato and the Doctrine of Natural Law," *Vanderbilt Law Review*, Vol. 14, No. 1 (January 1960).

Hans Kelsen, "Professor Stone and the Pure Theory of Law", *Stanford Law Review*, Vol. 17, No. 6 (July 1965).

Hans Kelsen, "On the Pure Theory of Law", *Israel Law Review*, Vol. 1, No. 1 (January 1996).

Hans Kelsen, "On the Basic of Legal Validity" (trans. by Stanley L. Paulson), *American Journal of Jurisprudence*, Vol. 26, No. 1 (June 1981).

H. L. A. Hart, "Positivism and the Separation of Law and Morals", *Harvard Law Review*, Vol. 71, No. 4 (November 1958).

H. L. A. Hart, "Kelsen Visited", *UCLA Law Review*, Vol. 10, No. 4 (November 1963).

Helen Silving, "Analytical Limits of the Pure Theory of Law", *Iowa Law Review*, Vol. 28, No. 1 (November 1942).

Iain Stewart, "The Basic Norm as Fiction", *Juridical Review*, Vol. 25 (1980).

J. E. Schiller, "Stammler and Kelsen: Theories of Legal Science", *Acta Juridica*, 1977.

Joseph Raz, "Authority, Law and Morality", *The Monist*, Vol. 68, No. 3 (July 1985).

Lars Vinx, "Austin, Kelsen, and the Model of Sovereignty", *Canadian Journal of Law and Jurisprudence*, Vol. 24, No. 2 (July 2011).

Lawrence Goldman, "The Origins of British 'Social Science': Political

Economy, Natural Science and Statistics", *Historical Journal*, Vol. 26, No. 3 (September 1983).

Lon L. Fuller, "Positivism and the Fidelity to Law: A Reply to Professor Hart", *Harvard Law Review*, Vol. 71, No. 4 (February 1958).

Paul Craig, "Formal and Substantive Conceptions of the Rule of Law", *Public Law*, (1997).

Robert Summers, "The Technique Element in Law", *California Law Review*, Vol. 59, No. 3 (May 1971).

Robert Alexy, "On Necessary Relations Between Law and Morality", *Ratio Juris*, Vol. 2, No. 2 (July 1989).

Robert K. Merton, "Durkheim's Division of Labor in Society", *American Journal of Sociology*, Vol. 40, No. 3 (November 1934).

Roger Cotterrell, "Durkheim on Legal Development and Social Solidarity", *British Journal of Law and Society*, Vol. 4, No. 2 (Winter 1977).

Roger Cotterrell, "Justice, Dignity, Torture, Headscarves: Can Durkheim's Sociology Clarify Legal Values?", *Social and Legal Studies*, Vol. 20, No. 1 (March 2011).

Roscoe Pound, "Law and the Science of Law in Recent Theories", *Yale Law Journal*, Vol. 34, No. 43 (November 1933).

R. K. Gooch, "Book Review: Hans Kelsen, General Theory of Law and State", *Virginia Law Review*, Vol. 32, No. 1 (1945).

Sharon Krause, "Partial Justice", *Political Theory*, Vol. 29, No. 3 (June 2001).

Stanley L. Paulson, "The Neo-Kantian Dimension of Kelsen's Pure Theory of Law", *Oxford Journal of Legal Studies*, Vol. 12, No. 3 (Autume 1992).

Stanley L. Paulson, "Kelsen's Legal Theory: The Final Round", *Oxford Journal of Legal Studies*, Vol. 12, No. 2 (Summer 1992).

Stanley L. Paulson, "Hans Kelsen's Doctrine of Imputation", *Ratio Juris*, Vol. 14, No. 1 (March 2001).

Stefan Hammer, "A Neo-Kantian Theory of Legal Knowledge in Kelsen's Pure Theory of Law?", in Stanley L. Paulson & Bonnie Litschewski Paulson

(eds.), *Normativity and Norms: Critical Perspectives on Kelsenian Themes*, New York: Oxford University Press, 1998.

Sylvie Delacroix, "Hart's and Kelsen's Concepts of Normativity Contrasted", *Ratio Juris*, Vol. 17, No. 4 (December 2004).

Thomas L. Pangle, "The Political Psychology of Religion in Plato's Laws", *American Political Science Review*, Vol. 70, No. 4 (December 1976).

Torben Spaak, "Kelsen and Hart on the Normativity of Law", *Scandinavian Studies in Law*, Vol. 48 (February 2005).

U. U. Bindreiter, "Presupposing the Basic Norm", *Ratio Juris*, Vol. 14, No. 2 (June 2001).

Vittorio Villa, "Legal Science Between Natural and Human Sciences", *Legal Studies*, Vol. 4, No. 3 (November 1984).

Vilhelm Aubert, "The Concept of 'Law' ", *Kentucky Law Journal*, Vol. 52, No. 2 (1963).

W. James Harris, "Kelsen's Pallid Normativity", *Ratio Juris*, Vol. 9, No. 1 (March 1996).